DERROTA
DE LOS
ANGELES
DE LAS
TINIEBLAS

ROMPIENDO LA OPRESIÓN
DEMONÍACA EN LA VIDA
DEL CREYENTE

CHARLES H. KRAFT

EDITORIAL
DESAFÍO

Traducción: Rogelio Díaz-Díaz
Edición: Miguel Peñaloza

Publicado y Distribuido por Editorial Desafío
Cra. 28A No. 64A-34, Bogotá, Colombia
Tel. (571) 630 0100
E-mail: desafío@editorialbuenasemilla.com
www.editorialdesafío.com

Categoría: Guerra Espiritual, Crecimiento Espiritual
Producto No.: 600060
ISBN: 978-958-737-111-6

Impreso en Colombia
Printed in Colombia

CONTENIDO

INTRODUCCIÓN

¿Por qué luchar contra los ángeles de las tinieblas? Porque cuando lo hacemos recibimos cartas como la siguiente de una joven mujer a quien llamaré Karen:

Le estoy escribiendo porque prometí contarle lo que ocurría en mi vida. No comprendo todo lo sucedido durante el tiempo en que recibí ministración, pero después de tres meses hay un cambio definitivo en mi comportamiento, mi actitud y mi estado mental, aún después de todas las pruebas que me han venido. Le doy a Dios la gloria y muchas gracias porque nada de esto hubiera sido posible si él no hubiera hecho la obra.

Desde que regresé [al hogar]… muchas, pero muchas personas han comentado el cambio que ha ocurrido en mi vida, en mi apariencia personal y en mi semblante… Por muchos años oré para que se realizara en mí la obra que al fin se ha realizado.

¿En qué soy diferente? Bueno, primero que todo, toda mi visión de Dios es diferente. Ya no le temo y puedo decir que en realidad lo amo, aunque mi amor por él sea imperfecto. La visión de mí misma también ha cambiado. De verdad que en él me encuentro valiosa. ¡Soy ciertamente una princesa! Estoy aprendiendo a actuar como una persona de valía. Ya no tengo que luchar para lograr reconocimiento, que es lo que he hecho durante toda mi vida. La horrible herida que abrumaba mi vida fue sanada y estoy aprendiendo a servir. Hay paz en mi corazón.

He recibido muchas cartas y declaraciones verbales como esta, y la mayoría de ellas provienen de personas como Karen que asisten fielmente a una iglesia en donde creen sinceramente que los cristianos no pueden ser demonizados. ¿Cómo, entonces, explican sus dificultades? Ellos culpaban a Karen por no esforzarse por ser más espiritual. Desde luego esto empeoró sus problemas y le causó enojo contra sí misma y contra Dios.

Pero Jesús quiso que Karen fuera libre, de modo que la impulsó a visitar a una amiga quien la trajo donde mí. Pasamos un par de horas juntos: Karen, su amiga, Jesús y yo. La mayor parte del tiempo la empleamos en tratar con heridas emocionales. Pero había demonios adheridos a algunas de estas heridas. Y cuando el Espíritu Santo sanó esas heridas, los demonios se debilitaron y los echamos fuera con facilidad. No hubo ningún espectáculo ni violencia, ni siquiera algún ruido. Los demonios estaban bien atrincherados, pero la diferencia entre el poder de Dios y el de ellos no les dejó esperanza de permanecer en ella una vez que fueron descubiertos y despojados de su poder. Como ocurre con casi todas las personas con las cuales trabajo, los demonios fueron un problema menor. Los mayores problemas son los emocionales y espirituales.

Pero Dios sana esos problemas emocionales. Y una vez que son sanados él puede desaparecer cualquier demonio que esté provocándolos. El resultado es que las personas que durante años estuvieron cautivas del enemigo de sus almas, como esta joven mujer, son liberadas. Reciben libertad porque Dios quiere liberarlas, y porque él nos ha enseñado a algunos de nosotros lo que se debe hacer para ayudarles a recibir tal libertad.

Una perspectiva diferente de los ángeles de las tinieblas.

El tema de este libro es cómo derrotar a los ángeles de las tinieblas que atormentan a cristianos como Karen. Y también sobre cómo operar con el poder de Dios para liberar a la persona afligida por ellos, con el mayor amor, y el mínimo de locura.

Existe en el mercado una gran cantidad de libros sobre el tema de los demonios y la manera de deshacerse de ellos. Muchos facultativos en la televisión los utilizan para dar la impresión de que echar fuera demonios es algo místico que solamente lo pueden intentar especialistas súper espirituales y súper ungidos, que exhiben gran emoción y espectacularidad.

Este es otro tipo de libro. Satanás y sus ángeles malignos no se sienten impresionados por la espectacularidad o por un lenguaje y un comportamiento místicos. De hecho el emocionalismo ayuda más a la causa satánica que a la de Dios. Porque de acuerdo con las palabras de Jesús, la tarea de expulsar demonios no es solamente para especialistas. Él dio a sus discípulos, y a través de ellos a todos nosotros, "poder

y autoridad sobre todos los demonios, y para sanar enfermedades"
(Lucas 9:1).

Las personas que han compartido mis experiencias, y yo, hemos
aprendido cosas interesantes sobre cómo llevar a cabo el ministerio
de Jesús con los demonizados. Hemos aprendido que hoy, igual que
en los días de Jesús, expulsar demonios es una parte normal de la
vida cristiana en quienes han de ser sus discípulos. También hemos
aprendido que la demonización es muy común, y que la liberación se
puede hacer con amor, y a menudo sin molestias.

Este libro se ha escrito para compartir estas y otras cosas que hemos
aprendido a través de los años. No provee todas las respuestas, y tal vez
ni plantea todos los interrogantes. Sin embargo, estoy convencido de
que existen principios generales que algún día llegarán a ser parte de
la ciencia de cómo tratar con los ángeles de las tinieblas. Y la manera
de obtener nosotros una mejor comprensión de estos principios, y de
que otros la obtengan también, es compartiendo lo que hemos estado
aprendiendo.

Por lo tanto, suplico la paciencia de quienes saben cosas que nosotros
desconocemos. Y que quienes nos siguen en el aprendizaje, junto con
los que usan otros métodos, experimenten con los planteamientos
que nosotros hemos encontrado eficaces. Que Dios les conceda el
privilegio que nos ha concedido a nosotros de participar regularmente
en la tarea de liberar a la gente del dominio del Enemigo.

AGRADECIMIENTOS A QUIENES ME AYUDARON

He recibido mucha ayuda en el desarrollo de este libro. Entre los asociados de quienes he recibido enseñanza están Fred y Susie Heminger; Molly Sutherland-Dodd; Gary Hixson; Al Reitz; Christy Varney; Ellen Kearney; Bill Stafford; Alex Haarbrink; David DeBord; mi esposa Margarita, y muchas otras personas a quienes Dios les ha dado libertad a través de mí. También estoy agradecido a mi antiguo compañero de facultad en el Seminario Fuller, C. Peter Wagner y su esposa Doris, por su estímulo y por sus frecuentes aportes de información mientras recorremos sendas similares en el ministerio de poder.

Deseo expresar mi gratitud a Christy Varney por su ayuda al escribir este libro, poniéndole carne a mi bosquejo original. El hecho de que pude trabajar partiendo de su prosa, y no simplemente de mi bosquejo, aceleró considerablemente este esfuerzo.

También estoy agradecido con Ellen Kearney quien hizo la mayor parte del proceso de colectar información, por los giros y vueltas y por las preguntas en los capítulos 10 y 11. También leyó la mayoría de los esbozos de los capítulos e hizo valiosos comentarios. Su ayuda fue apreciada de manera especial pues llegó en las etapas finales de preparación del original, mientras trataba de terminar en la fecha establecida.

Gracias también a mi esposa Margarita por su paciencia mientras yo ministro a la gente y cuando por escribir sacrifico tiempo que debo pasar con ella. Para ella esto no siempre ha sido fácil.

Estoy profundamente agradecido con Dave Came editor jefe de Servant Publicaciones por su asistencia técnica y su atención personal para la primera edición de este libro. Mi gratitud también para Oakley Winter quien, bajo la supervisión de Dave editó el texto, y para Martha Darling quien compiló el índice.

Sur de Pasadena, California

Junio del 2011

¿SON REALES SATANÁS Y LOS ÁNGELES DE LAS TINIEBLAS?

En su carta a los Efesios el apóstol Pablo presentó una nueva visión de una realidad que parece extraña aún para los cristianos estadounidenses más sinceros. Esto es lo que escribió: "Porque no tenemos lucha contra carne y sangre, sino contra principados, contra potestades, contra los gobernadores de las tinieblas de este siglo, contra huestes espirituales de maldad en las regiones celestes. Por tanto, tomad toda la armadura de Dios, para que podáis resistir en el día malo, y habiendo acabado todo, estar firmes" (Efesios 6: 12-13).

La mayoría de los estadounidenses que descubren la realidad de la que Pablo habla, lo hacen de la manera más dura: por la experiencia. Por ejemplo mi amigo Ed Murphy fue sorprendido por un incidente en su familia, que no pudo explicar.

EL CAMBIO DE OPINIÓN DEL DOCTOR ED MURPHY

"Papá, no sé lo que me pasa. Parece ser que algo en mi interior me domina a veces y me hace actuar y hacer cosas extrañas. ¡Ayúdame, Papá! Estoy asustada. Yo amo a Jesús y quiero hacer lo que es correcto. ¿Qué pasa conmigo?".

Estas fueron las palabras de Carolina, hija de Ed Murphy. Ed, un respetado líder cristiano que fuera vicepresidente de *OC Ministries* y profesor en la Universidad Biola, tuvo durante algún tiempo un ministerio mundial de liberación. Sin embargo, cuando ocurrió este incidente, durante la década del 60, sólo tenía una creencia intelectual de los demonios, aunque había sido misionero en Latinoamérica. Y de hecho no creía que una cristiana con una fe vibrante como la de su hija de 14 años de edad, pudiera ser demonizada. El doctor Murphy escribió para la revista de Vineyard Ministries [Ministerios La Viña], un relato de la experiencia que vivió con su hija demonizada.

Ed regresó al hogar respondiendo la angustiosa llamada de su esposa y comenzó a hablar con Carolina. Así es cómo recuerda la escena:

"En un momento, su personalidad normalmente dulce, cambió. Con una extraña mirada en sus ojos me gritó diciéndome que la dejara sola. Había una innegable presencia maligna en sus ojos. Carolina y yo doblamos nuestras rodillas en oración y clamamos al Señor que rompiera la opresión maligna en su vida.

Varias semanas antes yo había notado que de su cuello pendía una cadena con un objeto redondo, pero no pensé nada al respecto. Mientras orábamos fijé mi atención en el objeto. [Se lo había obsequiado un amigo que profesaba el cristianismo pero no vivía como un cristiano consagrado.]

Tras una corta investigación descubrí que la "estrella" era un pentagrama, un símbolo del mundo del ocultismo.

"No serás completamente libre de los espíritus malignos hasta que deseches ese objeto y renuncies a las fuerzas ocultas relacionadas con él" –le dije.

Ella respondió arrojándolo al suelo con rapidez. Confesó y renunció a su "inocente" participación en el ocultismo y a su interés en cierta música de rock diabólico. Incluso confesó que tenía una actitud egoísta y rebelde.

En ninguna ocasión anterior habíamos tenido una confrontación cara a cara con los espíritus malignos.

"Papá, ellos me persiguen. Tengo miedo".

"Fuera de la vida de mi hija –les ordené–. Ella rompió toda lealtad hacia ustedes. ¡Fuera! ¡Déjenla en paz! En el nombre y por la autoridad de mi Señor, el Señor Jesucristo, quien venció a su señor en la cruz, les ordeno que se alejen de Carolina y no vuelvan más a ella. ¡Fuera de su vida!"

Inmediatamente la lucha cesó. Carolina se calmó y empezó a alabar al Señor con alegría por haberla liberado. Los espíritus del mal habían salido. Ambos lloramos y nos regocijamos delante del Señor por su gracia. [1]

Hubo que hacer luego del incidente un poco más de trabajo pues la participación de Carolina en la subcultura hippy-ocultista resultó ser mayor de lo que ella había indicado al comienzo. Sin embargo, cuando renunció a esa participación, confesó sus pecados y destruyó los símbolos de ese estilo de vida (incluyendo otros "hechizos" y ciertos discos de música rock), obtuvo la libertad en Cristo que había perdido al permitirle al Enemigo que la sedujera.

UN CAMBIO RADICAL DE ENTENDIMIENTO

Ed llama a este "el cambio más importante de mi visión en la vida cristiana". No solamente llegó a creer que los ángeles de las tinieblas, de los cuales habla la carta a los Efesios, son reales, sino que también se dio cuenta que los cristianos no son inmunes a su intrusión. A pesar de las advertencias de Efesios y de otros pasajes de las Escrituras (ver 1 Pedro 5:8-9; Santiago 4: 7 y 1 Juan 5:19), la posición asumida por Ed y por la mayoría de los evangélicos es que Satanás está tan derrotado (ver Colosenses 2:15) que sus actividades no los pueden afectar. Creen, por lo tanto, que no necesitan prestarle mucha atención.

Experiencias como la del doctor Murphy han enseñado a muchos evangélicos que estaban equivocados respecto al Enemigo y sus ángeles de las tinieblas. Aunque desearían que no fuera cierto, descubren que Satanás está vivo y activo incluso entre personas cercanas a ellos.

UN MINISTERIO DE LIBERACIÓN NO ERA PARTE DEL PLAN DE MI VIDA

Ni el doctor Murphy ni yo habíamos planeado nunca involucrarnos realmente en la confrontación y expulsión de demonios tal como lo hizo Jesús. Y supongo que nadie planea su vida con tales expectativas. Pocas cosas podrían haber estado más lejos de mi mente, pues ni siquiera estaba seguro de creer en demonios.

A comienzos de mi servicio como misionero, un líder de la iglesia nigeriana me hizo esta pregunta: "¿Cree usted en espíritus malignos?" Aunque le respondí afirmativamente, no sabía si en realidad creía en ellos, o no. Como él y otros líderes nigerianos percibieron que el tema me incomodaba, no volvieron a mencionarlo con frecuencia. Y durante mis años de misionero en Nigeria, nunca tuve que tratar con un demonio.

Pero reflexionando sobre esta pregunta, recordé haber visto una sección sobre Satanás y los demonios en mi libro de texto de teología cuando estuve en el seminario. Sin embargo, ¡pienso que lo pasamos por alto! Presionado por el tiempo, el profesor nos dio a los seminaristas la impresión de que el tema tenía un interés más que todo histórico, pues Jesús derrotó y humilló a Satanás (ver Colosenses 2:15). La impresión que nos quedó fue que aunque debíamos aceptar la existencia de Satanás y los demonios, no era necesario que nos preocupáramos mucho por sus actividades.

Sin embargo, en 1982 el Señor comenzó a mostrarme otra cosa (ver mi libro *Christianity with Power* [Cristianismo con Poder]. A fin de prepararme para lo inevitable, empecé a leer sobre el tema de los demonios y a interrogar a cualquiera que tuviera experiencia en liberar de ellos a la gente. Leí *Pigs in the Parlor* [Cerdos en la Sala] de Hammond & Hammond; *The Adversary* [El Adversario] y *Overcoming the Adversary* [Cómo Vencer al Adversario], de Bubeck; *Spiritual Warfare* [Guerra Espiritual], de Harper; *War on the Saints* [Guerra a los Santos], de Penn-Lewis; *A Guide to Heal the Family Tree* [Una Guía para Sanar la Descendencia Familiar], de McAll; y *He Came to Set the Captives Free* [Él Vino para Libertar a los Cautivos]. Yo había leído bastante sobre el tema, pero no hay nada como la experiencia para cimentar la teoría.

Mi primera oportunidad para experimentar una genuina confrontación con los demonios llegó a comienzos de 1986, después de una sesión de la clase sobre Milagros y Prodigios en el Seminario Fuller. Un estudiante me pidió ayuda para orar por una mujer ya madura a quien llamaremos Clara. Se había quedado tiesa y al parecer inconsciente mientras se oraba por ella. Fui a la parte del salón donde se le estaba ministrando y encontré que, efectivamente, Clara estaba "fuera de sí".

Puse mi mano sobre su hombro y le hablé "paz". Esto la volvió a la conciencia. Pero pronto empezó a sacudirse con violencia, y me encontré retando a un demonio en el nombre de Jesucristo, tal como lo había aprendido en los libros. Pudimos liberarla esa noche de 19 demonios, y de uno más posteriormente en mi oficina. Aunque Clara ya era una cristiana dedicada, llena del Espíritu Santo y activa en el ministerio cristiano, esa noche entró en una libertad que nunca antes había conocido.

Este fue el comienzo de un ministerio que ahora incluye varias liberaciones en una semana promedio, más un cierto número de seminarios cada año, además de mis responsabilidades como profesor en la Facultad de Estudios Interculturales en el Seminario Fuller. No fue mi plan que las cosas fueran de esa manera, pero parece ser lo que Dios quiere que yo haga ahora. Habiendo trabajado con el Espíritu Santo para llevar liberación a más de 2.000 cristianos, y después de tratar durante el proceso con muchos miles de demonios, quiero compartir con usted lo que Dios me ha enseñado. Porque él desea que muchos que leen este libro se involucren en un ministerio como este.

El de liberación es probablemente uno de los dones de sanidad que Dios da a los creyentes (ver 1 Corintios 12:28). Pero solamente descubrimos cuáles dones tenemos experimentando con ellos. Jesús no preguntó a sus seguidores qué dones tenían. Los envió a todos a experimentar con su autoridad y su poder (ver Lucas 9:1, y 10:1). Y ellos regresaron maravillados por lo que Dios había hecho a través de ellos (ver Lucas 10:17). Experimentaron con el poder de Dios y encontraron que Dios los respaldó. Creo que todos deberíamos realizar el mismo experimento, especialmente dado que Jesús prometió que cualquiera que tenga fe en él, puede hacer todo lo que él hizo (ver Juan 14:12).

Pero la mayoría de creyentes no sabe que ministrar liberación es privilegio y responsabilidad de cada cristiano. Pocos experimentan la alegría de ver a la gente liberada de las garras de los demonios. Pido a Dios que este libro provea suficiente información para realizar estas cosas: que aplaque su temor de desafiar al Enemigo, aumente su confianza en el asombroso poder de Dios, desarrolle su audacia para lanzarse con Dios a liberar a la gente de los demonios, lo motive para hacer las obras que Jesús prometió que haríamos con la autoridad y el poder que nos dio (ver Juan 14:12 y Lucas 9:1), y en el proceso lo lleve a tener una relación más profunda y más íntima con él. *Usted puede ser usado para llevar libertad a las personas demonizadas. Jesús dijo que podría hacerlo.*

La gente me pregunta con frecuencia si disfruto este tipo de ministerio. Parece que tienen la idea de que cada liberación es un acto que nos deja por el piso, un asunto extenso que deja a los participantes maltratados, apaleados y acabados. Disfrutar algo así es para ellos bastante masoquista. Así que se preguntan cómo me siento.

¿Qué si lo disfruto? Bueno, pienso que sí; pero no tanto por el proceso cuanto por los resultados. Sin embargo, el proceso de derrotar abiertamente al Enemigo también puede ser bastante divertido. La esencia del asunto es que Dios realmente ama a la gente. Tanto que no está satisfecho hasta que cada pizca del descanso que Jesús prometió en Mateo 11:28, de la libertad de la que Pablo habla en Gálatas 5:1, y de la nueva criatura que el mismo apóstol menciona en 2 Corintios 5:17, sean una realidad para su pueblo. Y de eso se trata la liberación: llevar a la gente a disfrutar toda la libertad que Jesús desea para sus escogidos.

LA BIBLIA TOMA EN SERIO A SATANÁS Y LOS DEMONIOS

La experiencia personal de Ed Murphy, la mía y la de muchos otros sirve para validar nuestra guía: la Biblia.

Cuando Jesús comenzó su ministerio público confirmó la existencia de los ángeles malignos de Satanás al anunciar su propósito por boca del profeta Isaías 61:1-2: "El Espíritu del Señor está sobre mí, por cuanto me ha ungido para dar buenas nuevas a los pobres; me ha enviado a sanar a los quebrantados de corazón; a pregonar libertad a los cautivos, y a dar vista a los ciegos; a poner en libertad a los oprimidos; a predicar el año agradable del Señor" (Lucas 4:18-19).

Jesús vino a liberar a los cautivos de la esclavitud impuesta por el Enemigo, el "príncipe de este mundo" (Juan 14:30), cuyo objetivo es impedir que la gente disfrute de la libertad que Dios otorga a quienes entran en una relación personal con él.

Jesús estaba afirmando algo que vemos a través de todo el Antiguo Testamento y es que el reino del mal acecha y afecta constantemente lo que ocurre en el ámbito humano. En el Huerto de Edén la actividad satánica es obvia. En el caso de Job vemos otro ostensible reto de

Satanás a la autoridad de Dios. En cada una de las guerras de Israel, y en cada ocasión cuando su pueblo decidió seguir a falsos dioses, se ve la interferencia tanto en forma visible como oculta.

En el Nuevo Testamento podemos ver a Satanás detrás del complot para matar al niño Jesús (ver Mateo 2:16-18). Su actividad es ostensible cuando confronta a Jesús en el desierto (véase Lucas 4:1-13) y cuando quiera que Jesús expulsa demonios. Y sin duda alguna está tras la oposición de los líderes judíos, y además en su juicio y su crucifixión. Vemos a Satanás en muchos de los acontecimientos registrados en el libro de los Hechos de los apóstoles; por ejemplo en el incidente con Ananías y Safira (Hechos 5:1-11), y con la muchacha esclavizada y endemoniada (Hechos 16:16-18). Lo vemos a través de las epístolas; por ejemplo con la mesa de los demonios (1 Corintios 10:21); cegando el entendimiento de quienes no creen (2 Corintios 4:4), y en las enseñanzas de demonios (Timoteo 4:1). La actividad satánica también ocurre a través de todo el libro de Apocalipsis.

Satanás proclama su autoridad sobre la tierra cuando le dice a Jesús: "A ti te daré toda esta potestad, y la gloria de ellos [de los reinos terrenales]; porque a mí me ha sido entregada, y a quien quiero la doy" (Lucas 4:6). Jesús se refiere a Satanás como "el príncipe de este mundo" (Juan 14: 30), y Pablo como "el príncipe de la potestad del aire"; Pedro lo describe como "león rugiente que anda alrededor buscando a quien devorar" (1 Pedro 5:8), y Juan como el gobernante del mundo entero (1 Juan 5: 19).

NO TENÍAN TEMOR DE LAS ACTIVIDADES SATÁNICAS

A pesar de tales declaraciones relacionadas con la impresionante posición de nuestro Enemigo, ni Jesús ni ningún otro personaje del Nuevo Testamento parecían alarmados por las actividades de Satanás. Las enfrentaron como un hecho sabiendo que el poder de Dios es infinitamente superior al del Enemigo.

Sin embargo la Biblia deja en claro que Jesús y sus seguidores tomaron a los demonios en serio. Aunque no los temían, reconocieron su existencia y utilizaron el poder del Espíritu Santo para combatirlos. Una y otra vez aparecen en los Evangelios referencias a los demonios y al reino de Satanás. Por ejemplo en el Evangelio de Marcos, más de la mitad del ministerio de Jesús está dedicado a la liberación de quienes estaban demonizados.

En estos relatos, nadie parece dudar de la existencia de los demonios o del mundo sobrenatural. Los críticos de Jesús cuestionaron el origen de su poder (ver Lucas 11:14-22), pero, a diferencia de quienes están influenciados por el pensamiento occidental contemporáneo (ver mi libro *Christianity with Power* [Cristianismo con Poder]), nunca cuestionaron la existencia de los demonios que habitaban en personas lastimadas. Mi propia creciente experiencia me ha convencido que ellos tenían razón, y que el apóstol Pablo habló con discernimiento cuando advirtió que nuestra batalla real no es contra seres humanos, sino "contra huestes espirituales de maldad en las regiones celestes" (Efesios 6:12).

La Biblia es clara en cuanto a que Satanás posee un reino poderoso que los cristianos tenemos que tener en cuenta a cada paso. Y estamos viviendo en medio de él, en territorio enemigo. Para comprender la demonización es vital que entendamos el reino de Satanás y su manera de operar. En su tiempo Pablo pudo afirmar que "sabemos cuáles son sus planes" (2 Corintios 2:11 GNT). En nuestros días *necesitamos aprender cuál es la estrategia del Enemigo, si hemos de estar preparados para la batalla.*

LAS IGLESIAS DEBEN ESTAR REALIZANDO ESTE MINISTERIO

En Lucas 11:20 (y en el pasaje paralelo de Mateo 12:28), Jesús hace una interesante declaración. Algunos de los fariseos lo cuestionan e incluso lo acusan de realizar sus milagros por el poder de Satanás (Beelzebú). Entonces él dice: "Mas si por el dedo de Dios echo yo fuera los demonios, ciertamente el Reino de Dios ha llegado a vosotros". ¿Es esta, entonces, una señal del Reino? ¿Deben las personas y las iglesias del Reino llevar a cabo este ministerio para demostrar que son del Reino de Jesús? Yo así lo creo.

Hay muchas señales del Reino de Dios. Jesús contó muchas parábolas sobre el Reino. Amar y perdonar son virtudes del Reino. Pero otras de las señales del Reino es que las personas endemoniadas son liberadas de esos demonios y Satanás es derrotado no solamente mediante el amor sino también mediante el poder. Esta parte de la experiencia del Reino no se debe descuidar.

Cuando podemos echar fuera los demonios en el nombre de Jesús, entonces sabemos que su Reino está aquí. *Pero, ¿qué sabemos de las iglesias en donde los demonios no son desafiados?* ¡Pienso que podemos decir que esas no son iglesias del Reino! Si en ellas se echa fuera a los demonios, son iglesias del Reino; si no, yo pienso que podemos decir que el Reino de Jesús no ha llegado a ellas. ¿O sí?

¿Es suficiente que las iglesias sean amorosas, acogedoras y perdonadoras? No hay duda de que estas son señales importantes del Reino. Y quizás para ellas es suficiente estar manifestando estos y otros valores del Reino sin tratar con los demonios en su medio. Pero, ¿está bien dejar por fuera esta parte? Pienso que Jesús dice que una importante señal del Reino es obrar con su poder para liberar a las personas, así como debemos amarlas y perdonarlas. De modo que para ser una iglesia del Reino, completa, debe enfrentar los demonios, no ignorarlos.

Tal vez es necesario hacer distinción entre iglesias que representan y expresan el Reino totalmente, y las que lo hacen parcialmente. Estas últimas hacen muchas cosas buenas y útiles, pero ignoran una parte importante de la enseñanza y el ministerio de Jesús. Solamente cuando se practican las muchas cosas que Jesús enseñó y se echan fuera los demonios por el poder de Dios, sabemos que tenemos una iglesia totalmente representativa del Reino.

Este libro se ha escrito para ayudar a los cristianos y a nuestras iglesias a convertirse en iglesias integrales del Reino de Jesús. Tengo el privilegio de realizar seminarios tanto en los Estados Unidos como en el exterior para enseñar a la gente esta parte del ministerio de este Reino. Algunas iglesias están respondiendo nombrando equipos ministeriales que ministren a las personas para que sean libres. Otras ignoran la invitación. Oro a Dios para que usted se decida a seguir a Jesús en esta parte del ministerio de su Reino. Nuestras iglesias están llenas de personas esclavizadas, muchas de las cuales ni siquiera saben que Jesús ha encargado a los creyentes la liberación de los cautivos (ver Lucas 4:18-19); Juan 14:12 y 20:21). Convirtámonos en iglesias integrales del Reino.

Cuando se echan fuera los demonios por el poder de Jesús, sabemos que su Reino ha llegado a nosotros.

EL REINO SATÁNICO

Satanás posee un reino. ¿Cómo está integrado su reino? A la cabeza se encuentra el mismo Satanás. Parece que él es un ángel de alto rango (tal vez cercano o al mismo nivel de los arcángeles Miguel y Gabriel). Al parecer se declaró en oposición a Dios y se convirtió en adversario de todo lo que es bueno, recto y piadoso. Aunque los pasajes de Isaías 14: 12-15 y Ezequiel 28:11-19 hablan de los reyes de Babilonia y Tiro, también parecen describir lo que ocurrió en los cielos cuando Satanás perdió la posición que ostentaba delante de Dios.

En Ezequiel se dice, hablando supuestamente de Satanás, que "tú eras el sello de la perfección… Perfecto eras en todos tus caminos desde el día que fuiste creado, hasta que se halló en ti maldad" 28: 12, 15). En el pasaje de Isaías se relata la decisión de Lucifer (Satanás): "Subiré al cielo; en lo alto, junto a las estrellas de Dios, levantaré mi trono… y seré semejante al Altísimo" (14: 13-14). Ambos pasajes mencionan que Satanás fue expulsado y humillado por causa de su rebelión.

La creencia más extendida es que cuando Satanás cayó, arrastró consigo un gran número de ángeles. Algunos interpretan Apocalipsis 12:4 como una indicación de que una tercera parte de los ángeles en el cielo se alineó con él. Aunque yo dudo mucho de la validez de tal interpretación, parece existir en el mundo un número *muy* grande de seres satánicos. Y todos ellos serán arrojados de los cielos junto con Satanás al final de los tiempos (ver Apocalipsis 12: 7-9). Sin embargo, hasta que Dios termine con todas las cosas, Satanás y sus ángeles de las tinieblas (demonios o espíritus malignos) estarán activos sobre la tierra. Muchos pasajes bíblicos nos muestran que los demonios pueden habitar en las personas (ver Marcos 1:23; 5: 1-20; 7:25; Hechos 16:16).

Sobre ellos parece haber toda una jerarquía de principados y potestades (ver Efesios 6: 12) operando bajo la autoridad de Satanás. Dentro de esa jerarquía estos espíritus malignos reciben órdenes de otros que tienen un mayor poder y se ubican en un rango por encima de ellos. *Por lo tanto, sólo pueden ser relevados de sus tareas por espíritus de nivel superior, o por el poder de Dios.*

Los seres satánicos participan en todo tipo de actividad humana perturbadora y dañina. Pueden obstaculizar los esfuerzos terrenales y aún retrasar respuestas a la oración (ver Daniel 10:13). Parece que tienen autoridad sobre lugares y territorios tales como edificios, ciudades y templos. Además, parece que tienen autoridad sobre grupos y organizaciones sociales, e influencian comportamientos pecaminosos como la homosexualidad, drogadicción, lujuria, incesto, violación y asesinato.

Los ángeles caídos que llamamos demonios o espíritus malignos (yo no hago distinción entre esos términos), parecen ser las tropas del "primer nivel" a diferencia de los principados, potestades y gobernadores de "nivel cósmico" que se mencionan en Efesios 6:12. Estas tropas de primer nivel son las que encontramos más a menudo durante la guerra espiritual. La Biblia nos dice que los demonios buscan a las personas para vivir en ellas (ver Mateo 12: 43-45). Ellos al parecer envidian nuestros cuerpos. Tienen diferentes personalidades, son destructores (ver Marcos 9:17-29) y difieren en grados de maldad y poder (ver Mateo 12: 45 y Marcos 5:4).

A diferencia de Dios, Satanás no es omnipresente. Solamente puede estar en un lugar a la vez, aunque al parecer se puede movilizar de un lugar a otro muy rápidamente. Por lo tanto, los otros miembros de la jerarquía, incluyendo los demonios de primer nivel, llevan a cabo sus planes a través del universo. Además de las muchas tareas que estos espíritus malignos tienen asignadas, es obvia la de molestar a los seres humanos, especialmente a los cristianos. Satanás no gusta de nada de lo que Dios gusta. De ahí que escoge a las criaturas favoritas de Dios, nosotros, los seres humanos, y envía sus secuaces a hostilizarnos.

Podemos suponer que el interés primario de los demonios es interrumpir y perturbar, y si es posible paralizar, cualquier cosa que constituya una amenaza al dominio de Satanás sobre el mundo. Sus armas apuntan a individuos, grupos y organizaciones que procuran llevar a cabo los propósitos de Dios. Ellos edifican "fortalezas" en las mentes de las personas (ver 2 Corintios 10:4), y probablemente en otros lugares también. Atacan a los ministerios cristianos y son promotores de desviaciones doctrinales (véase 1 Timoteo 4:1). Afectan la salud (Lucas 13: 11), y tal vez también el clima (Lucas 8:22-25), e incluso tienen poder sobre la muerte (Hebreos 2:14), *aunque no tienen ningún poder que no sea permitido por Dios.*

LA REALIDAD DE LA BATALLA

¡Estamos en guerra! Casi todas las páginas del Nuevo Testamento señalan este hecho. Como cristianos somos participantes querámoslo o no, de la guerra entre el Reino de Dios y el de Satanás. Además vivimos en territorio enemigo pero, por fortuna, ¡estamos en el lado ganador!, y no tenemos ninguna duda en absoluto del resultado final. El Enemigo y sus ángeles de las tinieblas no solamente han sido derrotados, sino que fueron además humillados por Jesús en su resurrección, "y sus principados y potestades fueron despojados y exhibidos públicamente, cuando triunfó sobre ellos en la cruz" (Colosenses 2:15). Mi amigo Ken Blue escribe al respecto: "La lucha es real. La victoria de Cristo por su crucifixión y su resurrección es final, pero todavía no se ha consumado plenamente. El mal sigue ejerciendo su limitado aunque significativo poder hasta que Cristo regrese en su gloria". [2]

Yo no puedo explicar por qué estamos todavía en guerra. Períodos de espera como este entre esta victoria segura y su finalización, no son desconocidos en la historia humana. Por ejemplo, aunque la Proclamación de la Emancipación liberó cerca de 4 millones de esclavos en Los Estados Unidos de América en 1863, dos años más de lucha sangrienta siguieron antes de que pudieran reclamar su libertad en 1865.

Una demora similar ocurrió durante la Segunda Guerra Mundial. En Junio de 1944 las tropas aliadas desembarcaron con éxito en territorio europeo, sellando el destino de Hitler y sus tropas. Aunque el desembarco y la invasión el día "D" aseguraron la derrota de los Nazis, la guerra no terminó hasta 11 meses después cuando el Eje firmó la rendición incondicional en Mayo de 1945. Aunque la victoria se aseguró, murieron más soldados en Europa durante esos 11 meses que en todos los años previos de la Segunda Guerra Mundial.

Una tercera ilustración, la mejor en algunos sentidos, nos la suministra la historia del pueblo de Israel. Aún antes de entrar a la tierra prometida, Dios ya se la había dado. Era *su* tierra. Dios se la dio a Abraham. Su promesa fue confirmada una y otra vez y Dios escogió a Moisés y a Josué para meterlos en ella. Pero sus enemigos la estaban ocupando; enemigos formidables que habían vivido allí durante largo tiempo y no saldrían a menos que fueran forzados a hacerlo. Aunque la tierra pertenecía a los Israelitas, al cruzar el Jordán les esperaba la guerra para poder tomar posesión de ella. Israel fue dueño de la tierra tan pronto Dios se la dio, pero por algún tiempo no poseyó lo que era suyo, y finalmente lo hizo después de intensa lucha.

Y así como ocurrió en los casos de la Declaración de Emancipación, del día "D", y de la tierra dada por Dios al pueblo de Israel, ocurre con la muerte y resurrección de Jesús: se aseguró la victoria pero el Enemigo todavía permanece activo. En conclusión, la liberación de los prisioneros de guerra que aún quedan, la capitulación final del Enemigo y su destierro y encierro final, todavía están por ocurrir. Estamos viviendo el tiempo intermedio entre la proclamación de emancipación decretada por Jesús y la liberación de los que aún siguen cautivos.

En todos estos casos el período intermedio se empleó para avanzar dentro del territorio enemigo. El título de propiedad de la tierra no equivalía a la ocupación de la misma. Durante el tiempo intermedio un grupo poseía el título de propiedad de la tierra pero otro la ocupaba. El reto para el grupo que ostentaba el título de propiedad fue tomar posesión de lo que legalmente era suyo. Pero eso significaba que la guerra tenía que continuar. Había batallas por librar, territorio ocupado todavía por el enemigo y prisioneros por liberar.

Nosotros los cristianos vivimos por lo tanto en un período de guerra espiritual. Debemos estar concientes de este hecho y equiparnos para la lucha. No debemos suponer, como algunos lo hacen, que el territorio ya fue librado de la ocupación del enemigo y que su poder ya fue quebrantado.

Jesús dijo: "Como me envió el Padre, así también yo os envío" (Juan 20: 21). De ahí que llamara a sus seguidores a unírsele en su compromiso de "pregonar libertad a los cautivos, de poner en libertad a los oprimidos y de dar vista a los ciegos" (Lucas 4: 18). Ha llegado el tiempo –dijo– de entrar al territorio del Enemigo y anunciar que Dios quiere rescatar a las personas a las cuales ama apasionadamente (ver Lucas 4: 19). Como Jesús, necesitamos combatir al reino de Satanás con el poder del Espíritu Santo. Y más importante aún, debemos combatirlo por la misma razón por la que él lo hizo: por obediencia a nuestro Padre.

La Biblia nos presenta la paradoja de que estamos en el lado ganador aunque vivimos en un mundo en donde Satanás "el perdedor", tiene poder. Aquí los demonios tienen libertad de hostilizar y causarle problemas a la gente, y el mal abunda. A veces me preguntan "¿por qué el Enemigo tiene todavía tanto poder sobre la gente, incluso sobre los cristianos? ¡No parece justo!" –me dicen. Todos los días se me acercan personas que están atadas por el Enemigo. Regularmente ministro a quienes han sufrido abuso sexual, emocional, físico y espiritual; niños que han sido demonizados, personas que han sido "apaleadas" por el Enemigo. A mí me entristece y me enfurece ver a la gente de Dios tan profundamente herida y lastimada. No sé por qué Dios le ha dado tanta cuerda a Satanás (y suelo enojarme por no poder explicarlo). Pero sí sé que la batalla es real y tengo la intención de pelearla y de liberar de las garras del Enemigo al pueblo de Dios con el poder de Jesús. Como cristianos hemos sido escogidos y bendecidos para estar en el lado ganador. La victoria es segura, pero estamos librando una guerra continua.

¿POR QUÉ DEBEMOS PROCURAR ENTENDER LA DEMONIZACIÓN?

"El tipo de ayuno que yo quiero es este: romper las cadenas de opresión y el yugo de injusticia, y dejar ir libres a los oprimidos… Si pones fin a la opresión, a cada gesto de menosprecio y a cada palabra perversa; si le das pan al hambriento y satisfaces a quienes están necesitados, entonces la oscuridad que te rodea se tornará como la luz del medio día… Serás llamado persona que reconstruye muros, que reedifica las casas arruinadas" (Isaías 58: 6, 9-10, 12 GNT).

Dios desea que los cristianos laboren con él para ministrar a los heridos y cautivos. Cuando los oprimidos son liberados se le quita "territorio" a Satanás y tanto Dios como nosotros que participamos en la liberación, compartimos su alegría. Como se promete en el texto de Isaías 58 que citamos en la página anterior, las tinieblas que nos rodean se tornan en luz y nosotros llegamos a ser conocidos como personas que "reedifican muros y restauran las casas arruinadas". El llamado a ministrar con poder –liberando a los demonizados y sanando a los heridos– es parte de nuestra herencia como hijos de Dios. Hay sanidad y alegría no solamente para quienes sufren sino también para quienes ministran con Jesús.

Con emoción y entusiasmo lo invito a unirse a quienes han aprendido a liberar a la gente de los demonios en el nombre de Jesús. Permítame darle, utilizando las palabras de Ken Blue, tres razones por las cuales debemos ministrar a los demonizados:

Inicialmente yo quise saber acerca de la sanidad y la liberación para validar el evangelio al desarrollar el evangelismo y un cuidado pastoral eficaz. A estos motivos originales pronto se añadieron otros. Descubrí que la compasión humana se convertía en una apremiante razón para orar por los enfermos. También resultaba estimulante ser agente de Dios para aliviar la enfermedad y el dolor. Orar por los enfermos y ver que se sanan es intensamente gratificante.

Sin embargo, progresivamente llegué a lo que, para mí, es el motivo especial para orar por los enfermos. Yo había leído la Biblia durante quince años, pero nunca había notado que *cuando Jesús dijo a sus seguidores que predicaran el Reino de Dios, también les mandó sanar a los enfermos y echar fuera demonios* (Lucas 9:1-2; 10: 8-9; Mateo 10:7-8; Marcos 6: 12-13). Prediqué el evangelio porque vi que el Señor así lo mandaba. Ahora me daba cuenta que en el mismo instante me encomendó también a sanar a los enfermos y echar fuera los demonios.

Ya sea que la sanidad ayude o no al evangelismo, o que este ministerio sea o no agradable, incluso si es o no funcional, no tengo la intención de descartarlo. *Entiendo que orar por los enfermos es un mandato que no puedo explicar o ignorar.* [3]

Las tres razones del señor Blue son obediencia, compasión y gratificación personal. Comenzaremos con la obediencia.

1. *Dios espera que liberemos a la gente.* Hemos visto que la batalla es real. Entendemos que como cristianos estamos en el lado ganador. Pero, ¿somos todos llamados a ministrar a los demonizados? ¿Se nos llama a todos a ministrar sanidad a los heridos y a liberar a los cautivos? Sí, si procuramos ser lo que Dios quiere que seamos, y hacer lo que

él quiere que hagamos. "Si me amáis, guardad mis mandamientos" (Juan 14:15), y "si guardareis mis mandamientos, permaneceréis en mi amor; así como yo he guardado los mandamientos de mi Padre, y permanezco en su amor" (Juan 15:10). El de Jesús fue un ministerio de obediencia al Padre. Él dictó a sus discípulos un curso de instrucción de tres años de duración mediante palabra y obra en cuanto a cómo seguir a Dios obedientemente así como él lo siguió. Y al declarar: "Como me envió el Padre, así también yo os envío" (Juan 20: 21), envió a sus discípulos al mundo con el poder del Espíritu Santo (ver Hechos 1:8), para hacer y decir lo que él mismo había demostrado en la práctica siendo su modelo.

Su enseñanza a los discípulos enfatiza el poder en el ministerio, dándoles "poder y autoridad sobre todos los demonios y para sanar enfermedades", y al enviarlos "a predicar el Reino de Dios, y a sanar a los enfermos" (Lucas 9:1-2). Posteriormente los instruyó en cuanto a enseñar a sus propios discípulos a "guardar [u obedecer] todas las cosas que os he mandado" (Mateo 28:20), incluyendo el ministerio de liberar a las personas del poder del Enemigo.

Pero tal vez usted se pregunta, ¿qué en cuanto a los dones? En primer lugar, no existe un don para liberación de demonios. Al parecer cada creyente recibe poder para hacerlo sin un don especial. Segundo, la lista de los dones en 1 de Corintios 12 habla de "dones de sanidades" (véase el versículo 9). Evidentemente a medida que obedecemos el mandato de Jesús descubrimos que cada uno de nosotros ha recibido dones en diferentes maneras para ministrar sanidad a las personas hacia las cuales él nos dirige. Ciertamente he podido observar que así ocurre a las personas que actúan en obediencia. Quienes oran por sanidad descubren que Dios los respalda. Pero también hay variación en cuanto al grado de efectividad y algunos tienen más éxito con algunas enfermedades que con otras.

Basándome en la Biblia, en la experiencia y en la observación, llego a la conclusión de que *la obediencia precede a los dones, y que la experimentación es la manera de descubrir esos dones.* Nosotros, como Jesús y sus discípulos, debemos obedecer a Dios mediante la experimentación liberando a las personas del poder del Enemigo. Al obedecer y experimentar descubriremos entonces cuál es nuestro don especial. A medida que hemos obedecido Dios me ha provisto a mí y a mis colegas la autoridad, el poder y los dones necesarios para liberar a la gente de los demonios. Quienes sencillamente observan, sin actuar en obediencia, nunca descubren la autoridad, el poder y los dones que Dios da. Estos últimos vienen solamente cuando la persona actúa con Dios.

2. *Debemos ser motivados por la compasión.* La demonización es muy común en el mundo el día de hoy, tanto en nuestro país como en el exterior. El Enemigo y sus emisarios están activos y tienen éxito en introducirse en las personas. Un flujo permanente de personas, mucho más del que podemos manejar, acude a mí y a mis colegas en busca de ayuda. Lamentablemente muchas personas no han encontrado ayuda en sus iglesias o en sus sicólogos y consejeros. Y no es porque esas iglesias o esos consejeros no quieran ayudar. Sencillamente no saben cómo hacerlo, o sienten temor.

Por desgracia muchas iglesias y consejeros permiten que la gente suponga que los demonios no existen en nuestros días. Permiten a los atormentados por estos espíritus malignos creer que están locos o que son muy pecadores, aumentando así su dolor y su sentimiento de culpa. Las personas endemoniadas suelen preguntarme: "¿Cree usted que yo esté loco?" Y es común que sus pastores o consejeros se den por vencidos con su caso o sencillamente les permitan seguir viniendo aunque nada les haya ayudado. Muchas veces han perdido la esperanza de que Jesús pueda darles sanidad y libertad.

Las estadísticas ponen a pensar, especialmente porque las cifras se aplican tanto a cristianos como a no cristianos. He oído un estimado que dice que más del 50 por ciento de estadounidenses menores de 30 años ha sufrido abuso físico durante la niñez, y más del 40 por ciento de mujeres menores de 30 ha soportado abuso sexual. [4] La palabra "disfuncional" describe a la mayoría de familias estadounidenses. Incluso es probable que la mayoría de pastores y misioneros, especialmente los más jóvenes, provengan de familias disfuncionales.

Más sorprendente aún es el aumento de las prácticas de la Nueva Era, el satanismo y las actividades del ocultismo en los Estados Unidos. En todo el país se han establecido centros de la Nueva Era, especialmente en las áreas turísticas como Santa Fe, en Nuevo México, en las montañas de Colorado, en Flagstaff, Arizona, y (como usted lo supone) en muchos lugares de California. Los conceptos de la Nueva Era están infiltrando los currículos escolares. En Los Ángeles, por ejemplo, un currículo experimental para alumnos de tercer grado escolar enseñaba a los niños a invocar a espíritus guías para que vinieran en su ayuda. Afortunadamente el sistema escolar, ante la presión en contra, lo descartó. El novelista Frank Peretti detalla en una de sus novelas un caso similar y sus resultados. [5]

De manera creciente los rituales sangrientos están llamando la atención de quienes tienen que ver con las actividades criminales. Quienes participan en ellos, sean criminales o no, generalmente son severamente demonizados. Es lamentable que la policía suele estar más conciente y mejor informada al respecto que los pastores y líderes de las iglesias. Muchas personas tienen la convicción de que hay algún tipo de "demonio" tras muchos de los delitos de pandilleros y narcotraficantes.

Un cierto número de cristianos conversos vienen de trasfondos de ocultismo. Maravillosas experiencias de conversión los impulsa a buscar membresía en la iglesia. Lamentablemente hemos perdido la tradición de la Iglesia naciente de limpiar a los nuevos convertidos de manifestaciones demoníacas antes de que se unan a la iglesia, de modo que usualmente se hacen miembros llevando consigo algunos o todos los demonios a quienes una vez sirvieron. Aunque éstos se han debilitado porque perdieron el centro espiritual de la persona, siguen resistiendo en el cuerpo, en la mente, en las emociones y en la voluntad (ver el capítulo 3). Desde estas posiciones pueden seguir alterando el desarrollo de la vida tanto del convertido como de las personas con quienes éste se relaciona.

Ya sea como resultado de una disfunción general o de participación en el ocultismo, los hijos del Señor están quebrantados y sangrantes. El Enemigo los ha atacado causándoles dolor y muchos todavía son portadores de demonios. Como cristianos no podemos abandonar a estas personas. Debemos ser tan compasivos como Jesús y actuar con amor y con poder para darles sanidad y liberación. Hoy, más que nunca es vital que aprendamos la manera de llevar la luz de Jesús a quienes sufren dolor y necesidad.

3. Un ministerio de liberación aumenta nuestra fe en Jesús. Todos los que nos movemos en esta dirección hemos experimentado una tremenda renovación de nuestra vida espiritual. Es algo increíble estar involucrado constantemente en hacer lo que sabemos que no podíamos hacer con nuestro propio poder. No podemos echar fuera los demonios por nuestra cuenta. Si el Espíritu Santo no "se aparece" para hacer el trabajo, ¡nos hundimos! Así que, el sólo hecho de que los demonios son expulsados regularmente, para nunca regresar, nos mantiene humildes, nos emociona y nos enriquece. Demuestra una y otra vez que Dios realmente está presente haciendo su trabajo a través de nosotros.

Cuando el Señor derrama su Santo Espíritu sobre los heridos y lastimados, también salpica con bendiciones a todos los demás. Es como acercarse a una cascada de agua, ¡uno resulta mojado tan solo por estar allí! A través de este ministerio mi vida ha cambiado dramáticamente y Dios llegó a ser para mí mucho más grande. Personalmente por primera vez he sentido una respuesta a la oración de Pablo para que sus lectores experimenten "la supereminente grandeza de su poder" que está disponible "para nosotros los que creemos" (Efesios 1:19). A medida que he procurado andar en obediencia en este ministerio, el Señor me ha llevado a una intimidad cada vez más profunda con Jesús, y a un mayor entusiasmo respecto a mi relación con él.

Tal hecho no debería sorprendernos. ¿No suele obrar Dios de esta manera? El Señor no está interesado solamente en lo que hacemos para él. Como ocurrió con los apóstoles, él nos escogió primeramente para estar con él, y solamente entonces podemos ir y echar fuera demonios (ver Marcos 3:14-15). Su interés primario es nuestra relación con él. De modo que dé pasos de obediencia para "desatar las ligaduras de impiedad, soltar las cargas de opresión, dejar ir libres a los quebrantados y para romper todo yugo" (Isaías 58:6). Cuando lo haga recibirá enormes bendiciones, "entonces invocará, y lo oirá el Señor; clamará, y dirá él: Heme aquí" (Isaías 58: 9). Este ministerio beneficia no solamente a los demonizados; ¡lo beneficia a usted también! Jesús desea que conozca el gozo increíble de verlo actuar con poder a través de usted.

CÓMO EMPEZAR

Uno de los propósitos principales de este libro es hacer que otros empiecen este importante ministerio. El número de cristianos que necesitan ser liberados de los demonios es alarmante. No tengo idea de que tan alto puede ser el porcentaje, pero me arriesgo a la crítica y sugiero que en muchas iglesias por lo menos dos terceras partes de los asistentes son portadores de demonios.

¿Qué pasa si mi cifra es muy alta? ¿O muy baja? ¿Cuántas personas demonizadas piensa usted que serían necesarias para paralizar una iglesia? ¿La mitad de los miembros? Lo dudo. ¿Una o dos en posiciones prominentes? Probablemente esas serían suficientes. ¿El pastor? ¿O el director de música? Nuestra experiencia nos lleva a creer que muchos líderes que ocupan posiciones destacadas son portadores de demonios. Muchas de esas personas acuden a nosotros.

Si usted fuera Satanás, ¿en quién invertiría su tiempo? ¿Sería prioridad de Satanás la tarea de perturbar la vida y el ministerio de las personas de la iglesia? Pienso que esta sería su mayor prioridad. Porque ellas son las que pueden causarle daño al reino satánico si están libres.

Mi punto es que hay una gran cantidad de trabajo para hacer hoy con el equivalente de "las ovejas perdidas de la casa de Israel" (Mateo 10:6; 15:24). Y muchos de los hijos de Dios necesitan aprender a ministrarles libertad, si es que la Iglesia ha de convertirse en lo que Jesús quiso que fuera.

Para movernos en este ministerio, los siguientes son los pasos que yo y quienes trabajan conmigo hemos estado dando:

1. Comenzamos orando y haciéndole saber a Dios que estábamos abiertos a cualquier cosa que él decidiera traer a nuestro camino. Pedimos en oración que nos diera oportunidades para comprometernos, en el nombre de Jesús, al ministerio de liberación, y por la guía, autoridad y poder necesarios.

2. Leímos todo lo que caía en nuestras manos, escuchamos enseñanzas grabadas, asistimos a seminarios, y discutimos el tópico de la liberación con cualquiera que tuviera experiencia en él. Continuamos así porque todavía hay mucho que aprender.

3. Buscamos oportunidades para participar con quienes ministraban liberación, y aprendimos observándolos y ayudándoles. Continuamos ministrando con otros, aún después de que empezamos a liderar la ministración. Trabajar con otros y observarlos nos permite aprender constantemente el uno del otro.

4. Entonces comenzamos a ofrecer seminarios a una diversidad de grupos de iglesias, compartiendo con ellos lo que hemos estado descubriendo. Yo he sido el maestro principal hasta este punto, pero otros enseñan ahora con mucha eficacia. Un componente importante de nuestra instrucción es el hecho de que demostramos de manera práctica, a la par con la instrucción verbal. Llevar a las personas a la libertad en Cristo y enseñar a otros cómo hacerlo de igual manera, requiere que nosotros imitemos al Maestro. Él no solamente habló, sino que también hizo las obras. Realizamos seminarios como grupo, en los que uno o más habla, y cada uno de nosotros ministra. Quienes asisten observan y, en la medida de lo posible, participan. Queremos que ellos aprendan a hacer lo que Jesús hizo, y no que solamente sean capaces de hablar de ello.

5. Regularmente compartimos entre nosotros lo que estamos aprendiendo tanto en los seminarios como en nuestro ministerio individual. Cada uno de nosotros es guiado por el Espíritu Santo a hacer cosas diferentes, con el resultado de que cada uno tiene un estilo distintivo. Eso nos capacita para proveer discernimiento y para aprender los unos de los otros.

¿QUÉ SIGUE DESPUÉS?

Seguir leyendo para aprender más de lo que Dios nos ha ayudado a descubrir. Leer también otros libros (ver la bibliografía al final). Y escuchar enseñanzas grabadas, mías y de otras personas. Pero recuerde que la liberación es sólo un parte del objetivo general de hacer que las personas estén bien. La gente necesita ser completamente libre: física, emocional y espiritualmente. De modo que lea también sobre la sanidad física y sobre el área definida comúnmente como "sanidad interior" o "sanidad de los recuerdos". Quien ministra a una persona necesita estar equipado para tratar con todos los aspectos de ella.

Y mientras lee y escucha, ¡practique! ¡Practique mucho!

CAPÍTULO 2

DOCE MITOS RESPECTO A LA DEMONIZACIÓN

El Espíritu de Jehová el Señor está sobre mí, porque me ungió el Señor; me ha enviado a predicar buenas nuevas a los abatidos, a vendar a los quebrantados de corazón, a publicar libertad a los cautivos, y a los presos apertura de la cárcel.

Isaías 61:1

Discutía yo el tema de la demonización con un par de pastores a la hora del almuerzo durante un seminario. Estaban muy poco familiarizados con el tópico. Uno de ellos, a quien llamaré Jorge, empezó a contarnos de un problema de temor que había tenido durante toda su vida. Aunque recibió consejería por algún tiempo, no había podido superarlo. De hecho estaba bastante ansioso en ese mismo momento. Tras una oración silenciosa, lo miré directamente y dije: "Si hay aquí un espíritu de temor, en el nombre de Jesús le ordeno que salga".

Jorge quedó impactado por el hecho de que yo lo miré a él pero le hablé al demonio "dejándolo a él de lado". Para un pastor que no estaba seguro de creer en tales cosas, el planteamiento era demasiado crudo, y yo parecía demasiado confiado en mi diagnóstico de lo que había tras su problema. Luego, con un rostro lleno de asombro repetía una y otra vez: "¡El temor se fue! ¡El temor se fue!"

Aunque los sicólogos y otras personas pueden tratar de encontrar una explicación natural a lo que ocurrió, mi interpretación es que un ser extraño dentro de Jorge respondió a la orden de salir que yo le di. Lo que no ocurrió durante la consejería aplicando principios sicológicos, ocurrió de inmediato en respuesta a un solo mandato. Es decir, cuando traté el problema como si un ser maligno lo estuviera causando, y en el nombre de Jesús le ordené que saliera, el temor desapareció. Y no ha regresado.

Tal como lo mencioné en el capítulo primero, poco tiempo atrás yo sólo hubiera podido ofrecerle a Jorge mi simpatía y recomendarle que continuara buscando ayuda sicológica. Sin embargo, he tenido desde entonces tantas experiencias similares a esta que he llegado a creer que los demonios sí existen, que viven en las personas y que frecuentemente son responsables de hostigamiento no muy diferente al que Jorge estaba soportando.

Mi teoría es que un demonio bastante débil estaba viviendo dentro de él, cuya tarea era usar el temor para estorbar su eficacia como siervo de Cristo. De mi análisis deduzco que el demonio *no causó* el temor. Hablando con el pastor descubrí que tuvo experiencias durante su niñez temprana que lo predispusieron a él. Esta debilidad le dio entrada al demonio durante su tierna edad y suministró el "alimento" que le permitió mantener la vida de Jorge desbalanceada. Pienso que el demonio se debilitó sustancialmente a medida que el pastor creció en su vida espiritual y trató el problema buscando consejería. Todo lo que quedaba por hacer, entonces, era que el demonio desapareciera de una vez y para siempre. Y eso es lo que parece que ocurrió en ese restaurante aquel día durante el almuerzo.

Como nota final de esta historia es interesante notar la reacción del otro pastor. Primero mostró sorpresa y luego lo que yo llamaría "temeroso escepticismo". No estaba acostumbrado a estar en situaciones que no pudiera explicar, de modo que trató de encontrar una explicación natural que restaurara su compostura y le diera un sentir de control sobre lo que acababa de presenciar.

Sin embargo, la explicación que Jorge dio de lo que había ocurrido en su interior, no le permitió explicar la situación. Una vez que aceptó la validez de la experiencia de Jorge, sintió temor de que si su amigo era portador de un demonio, tal vez los demonios estaban en todas partes y en algunos de nosotros también. Al percibir su temor le pregunté: "Si los demonios existen, ¿preferiría usted saber o no saber de su existencia y sus actividades?", a lo que él replicó: "¡Preferiría no saberlo!"

¿Por qué tantos respondemos de esta manera ante la idea de la presencia de demonios? Estos eran pastores bien familiarizados con las Escrituras. Pero también eran occidentales alimentados con una comprensión naturalista de la realidad. Para ellos era fácil considerar los relatos de demonización como eventos bíblicos que ya no ocurren hoy, pues los occidentales no creen en seres espirituales invisibles. O creen que si tales seres existen, están en los demás países extranjeros, no en los Estados Unidos que son "cristianos". O que por lo menos no necesitamos preocuparnos de ellos pues "Mayor es el que está en nosotros, que el que está en el mundo" (1 Juan 4: 4). De una manera u otra muchos cristianos permanecen ignorantes del Enemigo, de sus ayudantes y de sus maquinaciones (ver 2 Corintios 2:11).

Cuando enfrentan la posibilidad de que los demonios están de veras a nuestro alrededor, la típica respuesta evangélica es la misma del segundo pastor de nuestra historia: temor acompañado por un fuerte deseo de "huir en vez de combatir". Este temor es el resultado de tomar conciencia del mundo demoníaco pero no saber qué hacer al respecto. La mayoría de las veces va acompañado de una buena dosis de malas interpretaciones (estimuladas por el Enemigo) respecto a cómo tratar con esta área de la realidad. Por ejemplo, una cosa que molestó al segundo pastor fue el hecho de que yo traté con el problema aún en un restaurante. *Si realmente hubiera sido un demonio, ¿no hubiera hecho una escena?*, se preguntaba. ¿Y no tiene usted que pasar por un gran ritual religioso, como orar y ayunar, antes de desafiarlos?

La mayoría de evangélicos viven en profunda ignorancia y temor al respecto. Pero ni la una ni el otro tienen razón de ser. Nosotros no lo sabemos todo, pero disponemos de suficiente comprensión para hacer un buen comienzo. Empecemos por disipar mitos que rodean el tópico de la demonización. Muchos de estos mitos constituyen las mentiras favoritas de Satanás.

MITO 1: LOS CRISTIANOS NO PUEDEN SER DEMONIZADOS

Este es uno de los favoritos del diablo. Si él puede hacer que los cristianos lo crean, sus demonios pueden trabajar libremente entre esos creyentes y sus iglesias.

Prominentes líderes cristianos han perpetuado este mito. Por lo menos toda una denominación profesa esta creencia (ver *Power Encounter* [Encuentro de Poderes], de Reddin). Su doctrina supone que como el Espíritu santo vive en un cristiano, un demonio no puede vivir también en él; una suposición que emplean inconcientemente cuando interpretan la Biblia y la experiencia humana. Aunque quienes creen este mito sostienen que está basado en la verdad bíblica, en realidad está basado en una suposición, e interpretan la Biblia de acuerdo con esa suposición previa.

Tal suposición no examinada es muy peligrosa porque impide que quienes la creen investiguen otras posibilidades. Por lo tanto, ellos nunca consideran la posibilidad de un demonio en un cristiano, no importa cuan obvia pueda ser. O si la evidencia de la presencia de un demonio les resulta demasiado clara, su suposición los obliga a negar que la persona demonizada sea cristiana. De ese modo la persona afectada siente doble condenación: por tener un demonio y por no haber aceptado a Cristo realmente.

A menudo quisiera que tales escépticos pudieran acompañarme por unas cuantas semanas y escuchar los testimonios de cristianos antes de que echáramos fuera sus demonios, y escucharlos otra vez después de que han sido liberados. Quienes con sinceridad han observado la evidencia, han cambiado de opinión, por ejemplo, Merrill Unger, Ed Murphy y la mayoría de nosotros. Ante la abrumadora evidencia, la carga de la prueba –para usar una expresión jurídica–, de lo contrario, la tienen ahora los escépticos. Van a tener que tomar en serio las evidencias de una manera que no lo han hecho, en supuestos trabajos definitivos como *Power Encounter* [Encuentro de Poderes], de Reddin. Una vez que la hayan tomado con seriedad, tendrán dos alternativas: o aceptar que los cristianos pueden ser demonizados, o desarrollar alguna teoría bastante sofisticada para explicar los fenómenos de demonización que ocurren en su vida.

Para probar nuestra teoría de que los cristianos pueden ser portadores de demonios, no necesitamos más que ir al Nuevo Testamento. Definimos a un "cristiano" como alguien que tiene fe en Jesús como Salvador y Señor. Si miramos a los individuos que Jesús sanó y liberó de demonios, y nos preguntamos si tenían o no una fe salvadora, pienso que tenemos que concluir que la mayoría, si no todos ellos, acudieron a Jesús por fe: una fe que probablemente se debe mirar como fe salvadora. ¿Por qué otra razón dijo Jesús a algunos: "Tu fe te ha salvado? (Lucas 8:48)" Cuando Jesús lo dijo ciertamente no estaba diciendo que hay algo mágico en la fe. No hubiera dicho tal cosa de la fe budista. Dijo a la mujer que su fe en él, su Salvador, fue el medio por el cual pudo sanarla.

No obstante, quienes suponen que los cristianos no pueden ser demonizados, en parte tienen razón. *Un demonio no puede vivir en el espíritu de un cristiano, que es el núcleo central de la persona, la parte que murió cuando Adán pecó,* porque Jesús vive ahora allí. Sin embargo, los demonios sí pueden vivir en otras partes en donde también mora el pecado: el cuerpo, la mente, las emociones y la voluntad. Para algunos el proceso de batallar contra el Enemigo a medida que crecen en Cristo implica batallar también contra demonios así como con la pecaminosidad que mora en su interior. En el siguiente capítulo encontrará una refutación más detallada de este mito.

MITO 2: LAS PERSONAS SON "POSEÍDAS" POR LOS DEMONIOS

La expresión "poseído por demonios" es utilizada comúnmente para describir a una persona que tiene demonios viviendo en su interior. Esto ocurre por la traducción equivocada en muchas versiones bíblicas de la palabra griega *daimonizomai*. En las traducciones antiguas, incluso en la *Nueva Versión Internacional,* esta palabra se traduce como "poseído por demonios".

Por favor tenga paciencia con los tecnicismos de los párrafos siguientes. Es importante que no seamos descuidados con la traducción cuando el asunto en cuestión es la cantidad de crédito que se le da a Satanás. Porque lo que este puede hacerle a las personas es seriamente sobreestimado por el uso de la palabra "posesión".

La palabra *daimonizomai* aparece siete veces en el evangelio de Mateo, cuatro veces en el de Marcos, una vez en el de Lucas y otra en el de Juan. La expresión paralela *echein daimonion,* "tener un demonio", aparece una vez en Mateo, tres veces en Lucas y cinco veces en Juan. Lucas utiliza esta última expresión en forma alterna con *daimonizomai.* Aunque los escritores bíblicos quizá pretendieron que *daimonizomai* indicara un grado ligeramente mayor de control demoníaco que *echein daimonion*, no se justifica que los traductores tradujeran ambos términos como "posesión demoníaca". Esta traducción significa demasiado control. Una mejor traducción de ambas palabras sería "tener un demonio" (ver, por ejemplo, Mateo 4:24; 8: 16, 28, 33; 9: 32; 12:22; 15:22).

Es vital que la relación entre los demonios y las personas en las cuales residen, se exprese con exactitud. *La palabra "poseído" expresa exageradamente la influencia ejercida por la vasta mayoría de los demonios.* Uno podría elaborar todo un argumento utilizando esa palabra para describir casos extremos (por ejemplo el de los endemoniados gadarenos que relata Mateo 8:28-34). Pero es engañoso y perjudicial colgar esa etiqueta a las muchas personas que luchan con la influencia menor que comúnmente ejercen los demonios. Yo calculo en menos del 10 por ciento el número de casos en el que los demonios ejercen un control que se pueda llamar posesión.

Es mucho mejor utilizar una expresión más neutral, como "tener un demonio" o ser "demonizado". Ambas expresiones se ajustan más o expresan mejor el significado del original griego y también conllevan menos riesgo de atemorizar a la gente. Citamos a Unger:

La expresión "posesión demoníaca" no aparece en la Biblia. Al parecer su autor fue el historiador judío Flavio Josefo en el primer siglo de la era cristiana, y luego se introdujo en el lenguaje eclesiástico. Sin embargo, el Nuevo Testamento frecuentemente menciona a endemoniados. Se dice de ellos que "tienen un espíritu", "un demonio, o demonios", o "un espíritu inmundo". Comúnmente de tales infelices víctimas de las personalidades malignas se dice que están "endemoniadas" (*daimonizomenoi*), es decir, que están sujetos a ataques periódicos de uno o más demonios que habitan en ellos, quienes los perturban física y mentalmente durante el tiempo del ataque. [1]

Estas expresiones más neutrales no le dan más crédito del debido a Satanás. También nos permiten reconocer los diferentes niveles de influencia demoníaca e indicar con mayor exactitud la fortaleza de ella. Por ejemplo, si decimos que el pastor Jorge, a quien mencionamos anteriormente, estaba demonizado, pero que la fuerza o fortaleza de su demonio era de 1 ó 2 grados en una escala de 1 a 10, tenemos un cuadro muy diferente que si dijéramos sencillamente que estaba poseído por un demonio. De hecho él estaba bastante lejos de estar "poseído" por lo que era un espíritu muy débil de temor, un espíritu que quizá fue más fuerte al comienzo de su vida pero que había perdido mucho de su poder debido a su crecimiento cristiano. Él sufría constantes perturbaciones pero no estaba poseído, porque su demonio no tenía la fortaleza para ejercer un control (posesión) total sobre él. En efecto el demonio era de un nivel 1 ó 2, en la escala que describiré en el capítulo 6.

Casi todos los escritores contemporáneos sobre el tema de los demonios y el poder que ejercen sobre las personas prefieren las expresiones "demonizado" y "demonización" en lugar de "poseído por demonios" y "posesión demoníaca" (ver *Demons in the World Today* [Demonios en el Mundo de Hoy] y *What Demons Can Do to the Saints* [Lo Que Los Demonios Pueden Hacer a los Santos], de Merrill Unger; *Demons Posession and the Christian* [La Posesión Demoníaca y los Cristianos], de White; *The Believer's Guide to Spiritual Warfare* [La Guía del Creyente para la Guerra Espiritual], de C. Peter Wagner; y *Engaging the Enemy* [Enfrentemos el Enemigo] y *Power Healing* [Poder Sanador], de Wimber. Yo también prefiero evitar términos imprecisos tales como "aflicción", "opresión", o "esclavitud", para describir la situación de personas habitadas por demonios, aunque pueden ser etiquetas útiles para referirse a la influencia demoníaca que opera desde el exterior de una persona.

La experiencia me ha llevado a creer que los demonios no pueden controlar totalmente a una persona todo el tiempo, aunque en los casos de demonización severa, puede ocurrir un control casi total durante cortos y aún largos períodos de tiempo. Sin embargo, en tales casos la expresión "demonización severa" es más exacta que decir "poseído por demonios". Como lo he dicho antes, un demonio *jamás* puede controlar totalmente a un cristiano, porque no puede vivir donde Jesús está, esto es en el espíritu de la persona. Esta realidad será discutida más detalladamente en el capítulo 3.

MITO 3: LA LIBERACIÓN SIEMPRE IMPLICA UNA GRAN LUCHA

A menudo acuden a este ministerio personas que participaron de una o más sesiones de liberación en las cuales los demonios los violentaron y avergonzaron. En ocasiones la persona no fue liberada del demonio y acude a mí temblando y temerosa de que la violencia se repita, pero se alegran al saber que hubo escasa violencia en los casos de los miles de personas a quienes he ayudado. Les complace saber que en la liberación no tiene por qué haberla. Se dan cuenta que tenemos autoridad en Cristo para prohibirla, y que cuando tratamos con la basura emocional y espiritual a la cual se adhieren los demonios, estos se debilitan y no pueden causarla.

Historias sensacionales de caídas, luchas y encuentros feroces con los demonios han creado el mito de que el Enemigo es tan fuerte, que cada liberación es una batalla. Las presentaciones de los medios (por ejemplo *El Exorcista,* la película producida por Hollywood, y los testimonios en las iglesias, tienden a enfocarse en lo sensacional. A veces las listas de diagnósticos mencionan "gran fuerza física" como una señal para discernir si un demonio está presente. Y probablemente hemos oído que son necesarios cinco hombres fornidos para dominar a una mujercita de 90 libras de peso, ¡por causa de la fuerza del demonio (o los demonios) que hay en ella!

Es necesario desvirtuar la creencia en tal fuerza demoníaca pues mantiene a la gente alejada del ministerio de liberación, o aparta de él a quienes lo han intentado. Un pastor me dijo que había descartado la liberación después que una dama puso patas arriba todo en su oficina. Ahora se ha dado cuenta que esto no tiene que ocurrir y otra vez ha vuelto a liberar a la gente. También muchas personas que sospechan que tienen demonios se retraen de buscar ayuda por el temor a la batalla que piensan van a enfrentar.

Es cierto que muchos que han intentado o procurado una liberación se han visto en envueltos en situaciones violentas. Al Enemigo le encanta utilizar esta táctica con personas que no saben lo que hacen. Cuando nos dirigimos a los demonios en el nombre de Jesús, se desesperan y prueban cualquier estrategia que piensan les dará resultado para escapar. Saben que su poder jamás se equipara al poder de Jesús, de modo que recurren a la simulación. Como me dijo un demonio recientemente: "¡Oh, estoy en problemas!" Otro me comentó: "¡Usted sabe de veras lo que hace!"

Los demonios saben que muchas personas creen el mito de que la violencia es inevitable y tratan de explotar esa ignorancia de la gente. Si ellos piensan que se pueden escapar de esa manera, causarán violencia, provocarán vómito, infundirán temor y usarán cualquier táctica de distracción que se les ocurra. Usted también lo haría si estuviera tan desesperado como ellos.

En el calor de la batalla los demonios harán lo que se les permita hacer. Pero la clave es precisamente esa: *lo que se les permita hacer*. En el nombre de Jesús tenemos poder sobre ellos, y lo saben. Es necesario que nosotros también lo sepamos. Por lo tanto, ellos solamente pueden hacer lo que Jesús les permita. Cuando les prohibimos causar violencia, poco o nada pueden hacer. Como les ocurrió a los discípulos cuando ministraron en el nombre de Jesús, descubrimos que, "Señor, hasta los demonios se nos someten en tu nombre" (Lucas 10:17, NVI). Los discípulos sencillamente ejercieron la autoridad que Jesús les dio, y pudieron regocijarse experimentando el poder de Dios para hacer desaparecer a los demonios.

La gente suele esperar violencia porque ha creído que el *único* problema son los demonios, por lo tanto han luchado con ellos con todas sus fuerzas. Supusieron que estos eran el principal problema y los abordaron con decisión suponiendo también que cuando fueran expulsados, la persona que los sufría estaría bien. Hubieran reconocido que el problema real era la basura emocional y espiritual que estaba presente, y hubieran hecho algo con ella antes de desafiar a los demonios, habrían descubierto que estos se debilitaban y hubieran tenido poca o ninguna lucha después.

Quienes saben como tratar primero con la basura emocional y espiritual, enfrentan poca violencia, si es que tienen que enfrentarla. Aunque algunos de mis colegas en ocasiones han sufrido reacciones violentas, *hasta la fecha, en más de 2.000 casos, no he tenido uno solo de extrema violencia, si bien he tenido algunos que se sacuden*. Creo que ello se debe a por lo menos cuatro razones:

1. Trabajo exclusivamente con cristianos. Esto significa que el Espíritu Santo, quien ayuda en el proceso, habita en ellos. Si se me pide que ayude a una persona no cristiana, intento llevarla a Jesús antes de trabajar con ella.

2. Trabajo sólo con personas que desean y están dispuestas a ser sanadas. Tanto Dios como Satanás respetan la voluntad humana. Por lo tanto, es virtualmente imposible liberar a alguien que no desea con vehemencia empezar y continuar, sin importar lo difícil que pueda ser el proceso.

3. Empiezo cada sesión prohibiendo a cualquier demonio que cause violencia o vómito.

4. Hago todo lo posible por debilitar a los demonios antes de desafiarlos. Los demonios debilitados difícilmente pueden hablar y mucho menos armar un escándalo. De manera que así es mucho más fácil tratar con ellos que cuando están fuertes.

MITO 4: LA DEMONIZACIÓN ES SIMPLEMENTE UNA ENFERMEDAD SICOLÓGICA

Los cristianos liberales suponen que los relatos bíblicos que muestran a Jesús echando fuera demonios, sencillamente registran su manera de tratar con las afecciones sicológicas. "Jesús simplemente tuvo en cuenta la creencia de la gente de su tiempo de que los demonios causaban problemas, –dicen ellos–. Él sabía en su tiempo –agregan–, lo que nosotros sabemos ahora, que los así llamados endemoniados eran solamente casos sicológicos severos".

Lamentablemente hay variantes de este mito que son comunes entre los evangélicos también. Nuestra visión occidental y naturalista del mundo (ver mi libro *Cristianismo con poder*) hace supremamente difícil para nosotros creer que seres sobrenaturales como Satanás y los demonios son reales. Desde nuestra niñez se nos enseñó que "ver para creer" y que "si usted no puede ver algo, no existe". Que los seres invisibles con poder están bien en los cuentos de hadas, pero no tienen lugar en la vida real.

Además, estamos tan impresionados con el pensamiento científico occidental que rara vez se nos ocurre que quizás los científicos no siempre tienen la explicación correcta para tales fenómenos. La mayoría de los occidentales no puede admitir la posibilidad de que los científicos y los expertos no posean una mejor comprensión de la demonización de la que tenía la gente del primer siglo. Cuando entramos en contacto con personas que actúan como las personas demonizadas que describen los Evangelios, los llevamos a los sicólogos, aun cuando estudios recientes ponen en tela de juicio la capacidad de la consejería sicológica para producir sanidad.

De modo que tal vez la mayoría de occidentales cuestionan las interpretaciones "espirituales" de los pasajes que mencionan demonizaciones en vez de cuestionar la corrección de nuestra cosmovisión occidental. A quienes nos "han hecho pedazos" las suposiciones y la visión que teníamos en esta área, no nos queda duda que no podemos reducir los fenómenos demoníacos a fenómenos sicológicos. Y tampoco podemos considerar todos los fenómenos sicológicos como demoníacos. Son distintos, y considerarlos todos iguales y como una misma cosa es un mito.

MITO 5: QUIENES TIENEN DEMONIOS SON CULPABLES DE REBELIÓN ESPIRITUAL

Se causa mucho daño a una persona que sufre de demonización cuando cristianos bien intencionados sugieren que es por causa de que tal persona es pecadora y rebelde. Jesús jamás culpó a la gente por tener demonios. La creencia de que la demonización ocurre solamente por una libre elección es una mentira. Como lo veremos más adelante, la elección conciente es solamente una de las razones y comparativamente esta es rara entre los cristianos.

Como alguien lo ha señalado, nosotros los cristianos somos buenos para dispararle a nuestros heridos. Quienes sufren de demonización ya soportan profundo dolor y confusión, y sugerir que el problema es por su culpa empeora su situación. Muchos a quienes he ministrado se me han acercado con mucha vergüenza, temiendo que su estado indica un problema mayor, tal vez imperdonable, en su relación con Dios.

Casi sin excepción, estos cristianos demonizados son cualquier otra cosa menos rebeldes a Cristo que se regodean en el pecado. Más bien son creyentes valientes que aman profundamente a Jesús pero no pueden explicar algo que se ha aferrado a sus vidas ni liberarse de ello. Una dama llamada Teri es un ejemplo típico de estas personas. Cuando participaba en adoración, una intensa batalla se libraba en su interior. La compulsión a ponerse de pie y salir corriendo era prácticamente irresistible.

Al observar la vida de Teri y escuchar las descripciones de sus momentos de oración y devoción con el Señor, era obvio que estaba profundamente dedicada a él. Y porque sé que los demonios detestan la adoración, sospeché que la interferencia que estaba sufriendo podría ser demoníaca. Después de tratar con algunos aspectos de "basura" en su vida, relacionados en gran parte con su auto estima, Jesús me usó para desalojar varios demonios bastante débiles. Teri puede ahora adorar con todo el corazón sin ninguna interferencia.

Un pastor, a quien llamaré Paul, acudió a mí bastante dudoso admitiendo que había estado escuchando voces en su interior desde su niñez. Su sentimiento de culpa era fuerte pues creía que algo andaba mal en su vida espiritual si las voces que oía provenían de demonios. De hecho estaba convencido de que si esas voces eran de demonios, no estaba calificado para continuar en el ministerio. Sin embargo pudimos establecer que los demonios habían entrado en él por herencia (ver el capítulo 3); por lo tanto, no tenía que avergonzarse por su presencia. Hoy habiendo experimentado el poder de Jesús para liberar, es libre tanto de los demonios como del sentimiento de culpa.

Las personas rebeldes rara vez acuden en busca de liberación. Quienes sí lo hacen han sufrido abuso y profundas heridas. Su gran dolor, del cual han tenido poca o ninguna culpa, abrió la puerta a la presencia demoníaca en su vida. Por lo general sufrieron abuso durante la niñez, en muchos casos por parte de miembros de la familia en quienes confiaban y a quienes deseaban complacer. A veces el abuso tuvo una dimensión de ritual satánico. Cuando las personas son demonizadas mediante abuso o por herencia, es totalmente anticristiano sugerir que fue su culpa. *Fueron víctimas, y de acuerdo con alguna ley del universo llegaron a estar demonizadas.*

Incluso las personas que han contraído demonios durante su rebelión, no necesitan añadir culpa a su ya pesada carga. Esa no es la forma de ser de Cristo. Tanto Carolina como Teresa, cuyas historias se mencionan en los capítulos 1 y 3, invitaron a los demonios durante tiempos de rebelión: Teresa lo hizo de manera conciente mientras que Carolina lo hizo inconcientemente. No obstante, para cada una de ellas la dulzura de su relación con Jesús era demasiado valiosa como para desear permanecer bajo la influencia de los demonios que habían invitado, de modo que procuraron su liberación. No está en la naturaleza de Jesús condenar ni siquiera las malas elecciones que hacemos. Aunque su situación era el resultado de rebelión, no fueron tratadas en términos de esa rebelión sino de acuerdo con su deseo de ser liberadas. Y misericordiosamente Jesús las liberó a ambas sin condenarlas.

Es una crueldad empeorar las heridas de las personas demonizadas. Lo que necesitan es el amor y el poder de Jesús para darles libertad, tanto de los demonios como del sentimiento de culpabilidad que brota de su interior o proviene de la comunidad cristiana. Junto con la liberación necesitan confiar en la verdad expresada en Juan 8: 32, de modo que no es necesario que carguen con la responsabilidad de su situación, y que cualquier grado de responsabilidad que hayan tenido puede ser perdonado. "Ahora, pues, ninguna condenación hay para los que están en Cristo Jesús…" (Romanos 8: 1), incluso para quienes son afligidos por demonios.

MITO 6: LOS PROBLEMAS SON O DEMONÍACO O EMOCIONALES

Los estadounidenses tenemos lo que podríamos llamar una "dualidad mental". También tenemos una inclinación por las respuestas simples. Esto lleva a muchos a suponer que los síntomas del tipo que hemos venido discutiendo son, o demoníacos o emocionales. De ahí que quienes tienen esta mentalidad naturalista ven estos problemas como emocionales, mientras que los que son más concientes del mundo espiritual, culpan de ellos a los demonios. De otro lado, hay quienes piensan que los problemas pueden ser de carácter tanto emocional como demoníaco.

Creer que tales problemas se pueden clasificar dentro de uno u otro grupo, es un mito. No podemos dividirlos con exactitud y clasificarlos exclusivamente en el campo emocional o en el demoníaco, puesto que los demonios deben tener algo humano a lo cual adherirse.

Los demonios no pueden crear algo de la nada. Solamente pueden aprovecharse de lo que ya existe. Los problemas espirituales suministran la basura que atrae a las ratas demoníacas. Pero no toda la basura emocional es suficiente para atraerlos. De ahí que muchas personas con síntomas de problemas emocionales tienen solamente eso: problemas emocionales. Sin embargo otros que presentan síntomas similares quizás estén afectados emocionalmente y por demonios.

Así, pues, es de la mayor importancia que no nos limitemos simplemente a buscar demonios, o que cuando los descubramos no tratemos solamente el problema demoníaco. El objetivo es ministrar sanidad a cualquier nivel que sea necesario. Si los problemas son simplemente emocionales, tratamos a la persona en esa área. Si son de carácter emocional y demoníaco, entonces tratamos ambos aspectos.

Ya sea que haya demonios o no, los problemas emocionales son prioritarios; la demonización es siempre secundaria, así como las ratas vienen cuando hay basura. Si expulsamos las ratas y dejamos intacta la basura, la persona todavía está en grave peligro. Pero si nos deshacemos de la basura, lo que hemos hecho afecta automáticamente a las ratas. *Por lo tanto, ya sea que haya o no demonios, vamos tras el problema primario: la basura emocional y espiritual.*

A diferencia de otros ministerios de liberación, no divido a la gente entre demonizados y enfermos emocionales para tratar a un grupo de una manera, y al otro de manera diferente. Asumo que los problemas emocionales deben ser tratados como tales, haya o no presencia de demonios, y que debemos tratarlos primero. Si como es común resulta ser que la persona también tiene demonios, tratamos con ellos después de que lo que les sirve de "alimento" (los problemas emocionales) se haya reducido sustancialmente. Para ese momento, cualquier demonio que quede todavía será mucho más débil que si lo hubiéramos desafiado al comienzo. Este enfoque reconoce que *el problema real que enfrentan las personas demonizadas no son los demonios en sí mismos, sino los problemas emocionales de profundo nivel a los cuales estos están adheridos.*

Debido a este enfoque no consideramos el nuestro simplemente como un "ministerio de liberación". La liberación nunca es un proceso "simple" en el que buscamos demonios y ahí termina todo. Lo importante son las heridas emocionales que les han permitido a los demonios entrar en la persona. Estos problemas emocionales se deben tratar mediante la oración de sanidad interior y sana consejería cristiana. La combinación de oración por sanidad interior, liberación y sólida terapia cristiana es clave para el bienestar del demonizado. Esto es especialmente válido en el caso de los que han sufrido abuso severo, por ejemplo las víctimas de abuso en rituales satánicos.

MITO 7: TODOS LOS PROBLEMAS EMOCIONALES SON CAUSADOS POR DEMONIOS

En reacción al mito cuatro según el cual "la demonización no es otra cosa que enfermedad sicológica", muchos que descubren que los demonios realmente existen se van al extremo contrario. Empiezan a creer que todos los problemas emocionales (y la mayoría de los otros problemas también) son causados por demonios. Esta es la posición de la "franja lunática" de muchos pentecostales y carismáticos que causa que un gran número de cristianos y no cristianos ni siquiera consideren la posibilidad de que los demonios existen y están activos.

Aunque yo afirmo que la demonización es bastante común, para mí es claro que los problemas emocionales rara vez son *causados,* (si lo son), por demonios. El origen de tales dificultades se encuentra en cualquier otra parte. Por ejemplo cuando un niño sufre abuso, aunque un demonio sea quien empuja al abusador, *la parte central del problema en el niño es el abuso, no el demonio.* Probablemente el niño llegó a estar demonizado como resultado de ese abuso, pero es el abuso el que tenemos que tratar si hemos de llegar a los demonios.

Como lo señalé en el mito 6, Satanás y los demonios no pueden crear algo de la nada. Sólo pueden aprovecharse de lo que ya existe. Si este aprovechamiento está ocurriendo o no, es algo que debe examinarse. *No podemos sencillamente suponer que todo problema ha sido causado por demonios. Eso es demasiado simplista.*

No tengo idea de cuál es el porcentaje de los problemas que involucran la demonización. Tengo la impresión de que aunque la mayor parte de ellos no son iniciados por demonios, estos participan, por lo menos indirectamente, en la mayoría. Sea o no exacto lo anterior, pienso que podemos asumir que los demonios afectan muchas cosas, actuando desde el interior o el exterior de las personas. También veremos en el capítulo 5 que la mayor parte de su influencia la ejercen desde afuera.

Su capacidad de *causar* o hacer que ocurran cosas está limitada, creo yo, por la influencia que tengan sobre las personas y acontecimientos. Sin embargo, los demonios son muy oportunistas. Por ejemplo si ocurre abuso aunque no sea por iniciativa demoníaca, ellos están prestos a empeorarlo. O si las cosas marchan bien para una persona, ellos harán cualquier cosa que les permitan para presionarla y hacer que ignore o exagere las cosas buenas, o que se distraiga con ellas.

Necesitamos, por lo tanto, ver a los demonios no sólo en términos de su presencia, sino también en cuanto a sus estrategias y limitaciones. Las dos limitaciones principales a las cuales referiré constantemente son *el poder de Dios* y *la fortaleza de la voluntad humana.* Los demonios no pueden resistir el poder de Dios cuando es activado, o una fuerte voluntad humana. Y cuando una voluntad humana fuerte recibe poder de Dios y lo dirige contra ellos, les es imposible ganar. Sin embargo, cuando esa voluntad, aunque potencialmente fortalecida por el poder de Dios (como en el caso de todo cristiano) es la de una persona que carece de entendimiento o comprensión en esta área, los enemigos satánicos pueden jugar ciertas tretas con ella que le darán la impresión de que no es capaz de resistir las tentaciones y los ataques.

Es una insensatez ignorar la actividad de los demonios. Pero darles más crédito del que merecen, también lo es.

MITO 8: SOLAMENTE QUIENES TIENEN "UN DON ESPECIAL" PUEDEN ECHAR FUERA DEMONIOS

Muchos cristianos creen que solamente quienes son muy espirituales y tienen "dones especiales de liberación" pueden echar fuera demonios. Creen que se les debe permitir ministrar a los demonizados solamente a quienes tienen un "don de liberación", o una unción especial para realizar liberaciones. A Satanás le encanta este mito porque cuando los cristianos lo creen, ni siquiera intentan una liberación.

Pero la Biblia no habla de un don de liberación. En ninguna de las listas de los dones espirituales en el Nuevo Testamento (véase 1 Corintios 12-14; Romanos 12: 1-8; Efesios 4:1-16; 1 Pedro 4: 7-11), se incluye la liberación. Algunos argumentan que la liberación está incluida en el don de sanidad. Sin embargo, la liberación como tal, nunca fue individualizada. Y yo creo que es porque todos los creyentes tienen la autoridad de echar fuera demonios.

Cuando estuvo en la tierra Jesús actuó con el poder del Espíritu Santo para liberar a la gente de los demonios (ver Lucas 9 y 10). Posteriormente él les dio a los discípulos el Espíritu Santo (ver Juan 20:22), el mismo poder bajo el cual el actuó para realizar sus obras poderosas, y mando a los discípulos que enseñaran a sus seguidores a obedecer "todas las cosas que os he mandado" (Mateo 28: 20). Menciono esto para afirmar que todos nosotros, que igual que los discípulos recibimos el Espíritu Santo y que se nos ha enseñado a obedecer los mandamientos de Jesús, debemos echar fuera los demonios, sintamos o no que tenemos un don especial para la tarea.

Ya que a todos se nos dio el Espíritu Santo, sabemos que el poder es nuestro. Y puesto que Jesús se nos dio autoridad, igual que a los discípulos, sabemos que tenemos el derecho de echar fuera demonios. Todo lo que necesitamos hacer es usar lo que se nos dio a cada uno. La liberación es una cuestión de obediencia, no de dones.

Aunque todos los creyentes tienen autoridad y poder, es importante reconocer que un don especial puede ser supremamente útil. Es decir, que aunque no se requiere un don específico para el ministerio de la liberación, Dios ha dado a su Iglesia los dones que se mencionan en los pasajes anteriormente citados para dar libertad a los oprimidos. Es muy útil, por ejemplo, tener en un equipo ministerial personas con dones tales como la palabra de sabiduría, de conocimiento, de discernimiento, de sanidad, milagros, misericordia y profecía.

Nos regocijamos por los dones espirituales que Dios dio a su Iglesia, los cuales se pueden y se deben usar para proveer mucho discernimiento y poder en un ministerio de liberación. Ciertamente Dios da dones espirituales para ayudar a liberar a los cautivos, pero no se requiere un don específico para ministrar a los demonizados. La única calificación para un ministerio de liberación es humildad, disposición a agruparse con otros cristianos que, bajo la autoridad de Jesús, deseen llevar sanidad y libertad a los oprimidos.

Sin embargo, surge el interrogante de cómo puede una persona ser eficiente en un ministerio de liberación, o en cualquier otro tipo de ministerio de sanidad. Como lo he dicho y escrito en todas partes respecto a mi entrada al ministerio de sanidad, "tal vez la sorpresa más grande para mí, una vez que comencé, fue la necesidad de aprendizaje y experimentación. Yo siempre supuse que las personas recibían el `don´ de sanidad de una sola vez. Pero lo que he experimentado es un proceso gradual de aprendizaje que viene junto con la práctica constante y asumiendo muchos riesgos". [2]

Las personas que me observan ministrando a los demonizados suelen hacer comentarios como este: "Parece tan fácil cuando usted lo hace. Yo no estoy seguro de poder hacer eso ahora o en el futuro". Mi respuesta es: "Lo entiendo. Hace sólo unos pocos años que yo estaba en su lugar, luchando contra el desánimo mientras miraba a los expertos ministrando. *¿Podré yo alguna vez actuar con tanta facilidad y confianza?* —me preguntaba. Después de mucha práctica la respuesta, fue: Sí".

Hasta aquí he tenido el privilegio de ayudar a un buen número de creyentes a pasar de "cero" a una impresionante competencia en el ministerio de liberación; algunos han llegado a ser más competentes que yo. Lo que yo he visto es que son pocas las personas que al ministrar no hayan llegado a ser muy buenas en su tarea. La experiencia me ha enseñado que cuando empezamos algo con Dios, descubrimos que la promesa de Jesús de que haríamos lo que él hizo, y más (ver Juan 14: 12), no necesita explicación.

Usted califica para este ministerio si tiene una relación personal con Jesucristo, quien le da el privilegio de pedir y recibir el poder del Espíritu Santo (ver Lucas 11: 13). Con ese poder, todo lo que se requiere es que, con una fe arriesgada, empiece a practicar usando la autoridad y el poder que Jesús le ha dado.

Al empezar necesita aprender tanto como le sea posible de lo que Dios les ha enseñado a otros. Lea libros (mire la sección de bibliografía al final de este libro), estudie la Biblia, escuche grabaciones y asista a seminarios sobre liberación. *Pero no busque técnicas, busque a Jesús para conocerlo mejor, para escucharlo con mayor atención y para unirse a él en el desempeño de su misión de "proclamar libertad a los cautivos"* (Lucas 4: 18). Únase a un equipo de liberación. Si no existe ninguno cerca de su área, forme su propio equipo con otros que practiquen y aprendan con usted.

En el ministerio de liberación tendrá dos valiosas experiencias. La primera: lo llevará a una mayor intimidad con Jesús cuando usted haga lo que sólo con el poder del Señor puede hacer. Segunda, experimentará una renovación al ser liberado de su propia basura, desarrollará una sed increíble de adorar y orar, y progresivamente llegará a ser más como el cristiano que debe ser.

MITO 9: LA DEMONIZACIÓN NO ES COMÚN EN LOS ESTADOS UNIDOS DE AMÉRICA.

Los líderes de algunas iglesias suelen preguntarme por qué en los Estados Unidos necesitamos aprender sobre liberación. Creen que nuestro país ha sido tan influenciado por el cristianismo que el Enemigo no podría ser aquí una amenaza. A diferencia de muchos otros estadounidenses, creen en la realidad de los demonios pero viven engañados en varios aspectos.

Primero, suponen que la influencia cristiana en nuestra nación es suficiente para frustrar la demonización. Segundo, suponen también que la demonización es algo evidente. Tercero, basándose en esa suposición, piensan que la actividad demoníaca ocurre solamente donde ello es evidente, como en otras sociedades. Suponen que Satanás es suficientemente inteligente para no realizar demonizaciones aquí, pero no se les ocurre que tiene la suficiente agudeza como para realizar su trabajo maligno en una manera menos obvia de lo que ellos piensan.

El mito de que la demonización es rara en los Estados Unidos es supremamente dañina. El Enemigo se deleita al ver que tantos líderes cristianos, iglesias y creyentes, creen esta mentira. La verdad es que los Estados Unidos están lejos de ser libres de la influencia demoníaca. Para quienes estén dispuestos a verlas, las huellas del Enemigo están por todas partes. Que quienes tienen ojos observen lo siguiente:

1. En casi todas las ciudades estadounidenses existe una variedad de establecimientos del ocultismo. En ellos el poder satánico se usa y se pasa a otros por individuos llamados quirománticos,

adivinadores, síquicos, lectores de las cartas del tarot y astrólogos. Los espiritistas, miembros de las cienciología y síquicos, se anuncian abiertamente. Además las personas pueden ser invadidas por un demonio en establecimientos más antiguos como los templos masónicos, las iglesias de la así llamada Ciencia Cristiana, y en los lugares de reunión de los Mormones y los llamados Testigos de Jehová. Los templos budistas e islámicos están surgiendo con rapidez. Los instructores de Karate y Tai Chi habitualmente se dedican así mismos y a sus alumnos a espíritus malignos.

2. El mundo cristiano a menudo parece tener menos conocimiento de la realidad espiritual que el mundo secular. La *Revista TIME* ha publicado artículos sobre las actividades del mal (Junio 10, 1991; Diciembre 3, 2007) y sobre médicos no ortodoxos (Noviembre 4, 1991). Este último artículo describe varios enfoques ocultistas de la sanidad que terminan en demonización. De hecho la influencia del movimiento de la Nueva Era, la meditación y otras prácticas del ocultismo en el campo de la sanidad es muy grande. Tantas tiendas de alimentos saludables están tan infectadas que bien haríamos en invocar la protección de Dios cuando quiera que entremos en una de ellas. Además el plan de estudios de algunas escuelas elementales enseña a los niños a conectarse a espíritus guías, o demonios. Los programas de parasicología en nuestras universidades proveen otra oportunidad para la influencia satánica.

3. Los medios noticiosos impresos y electrónicos asaltan a los espectadores con informes de abusos y asesinatos rituales tales como los símbolos satánicos y el lenguaje de asesinos en serie y satanistas en varios programas; el supuesto abuso sexual en centros de cuidado infantil; y el ritual de muerte de una familia en la línea fronteriza entre México y Texas. Esto nos hace aguzar el oído y preguntarnos qué más está ocurriendo de lo que todavía no hemos escuchado. Relatos sorprendentes de las actividades de los Satanistas (ver *Satanism,* de Larson) y de los devotos del movimiento de La Nueva Era (ver *Unmasking the New Age* and *Confronting the New Age* [Desenmascarando la Nueva Era, y Enfrentando la Nueva Era, de Groothuis]; y

Understanding the New Age [Comprendamos la Nueva Era] de Chandler, deben hacernos reflexionar y estimularnos a hacer algo acerca de los problemas. No obstante los estadounidenses están eligiendo convertirse en demonizados probablemente con una rapidez que supera los índices anteriores.

James Friesen, un sicólogo cristiano especialista en tratar el desorden de personalidad múltiple (DPM), llamado ahora desorden de identidad disociada (DID), provee algunas estadísticas alarmantes en su libro *Uncovering the Mystery of MPD* [Descubriendo el Misterio del DPM]. Informa que por lo menos 100.000 personas en los Estados Unidos han sido sometidas a abuso ritual satánico durante su niñez. Más alarmante aún es el descubrimiento de la Fuerza de Tarea sobre Abuso Ritual de Los Ángeles, en el sentido de que más de 100 pre-escolares de California han estado implicados en abuso ritual. Friesen cita otra fuente que dice que "Por el número de casos de preescolares solamente, se pudiera deducir que los niños estadounidenses están siendo adoctrinados masivamente en el satanismo". [3] No obstante, la mayoría de esos delitos se quedan impunes (el señor Friesen documenta varios ejemplos), mayormente porque la gente buena no cree que están ocurriendo y no hace nada al respecto.

Las actividades demoníacas *ocurren* a través de todo el país. Además impacta saber que quienes participan en el Satanismo y el Ocultismo no son individuos del tipo de los miembros de pandillas. La mayoría se comporta muy normalmente en la vida ordinaria. Muchos son personas prominentes en la sociedad y bien respetados como médicos, maestros y abogados.

Hay por lo menos tres razones para reportar esta información. Primero, porque está ocurriendo a gran escala en nuestro país y necesitamos ajustar nuestro sistema de creencias para aceptar este hecho. Segundo, los adultos que participan en estos rituales y los niños que en ellos sufren abuso, llegan a estar demonizados. Tercero, la Iglesia de Jesucristo necesita despertar y poner en acción su poder singular para liberar a las víctimas. La demonización no es solamente un problema de los misioneros que trabajan en otros países. "El mundo entero está bajo el maligno" (1ª Juan 5: 19), incluyendo los

Estados Unidos. Y como lo dice Friesen, "El mal se extiende cuando la gente buena no hace nada al respecto". [4]

MITO 10: ECHE FUERA EL DEMONIO Y LA LIBERTAD LLEGA INMEDIATAMENTE

A menudo me preguntan: "Cuando Jesús echaba fuera un demonio, la persona llegaba a estar bien de inmediato. ¿Por qué nosotros necesitamos efectuar sanidad interior junto con la liberación?" Jesús actuó como si los demonios fueran el problema principal, y echarlos fuera fue todo lo que se necesitó para que la persona estuviera bien. Muchos cristianos que han estado involucrados en liberación se sienten frustrados porque, en primer lugar, echar fuera los demonios demanda mucho tiempo y esfuerzo, y en segundo lugar, las personas liberadas no parecen estar bien después de la liberación.

Yo desearía tener una buena respuesta para ellos. Pero la verdad es que sólo puedo adivinar. A veces, como ocurrió con el pastor Jorge, cuando he invocado el poder de Jesús, el demonio ha salido inmediatamente. En un caso, tan pronto enfrenté al demonio este dijo: "¡Sólo sáquenme de aquí!" Sencillamente le ordené salir, y él lo hizo. En otro caso, tras un corto período, el demonio dijo: "¡No me gusta esto! ¡Me voy y me llevo a todos mis amigos conmigo!" Así que todo lo que tuve que decir fue: "Adelante". Y salieron. Sin embargo, en tales casos hemos tenido que seguir con sanidad interior (ver el capítulo 7) después de la liberación para que la persona pudiera estar completamente libre.

Sin embargo, habitualmente tratamos con la "basura" emocional y espiritual primero, y realizamos la liberación solamente después de que ha finalizado la sanidad interior. Reconocemos que la demonización es algo secundario, no el problema principal. Pero parece que Jesús no hizo las cosas de esta manera. A menudo me pregunto si Jesús trató con este tipo de basura, y cómo lo hizo. El apóstol Pablo indica en Efesios 4:17 - 5: 20 que en el primer siglo existían problemas emocionales y espirituales similares.

Por lo menos en tres ocasiones parece que las sanidades y liberaciones que Jesús realizó no fueron inmediatas. Al tratar con el endemoniado gadareno (ver Marcos 5:1-15), el versículo 8 registra el hecho de que

Jesús *ordenó* a los demonios que salieran. Fue un proceso. De igual manera al sanar al ciego en Betsaida (ver Marcos 8: 22-26), el Maestro tuvo que tocar sus ojos por segunda vez porque su visión estaba sólo parcialmente restaurada después del primer toque. Y luego está la experiencia de los discípulos que no pudieron echar fuera un demonio (ver Marcos 9:18), porque, como lo dijo Jesús: "Sólo la oración puede echar fuera esta clase de demonios" (Marcos 9:29 GNT).

Para nosotros una liberación rara vez equivale a dar un mandato rápido y ya está efectuada la expulsión. Gustoso haría las cosas más rápido si pudiera. Pero por razones que no comprendo plenamente, esa no es la manera en que esta ocurre en mi caso. Pero lo que sí ocurre es que las personas son liberadas de manera maravillosa de la basura emocional y espiritual, y luego de los seres satánicos que habitan en su interior. Y eso hace que valga la pena todo esfuerzo.

Sospecho que la diferencia entre mi eficacia y la de Jesús es que el Señor tenía perfecta intimidad con el Padre e hizo lo que vio que el Padre hacía (ver Juan 5:19). Por causa de su total intimidad con el Padre, Jesús siempre trabajo con el máximo de poder y autoridad y en el tiempo perfecto. Estoy bastante seguro que no ocurre eso conmigo, y con frecuencia me asombro de la disposición de Dios de usarme a pesar de todo.

Jesús pasaba varias horas a solas con el Padre recibiendo autoridad e instrucciones para los siguientes pasos que debía dar en su ministerio. Luego él ministró solamente a quienes el Padre le señalaba. Debe haber pasado por el lado de centenares de personas enfermas, emocionalmente lastimadas o demonizadas. Pero no escogió sanar a todo el mundo, solamente a los que el Padre le escogió. Entonces, tal como fue el caso con Jesús, una relación más íntima con Dios debe ser nuestra primera prioridad. Presumo que si pudiéramos oír su voz y obedecerlo tan completamente como Jesús, seríamos capaces de hacer las obras de Jesús de la manera que él lo hizo.

Sin embargo, de este lado del cielo no logramos perfecta intimidad con el Padre y, por lo tanto, somos deficientes en poder, autoridad y en el tiempo. Por esta razón he adoptado una posición junto con mi amigo Ken Blue en el sentido de que "ya sea que disfrutemos o no este ministerio [de sanidad y liberación], y que funcione o no, no tenemos la intención de dejarlo. Entiendo que el de orar por los enfermos es un mandato que no podemos explicar ni ignorar". [5]

Debemos obedecer el mandato de Jesús incluso si nuestras liberaciones toman más tiempo del que él utilizaba, y aún si nuestra intimidad con el Padre no es como la suya. La libertad que el Señor da a otros y el emocionante enriquecimiento que produce en nuestra vida a través de este ministerio, lo hace mil veces digno de realizar. Que se nos permita trabajar con el poder de Dios es un privilegio incomparable. Es un poder muy superior al nuestro el que nos capacita para hacer las cosas que Jesús prometió que haríamos (ver Juan 14:12) aunque sabemos que –sin él– no podemos hacerlas. No pienso renunciar jamás. Es demasiado gratificante ver la sonrisa de las personas liberadas.

MITO 11: LOS INDIVIDUOS DEMONIZADOS HABLAN CON UNA VOZ DIFERENTE

Porque ha habido situaciones cuando por ejemplo de la boca de una niña sale la voz de un hombre, se nos ha hecho creer que la persona demonizada *siempre* habla con una voz diferente. Esta característica a veces la encontramos en las listas de diagnósticos. Otra vez debemos darle el crédito por tales estereotipos de comportamiento de los demonios a películas como *El Exorcista* y a historias espectaculares contadas por cristianos. Muchos llegan a la conclusión que si la persona afectada no habla en voz baja y aterradora, y tiene una fuerza incontrolable, no está endemoniada.

Como ocurre con los demás mitos, al Enemigo también le complace esta mentira. Los demonios son simuladores a los que les encanta asustar a la gente utilizando otras voces. Pero en una vasta mayoría de casos los demonios hablan mediante la voz natural, o casi natural, de la persona en la que habitan, especialmente si se ha realizado primero la sanidad interior. O sencillamente hablan a su mente. En tal caso la persona debe informar al líder del equipo ministerial lo que los demonios dicen.

A veces los demonios usan otros idiomas. En una ocasión ministrando a la hija de un misionero, traté con un demonio que sólo hablaba mandarín (el idioma de China). Afortunadamente la mujer pudo entender la mayor parte de lo que el demonio dijo. En otra ocasión encontré uno que solamente hablaba árabe. En efecto usó algunas palabras y frases que la joven en quien estaba viviendo no entendió. Tuvo que llamar a su esposo para que interpretara las palabras que salían de su propia boca. En ambos casos les ordené a los demonios que hablaran inglés, pero por razones que no comprendo no logré que lo hicieran. Sin embargo, como entendían lo que yo les decía en inglés y reaccionaban ante el poder de Jesús, pronto se fueron.

Muchos demonios parecen ser bilingües. He ministrado a cierto número de personas que hablaban mandarín y taiwanés. Como en el caso de los demonios antes mencionados, a menudo descubro que es posible hablarles en inglés pero he recibo sus respuestas en taiwanés o mandarín. Aunque en una ocasión la mujer taiwanesa en quien vivía el demonio hablaba en un mal inglés, el demonio habló en este idioma mucho mejor de lo que ella lo hizo.

Mi teoría en cuanto al hecho de que los demonios hablen en diferentes voces e idiomas es que factores como los que menciono a continuación, solos o combinados, los capacitan para comportarse de esa manera.

1. Demonios que tienen un fuerte control sobre la persona pueden usar una voz diferente u otro idioma, o quizá demuestren gran fuerza, todo el tiempo o en alguna ocasión. Esto ocurre especialmente con personas que no conocen a Cristo, lo que les permite vivir en su espíritu. (Supongo que los ministros de liberación que trabajan más que yo con no cristianos, suelen ver este fenómeno con frecuencia.) Una vez ministré a un cristiano bajo fuerte control de un demonio que hablaba español, alemán e inglés. El anfitrión del demonio no sabía ni español ni alemán.

2. Los demonios pueden usar esta táctica para engañar a su anfitrión y hacerle creer que son la reencarnación de alguien que ha muerto.

3. Demonios con características particulares de personalidad, o que tienen una tarea particular asignada por sus líderes demoníacos, pueden usar una voz acorde con su personalidad o su misión.

MITO 12: VOCES INTERIORES Y CAMBIOS DE PERSONALIDAD SON EVIDENCIA SEGURA DE DEMONIZACIÓN

Al ministrar sanidad y liberación debemos recordar continuamente que no todos los problemas son demoníacos. Lo sabemos, pero es fácil olvidarlo especialmente si los síntomas son excepcionales. Por ejemplo, cuando la persona informa que oye voces en su interior, o a veces parece estar bajo el control de algo enojado y odioso. Aunque es cierto que los demonios pueden ser responsables de tales voces y de los cambios de personalidad, ciertas situaciones sicológicas también podrían ser la causa.

La más frecuente es probablemente el desorden de personalidad múltiple (DPM), llamado ahora desorden de identidad disociada (DID), que se define como "la existencia dentro de un individuo de dos o más personalidades distintas, cada una de las cuales es dominante en un determinado momento" (American Psychiatric Association- Asociación de Siquiatras de los Estados Unidos, 1980). Quienes desarrollan un ministerio de liberación necesitan aprender a distinguir entre demonización y el DPM/DID por razones que se harán más obvias a medida que avancemos.

Las personalidades alternas no solamente hablan y se comportan de manera similar a los demonios, sino que también suelen desarrollarse en circunstancias similares a las que permiten la entrada de demonios. Yo he trabajado con más de 50 personas con DID, pero todavía no he conocido una persona con este desorden que no esté también endemoniada. Pero aún cuando tanto el DID como la demonización están presentes, no son la misma cosa y deben ser tratados de manera diferente.

Una personalidad alterna es bastante diferente de un demonio y se debe tratar de manera adecuada. La integración y la sanidad pueden ser obstaculizadas si se intenta echar fuera una personalidad basándose en la suposición equivocada de que es un demonio. Una personalidad a la que habían tratado como demonio, exclamó irritada: "Todo el mundo me trata como si yo fuera un demonio. ¡*No* soy un demonio! ¡Soy una persona!" Y tenía razón: es una persona. Pero había demonios en ella (y en las otras personalidades que habitaban su cuerpo), quienes procuraron bloquear la integración de esa personalidad con su persona esencial. También se esforzaron para mantener todas las personalidades en conflicto entre sí.

Es fácil ser engañados. Por ejemplo, tanto los demonios como las personalidades alternas pueden hablar mediante voces interiores. Los unos y las otras pueden causar tensión y problemas físicos tales como dolores de cabeza, mareos y distorsiones faciales. Unos y otras pueden expresar toda una gama de emociones como enojo, temor y resentimiento, aunque las personalidades "alternas" pueden expresar con facilidad emociones positivas (la expresión de emociones positivas es mucho menos frecuente en los demonios).

Las personalidades alternas y los demonios pueden mostrar diferencias en cuanto a características de personalidad, aunque una alterna puede mostrar un rango más amplio de ellas. Por ejemplo he conocido demonios que se quejaban o suplicaban, o que eran arrogantes, orgullosos, malhumorados o temerosos. Aunque su arrogancia cambiaba a veces al temor y la súplica, ninguno mostró un rango tan amplio de características de personalidad como las alternas que he conocido. Por ejemplo, una personalidad alterna de tres años de edad a la cual traté, aunque muy limitada en experiencias vitales, exhibía mucha más personalidad que los demonios de muerte y temor que expulsamos de ella. Lo mismo ocurrió otra personalidad alterna (que vivía en el mismo cuerpo con otra), quien nunca había estado fuera de la cama del hospital hasta que Jesús la liberó.

Para obtener un mayor conocimiento del DID que sea tanto cristiano como conciente de la guerra espiritual, recomiendo sin reservas el libro *Uncovering the Mystery of the MPD* [Descubramos el Misterio del DPM] del doctor James Friesen. Él explica el fenómeno con detalles y muestra la estrecha relación que existe entre el DID y el abuso ritual satánico. Es sorprendente que el 97 por ciento de los pacientes con DID sufrió abuso grave durante su niñez. Además estima que posiblemente más del 50 por ciento de quienes tienen DID en los Estados Unidos de América estuvieron sometidos a abuso ritual satánico. Muestra también que existe una alta probabilidad de que los niños que sufren abuso grave, producen creativamente otra personalidad que los capacita para sobrevivir a la prueba. [6]

Las observaciones de Fresen son muy pertinentes para nuestro ministerio. Quienes han sufrido grave abuso durante su niñez, o abuso ritual satánico u ocultista, generalmente llegan a estar demonizados, y la probabilidad de desarrollar el DID es alta. Sin embargo, es importante reconocer que el tratamiento para la demonización y para las personalidades múltiples es diferente. De hecho Friesen advierte que una personalidad alterna acusada de ser un demonio podría atemorizarse y quedar sepultada durante años en el interior de la persona. [7]

De modo que las voces interiores y los cambios de personalidad no son siempre evidencia de demonización, aunque tanto las unas como los otros deben tomarse en serio y tratarse en el amor y el poder de Jesús. Aunque esta realidad complica nuestro enfoque, podemos proceder con un mínimo de temor si nos informamos bien. También es conveniente encontrar un terapeuta calificado con experiencia en tratamiento de pacientes con DID para que nos aconseje y ayude. Mientras sigue leyendo y aprendiendo más sobre la demonización, le sugiero también leer el libro de Friesen *Uncovering the Mystery of MPD* [Descubramos el Misterio del DPM*, y otros materiales similares.

La sanidad de la gente nunca debería ser un asunto de hacer las cosas "a mi manera" o no hacerlas. Siempre debemos estar dispuestos a trabajar con sicólogos cristianos experimentados en áreas que nosotros no conocemos bien como los casos de DID, y a referirles pacientes. Necesitamos adoptar una actitud humilde y darnos cuenta que no tenemos la respuesta a todos los problemas. Establecer una relación de trabajo conjunto con un buen terapeuta cristiano puede ser un excelente paso para ayudar a quienes sufren.

Pues Dios no nos ha dado un espíritu de timidez, sino de poder, de amor y de dominio propio

2 Timoteo 1:7 NVI.

No temas porque yo estoy contigo, no desmayes que yo soy tu Dios que te esfuerzo; siempre te ayudaré, siempre te sustentaré.

Isaías 41:10.

Es apropiado terminar este capítulo con una advertencia contra el temor. El segundo pastor mencionado en la historia que conté al comienzo de este capítulo tenía tanto temor al tema de los demonios que dijo que prefería no saber si los demonios andaban a su alrededor. La buena noticia es que durante nuestro seminario aprendió a no temerlos más porque descubrió que no tenía por qué hacerlo. Un poco de conocimiento acerca de quién es él (un hijo de Dios) y cómo trabajar con el Espíritu Santo para combatir a los demonios cambió radicalmente su actitud. Y puede cambiar la suya también, si siente temor. Muchos de nosotros queremos desesperadamente responder luchando, no huyendo, pero tenemos miedo de la batalla. Y lo que hace peor el problema es que muchos nos avergonzamos de sentir miedo. No debe sorprendernos que tanto el temor, como la vergüenza, nos vienen directamente del Enemigo, el padre de mentira. Una de sus principales estrategias es hacer que los cristianos teman convertirse en víctimas de ataques satánicos. Le gusta que los cristianos se asusten por las imágenes que los medios de información presentan de su poder y maldad asombrosos.

En realidad los demonios son mayormente simuladores. Realmente tienen muy poco poder; no más del que los seres humanos les dan, y se aferran a problemas emocionales o espirituales que les otorgan el derecho legal de vivir dentro de ellos. Si se desecha la basura, su poder se va con ella.

El poder y la autoridad que tenemos en Jesús son *infinitamente* más grandes que los del Enemigo. En la cruz Jesús derrotó totalmente a Satanás. Aunque no entendemos por qué Dios le permite todavía andar suelto, lo que sí entendemos es que tenemos todo el poder de Jesús para derrotarlo (ver Juan 14:12). Cuando entramos en batalla en el nombre de Jesús, no tenemos razón para temer.

Quienes nos observan ministrando continuamente se asombran al ver con cuanta calma podemos trabajar. En efecto suelen decir: "No podemos creerlo". Yo siempre he considerado como aterradora la liberación de demonios, en la cual estos exhiben gran poder y maldad". Sabiendo cuánto poder tenemos a nuestra disposición, sencillamente asumimos el control y les prohibimos causar problemas. Aunque es posible que causen un poco de molestias, en realidad no hay lucha. Un demonio que eché fuera recientemente comentó: "En realidad usted sabe lo que hace, ¿verdad?" Sí, sabemos lo que hacemos y cuánto poder y autoridad nos dio Jesús. ¡Somos los ganadores!

LA DEMONIZACIÓN EN LOS CRISTIANOS

Como evangélicos, estamos comprometidos a aceptar todo lo que la Biblia afirma. Pero comprender con precisión lo que dice suele ser complicado. Por ejemplo, durante años Ed Murphy y yo creímos que el versículo bíblico a continuación, y muchos otros, demostraban que los cristianos no podían ser demonizados: "Hijitos, vosotros sois de Dios, y los habéis vencido; porque mayor es el que está en vosotros, que el que está en el mundo" (1 Juan 4:4). (Vea la historia inicial en el primer capítulo.)

Creo en este pasaje, y desearía de todo corazón que mi primera interpretación fuera cierta: que los cristianos no pueden ser demonizados. Pero la experiencia me ha demostrado que este versículo no quiere decir que la presencia del Espíritu Santo en los cristianos les impide a los ángeles de las tinieblas vivir en su interior. El proceso que utilizo para liberar a las personas de los demonios demuestra una y otra vez que lo que dice este versículo es la verdad, pero tuve que reconsiderar mi interpretación inicial.

La demonización tocó de cerca a Ed Murphy. También afectó el entorno de Merrill Unger, profesor del Seminario Teológico de Dallas durante muchos años, y especializado además en demonología. A pesar del hecho de que ambos creían que no era posible, un miembro muy cercano de cada una de sus familias resultó demonizado. Estas experiencias les obligaron a reexaminar los supuestos que estaban detrás de la interpretación de estos versículos.

Si bien las Escrituras son la verdad, nuestras interpretaciones se basan en suposiciones que tenemos en nuestras mentes cuando leemos los pasajes. *Tales suposiciones y las imágenes que representan de la realidad, se conocen como "paradigmas".* Una gran cantidad de estos paradigmas o percepciones de la realidad se incrustan en nuestra mente y forman nuestra visión del mundo. Si desea saber más sobre este tema, vea mi libro *Christianity with Power* [Cristianismo con poder].

Cuando Murphy, Unger y yo vimos lo que en realidad sucedía con la demonización, tuvimos un cambio de paradigma. Es decir, cambiamos algunas de las conjeturas con las que percibimos o nos imaginamos la realidad. Murphy dice que el cambio de este paradigma en particular, o cambio de suposiciones, fue "el cambio más importante en mi forma de ver el mundo" durante mi vida cristiana".

ÁNGELA: LOCA NO, DEMONIZADA

Ángela es maestra de escuela dominical en una iglesia grande del centro de los Estados Unidos, es madre de dos niños hermosos, es cristiana desde los 16 años y ama a Jesús.

Christy, mi colega mía, conoció a Ángela luego de un seminario de guerra espiritual en una ciudad de la Costa Este de los Estados Unidos. Ángela estaba desesperada. Desde muy pequeña luchaba contra lo que ella llamaba "poderes malignos". De niña, todas las noches se despertaba y sentía que había espíritus inmundos que intentaban tocarla. Luego de convertirse, estas experiencias parecían haberse aquietado, aunque aún sucedían algunas noches. Sin embargo, durante los últimos dos años, las experiencias habían sido "peores que antes". Los "poderes malignos" la despertaban durante la noche, la rodeaban y le decían que le hiciera cosas terribles a su familia.

Hacía dos años que Ángela asistía a consejería con un terapeuta cristiano. Había recibido un gran apoyo de ese consejero, así como de su pastor, sus amigos de la iglesia y su familia que la amaba. Sin embargo, nadie sugirió la posibilidad de una influencia demoníaca. Incluso con toda esa ayuda, no podía librarse de esas voces y temores inquietantes. Luego de oír la conferencia de Christy sobre la demonización en los cristianos, se le acercó llorando. "Hasta ahora", dijo Ángela entre lágrimas, "pensaba que estaba loca. Había perdido las esperanzas. Ahora sé que no soy yo, sino que estos poderes malignos son demonios. Por primera vez en años tengo esperanza de que puedo mejorarme".

Ángela tenía razón. Durante una sesión de ministración, el Espíritu Santo reveló claramente que ella estaba demonizada. Entonces recibió una maravillosa liberación de los espíritus demoníacos que la habían atormentado desde niña. Jesús también la sanó de las heridas emocionales a las que se aferraban esos espíritus. Su vida cambió y ahora ministra el amor y la sanidad de Jesús a otros en su iglesia.

Ministrar a personas como Ángela es un privilegio y una alegría. Su amor por Jesús, al igual que el de María Magdalena, a quien Jesús liberó de siete demonios (ver Lucas 8:2), es inspirador. Una razón importante por la que cuento su historia es que es el típico caso de muchas personas a quienes he ministrado. La gran mayoría de los cristianos demonizados están, como Ángela, consagrados a Cristo, pero no se dan cuenta que los demonios existen o no creen que pueden vivir en los cristianos.

¿PUEDEN LOS DEMONIOS VIVIR EN LOS CRISTIANOS?

La discusión sobre si un cristiano puede tener demonios viviendo en su interior nace de dos fuentes: (1) los términos que se utilizan, y (2) la falta de experiencia dentro de la comunidad cristiana en la liberación de demonios.

Como vimos en el Mito 2 en el capítulo anterior, el concepto de "posesión demoníaca" ha ganado credibilidad a través de una traducción inexacta de términos griegos que se refieren a personas con demonios en su interior. Si tuviéramos que utilizar la palabra "posesión", sólo debería usarse para describir a quienes se encuentran tan completamente controlados por los demonios que, de vez en cuando, todo su ser llega a estar controlado por la personalidad alienígena. Nunca conocí, y muy rara vez escuché sobre un cristiano que pudiera catalogarse de forma apropiada como "poseído".

Sin embargo, todos los ministerios de liberación que conozco personalmente concuerdan con que los cristianos pueden tener demonios en su interior. C. Fred Dickason, autor de *Demon Possession and the Christian* [La Posesión Demoníaca y el Cristiano], trata el tema de forma exhaustiva. Él declara:

> Entre 1974 y 1987 tuve 400 casos de cristianos verdaderos que estaban demonizados… No podría asegurar que mi criterio es infalible, pero sé reconocer los signos de un cristiano y los signos de una persona demonizada. Puedo haberme equivocado en uno o dos casos, pero no logro concebir que lo haya hecho en más de 400 casos. [1]

Podemos aprender mucho de la historia de Merrill Unger, autor de varios libros sobre demonología (*Biblical Demonology,* [Demonología Bíblica], *Demons in the World Today,* [Demonios en el Mundo de Hoy], *What Demons Can Do to Saints* [Lo Que Los Demonios Pueden Hacer a los Santos]). Al escribir su obra clásica *Biblical Demonology* [Demonología Bíblica], Unger tomó la postura de que sólo los no creyentes podían ser demonizados. Luego recibió muchas cartas de distintas partes del mundo que no estaban de acuerdo con él. Esto, sumado a una experiencia en su propia familia, lo llevó a revisar las Escrituras. Entonces se dio cuenta que él había "*deducido* [su postura], ya que las Escrituras no dan una respuesta clara. Me basaba en la suposición de que un espíritu inmundo no podía habitar junto con el Espíritu Santo dentro un cuerpo redimido". [2]

El descubrimiento que Dickason detalla de forma exhaustiva de que *en las Sagradas Escrituras no hay bases que apoyen la teoría de que los demonios no pueden vivir en los regenerados* [3] llevó a Unger a cambiar su postura. Como señala Dickason, preguntarse si un cristiano puede tener demonios es como preguntarse si un cristiano puede tener cáncer.

Él examinó de forma exhaustiva cada referencia de las Escrituras que pudiera estar relacionada con el tema y no encontró ninguna que demostrara de forma concluyente una u otra postura. Sin una postura bíblica clara, necesitamos recurrir a quienes tienen experiencia en el tema en cuestión.

Quienes trabajan con pacientes con cáncer saben que los cristianos pueden padecer cáncer y, de hecho, lo padecen. De igual manera, quienes tuvieron experiencia "clínica" con cristianos con síntomas demoníacos disiparon sus dudas y llegaron a la conclusión de que los cristianos pueden tener demonios, y algunos los tienen. También descubrieron que el poder de Cristo puede quebrantar el poder de los demonios y echarlos de las vidas de los creyentes en quienes entraron sin permiso

Uno de tantos casos es el de una jovencita a quien he ministrado., a quien llamaré Jennifer. Ella ha sido una cristiana activa y comprometida durante muchos años, pero desde que puede recordarlo, ha escuchado voces en su cabeza. Esas voces eran especialistas en menospreciarla y contradecir todo pensamiento positivo o agradable con respecto a sí misma o a la vida. Con frecuencia, intentaban disuadirla de adorar, de leer la Palabra (de hecho, afectaban su visión para evitarlo), de testificar y de buscar ayuda. La criticaban con intensidad y de forma categórica para que mantuviera un bajo concepto de sí misma, y lograr así convencerla de que no podía hacer muchas cosas de la vida diaria.

De parte de los demonios que le hablaban a Jennifer descubrimos que habían entrado en ella antes de que se comprometiera con Jesús, y que habían hecho grandes intentos por evitar que se convirtiera en creyente. Al fallar, se encargaron de impedir que experimentara todo lo que Jesús podía darle. Ellos admitieron que ya no poseían su espíritu y que ahora Jesús vivía allí. Eso no les agradaba de ninguna manera, pero hacían todo lo posible para empequeñecer su vida.

Una noche, mientras ministrábamos a Jennifer en el poder de Jesucristo, desafiamos a los demonios que estaban detrás de esas voces y los echamos fuera. Ella ya no oye las voces y ahora disfruta alabando y testificando de una forma totalmente nueva y muchas otras cosas son nuevas en su vida. Hoy Jennifer experimenta libertad y suele ministrar a otros para llevarles esa libertad (vea 2 Corintios 1:4).

Con más de 2.000 casos como éste en mi haber, los más de 400 casos de Dickason (ver *La posesión demoníaca y el cristiano*), los cambios en las creencias de Unger y de Murphy, y el hecho de que todos los expertos que conozco que han trabajado con personas demonizadas, coinciden en lo mismo (por ejemplo, Koch: *Esclavitud del Ocultismo y Liberación;* Bubeck: *El Adversario;* Murphy: *Guerra Espiritual;* y White: *La Guía del Creyente para la Guerra Espiritual*), es evidencia de que los cristianos pueden estar demonizados, y de hecho muchos lo están, y es tan concluyente que podemos ser dogmáticos al asegurarlo. Así que, como escribió Dickason:

> La carga de la prueba (otra vez el concepto jurídico) recae sobre quienes niegan que un cristiano pueda estar demonizado. Tales personas deben aducir evidencia clínica que elimine con claridad toda posibilidad en todos los casos, pasados o presentes, de que un creyente puede tener demonios… Vale la pena mencionar que aquellos que niegan que los cristianos puedan estar demonizados son, por lo general, quienes no han tenido experiencias de consejería con demonizados. Su postura es principalmente teórica. [4]

Como en el caso de Jennifer, los demonios en los creyentes suelen ser restos del pasado antes de ser cristianos. Sin embargo, he lidiado con muchos demonios que entraron en los creyentes durante ciertos lapsos en su vida cristiana, porque se lo permitieron. Un ejemplo es el de Carolyn Murphy.

Hay un hecho significativo que quienes escriben sobre la demonización suelen pasar por alto:

> Los demonios no pueden habitar en el cristiano como lo hace el Espíritu Santo. El Espíritu de Dios entra en el creyente en el momento de su salvación de forma permanente, y para no irse nunca más (Juan 14:16).
>
> Un demonio, al contrario, entra como un invasor, como un intruso, y es susceptible de desalojo de un momento a otro. Un demonio jamás mora en un santo de forma legítima ni permanente, como lo hace el Espíritu Santo. [5]

La forma en que el Espíritu Santo entra, creo yo, es a través de la unión con el espíritu, el "corazón" o el ser más interior de la persona, esa parte que rinde Dios. Lo he comprobado cientos de veces, como lo hice con los demonios que estaban en Jennifer, a quienes ordené por el poder del Espíritu Santo quien les obligó a decir la verdad, si vivían en su espíritu. Regularmente responden algo como: "No, no puedo entrar. Jesús vive allí". Cuando se les ordena que declaren cuándo tuvieron que dejar el espíritu de ese cristiano, dan la fecha exacta de conversión de la persona.

Mi conclusión, por lo tanto, es que los demonios no pueden vivir en esa parte más interior de los cristianos, el espíritu, ya que se encuentra unido al Espíritu Santo y está lleno de él (vea Romanos 8:16). Esa parte de los cristianos toma vida con la vida de Cristo, y los representantes del Enemigo no pueden tocarla. *Sin embargo, los demonios pueden vivir en la mente, las emociones, el cuerpo y la voluntad de un cristiano.* Los ministerios de liberación suelen echarlos de esas partes de los cristianos. Sospecho que la razón por la cual los demonios tienen mayor control sobre los incrédulos es que pueden invadir aun sus espíritus.

En conclusión, muchos dentro del pueblo de Dios están sufriendo por causa de los demonios y es imprescindible que nosotros, como hermanos en Cristo, aprendamos a ayudarles. Si somos creyentes que buscan demostrar la compasión de Jesús, no podemos continuar dándoles la espalda, ni a ellos, ni a los pobres ni a los hambrientos.

JESÚS, LA FE SALVADORA Y LOS DEMONIOS

En nuestros intentos por resolver el dilema de si los demonios pueden vivir dentro de un cristiano, acudimos a la Biblia, por supuesto, para ver si existen allí ejemplos o declaraciones al respecto. Al ver las Escrituras, encontramos un hecho muy interesante, y quizás concluyente. Descubrimos que casi todas, si no todas, las personas que Jesús liberó de demonios o sanó acudieron a él en fe. Y esa fe sorprendió tanto a Jesús que, en más de una ocasión, declaró: "Tu fe te ha salvado" (Marcos 10:52; vea también Lucas 7: 50; 8:48; 17:19).

Ahora bien, estoy seguro que Jesús no estaba diciendo que en la fe hay alguna clase de magia. Y tampoco habría dicho: "¡La fe en Buda (o algún otro espíritu) te ha sanado!". Lo que seguramente quiso decir es que la persona sanada o liberada había acudido en fe en la persona indicada: el mismo Jesús. Cuando vemos que una persona viene a Jesús en fe, decimos que esa persona es "salva", y la llamamos cristiana. Este hecho me lleva a pensar que quienes acudieron a Jesús buscando sanidad y liberación eran personas con fe en Jesús, personas a quienes llamaríamos cristianos.

Así que, mi conclusión es que casi todas, si no todas, las personas que Jesús sanó y liberó estarían dentro de nuestra categoría de "cristianos".

LA SALVACIÓN Y LA DEMONIZACIÓN

Cuando un individuo entrega su vida a Jesús y se convierte en cristiano, sucede un milagro maravilloso. Jesucristo mismo viene a vivir en su interior. Se produce una transferencia de propiedad y de poder. Aquellos que antes pertenecían al "príncipe de este mundo" (Juan 14:30) ahora pertenecen a Jesús, y él es quien gobierna sus vidas. Todas las cosas son nuevas (vea 2 Corintios 5:17) en la parte más profunda de su ser: su espíritu. La parte central y más importante de cada una de las personas, la parte que murió cuando Adán pecó (vea Génesis 2:17), ahora cobra vida y se convierte en la morada de Jesús.

Jesús, el nuevo dueño, rescata a estas personas del reino del Enemigo y las trae al reino de Dios. Nuestro Señor ganó el derecho de hacerlo al vencer a Satanás en la cruz y en la tumba. Desde el momento en que las personas deciden entregar su vida a Jesús, el Espíritu Santo que vive en ellas es mayor que el antiguo dueño, aquel que está en el mundo (vea 1 Juan 4:4).

Pero, como todos sabemos, los nuevos creyentes tienen mucho por hacer para lograr la meta de ser "hechos conforme a la imagen de su Hijo" (Romanos 8:29). Aún deben luchar con su vieja naturaleza pecaminosa. Por razones que no comprendemos, nuestra naturaleza de pecado no es erradicada cuando aceptamos a Cristo. Debemos luchar para ganar cada pulgada de santificación. Pero con el Espíritu Santo dentro de nosotros que nos ayuda, podemos lograr grandes cambios.

Con respecto a la demonización, el escenario es el mismo. La gran mayoría de los cristianos demonizados permitieron que los demonios entraran antes de haber conocido a Jesús. Ahora han experimentado un cambio de dueño en el espíritu, pero no han logrado una libertad completa. Un cristiano demonizado, al igual que Israel, ha recibido "la tierra", pero todavía necesita conquistarla.

Todo aquel que viene a Jesús debe conquistar su naturaleza pecaminosa. Sin embargo, cuando una persona demonizada viene a Jesús, además de su naturaleza humana pecaminosa, debe conquistar uno o más demonios. Y, como veremos, ambas cosas están relacionadas.

Ningún demonio que la persona pueda tener ni la naturaleza humana pecaminosa pueden afectar la salvación de la persona. La persona es pecadora y puede estar demonizada, pero aún pertenece a Jesús y aún es salva. No hay demonio ni naturaleza de pecado que pueda quitarle la salvación al cristiano.

¿CÓMO SE PRODUCE LA DEMONIZACIÓN?

Para entender cómo ocurre la demonización en un cristiano, necesitamos entender la forma en que sucede en cualquier persona, creyente o no, ya que, como antes mencionamos, la mayoría de los creyentes demonizados lo fueron antes de su conversión.

Los demonios pueden entrar de varias maneras:

1. Los demonios pueden entrar a través de una invitación. Un niño de cinco años, a quien llamaré Jerry, corrió y se escondió detrás del sofá para escaparse de los puñetazos que su padre le tiraba. Mientras se escondía, lloró en silencio: "¡Ayuda!", y de inmediato recibió consuelo. Desde ese momento, cada vez que su padre le pegaba o alguien lo maltrataba, todo lo que tenía que hacer era pedir ayuda, y recibía el mismo consuelo. Al ministrar a Jerry, ahora de 35 años, descubrimos que quien le consolaba era, de hecho, un demonio. Y aunque todavía consolaba a Jerry cuando se lo pedía, también estaba haciendo cosas muy destructivas en su vida.

Una jovencita a quien llamaré Amy estaba enojada porque sentía impotencia, entonces comenzó a buscar poder leyendo libros de ocultismo y escuchando música de rock satánico. Pronto descubrió que podía "hacer que pasen cosas" con sólo desearlo. Amy estaba en el equipo de natación del colegio secundario, pero no era la nadadora principal de los eventos. El entrenador solía elegir a una chica más rápida que ella. Sin embargo, cuando Amy quería nadar, todo lo que tenía que hacer era "desear" que la otra chica se enfermara, y sucedía.

Teresa, aunque era cristiana, se sintió desanimada cuando algunas personas no cumplieron las promesas que le hicieron. Ya habíamos echado decenas de demonios de ella, así que ya conocía la libertad que Jesús podía dar. De todas maneras, en su desánimo, ella invitó a un espíritu llamado Protector, que aparentemente había estado viviendo cerca durante algún tiempo, esperando que lo invitara.

Estos casos, más el de Carolina Murphy que mencionamos antes, son una muestra de que los demonios pueden entrar si se lo piden. Para tener una mejor idea de lo frecuentes que son estas invitaciones, podemos agregar a estos casos la práctica de la Nueva Era de buscar "espíritus guías", las invitaciones conscientes en los rituales satánicos, los rituales típicos de los chamanes no occidentales (diseñados para que las personas sean "poseídas" por espíritus demoníacos o que "incorporen" estos espíritus), más la increíble cantidad de invitaciones privadas que deben recibir los demonios día tras día.

Sin embargo, el entendimiento que tienen las personas de lo que hacen cuando invitan a los demonios varía. Teresa, por ejemplo, era consciente de que estaba pidiendo ayuda demoníaca. Ella había experimentado la presencia de más de cien demonios en su vida, demonios que se han ido y tienen prohibido regresar. Ella sabía lo que era la demonización. Pero, con la ayuda de demonios tentadores, se auto engañó a pensar que si llamaba a Protector vencería el desánimo. Ya había tenido un espíritu protector que habíamos expulsado, y ahora buscaba la clase de ánimo que recibía de ese espíritu, a pesar de que ella sabía que todo lo que el demonio podía ofrecerle era un ánimo falso.

Sin embargo, Carolina, Jerry y quizás Amy no eran tan conscientes de lo que estaban pidiendo. Parece que Carolina se dejó llevar y tomó decisiones que permitieron que los demonios entraran. Jerry tan sólo clamó al aire. Y aunque Amy buscó poder de forma deliberada, es probable que no tuviera idea de la fuente de ese poder ni de los peligros a los que se exponía. De hecho, cuando le pregunté si quería ser liberada de las garras de los demonios, se rehusó. "Disfruto el poder que me dan", dijo.

Uno de los problemas más grandes de estas personas, y del resto de nosotros, los occidentales, es nuestra ignorancia del mundo espiritual. Nos han enseñado que los demonios son parte de los cuentos de hadas, pero que no existen en el mundo real. Por lo tanto, no pensamos en la "búsqueda" de poder y en la música que exalta a Satanás y a los demonios como lo que son en realidad: *cosas muy peligrosas*.

Pero las leyes y principios del mundo espiritual son tan inexorables como las que operan en el mundo natural. Invitar de manera inconsciente a que los demonios entren tiene el mismo efecto que romper de forma inconsciente la ley de gravedad. No importa que tan inconscientemente lo hagamos, si tropezamos, caemos, porque estamos sujetos a la ley de gravedad. O si declaramos de forma consciente que no creemos en la ley de gravedad y la desafiamos, no tardaremos en descubrir que estamos sujetos a ella, ya sea que lo queramos o no. Lo mismo sucede con las leyes espirituales. *Si invita, consciente o inconscientemente, a un demonio recibirá un demonio, ya sea que usted sepa lo que está haciendo o no, o sea que crea o no en los demonios.*

Ministrar a un cristiano que podría estar demonizado implica, entre otras cosas, buscar en su historia indicios de que haya invitado a entrar, de forma consciente o inconsciente, a los emisarios del Enemigo. Estas son algunas cosas que debemos buscar.

La invitación consciente a los demonios es probable cuando la persona se involucró o adoró deliberadamente a otros dioses o poderes que no son el Dios verdadero. Quienes se involucraron en el satanismo o la hechicería no pueden haber evitado la demonización, ya que se abren a la invasión de forma consciente. Lo mismo sucede con quienes se involucraron en los aspectos ocultos del movimiento de la Nueva Era. Si bien la práctica de buscar espíritus guías y de ser sus canales es claramente demoníaca, no todos los aspectos de la Nueva Era son ocultos.

Sin embargo, incluso muchas de las actividades que parecen inocentes, como las relacionadas con la salud y el medio ambiente, ponen a los participantes en gran peligro de resultar demonizados. Otras participaciones en el ocultismo que debemos buscar incluyen organizaciones como la masonería, la ciencia cristiana y la cienciología. Asistir a sesiones espiritistas, acudir a adivinos, participar en sesiones con "mesas giratorias" y levitar también son cosas ocultas. Otras actividades que parecen aún más inocentes, como jugar con tablas Ouija, con cartas de tarot o invocar a "Bloody Mary" ponen a las personas en un gran peligro.

Debido a nuestra distorsionada visión del mundo espiritual, las personas en nuestra sociedad, por lo general, no saben que están invitando a los demonios. De todas maneras, a estas actividades las clasificamos como invitaciones *conscientes*. Pocos involucrados en la masonería saben, por ejemplo, que Satanás toma muy en serio los juramentos y las maldiciones y que, por lo tanto, ellos se comprometen y comprometen a sus familias con el Enemigo. De todas maneras, la decisión de participar de esas prácticas es consciente, así como la decisión de desafiar la ley de gravedad lo es, ya sea que uno conozca o no dicha ley.

La invitación inconsciente difiere en que es más sutil. Suele ocurrir cuando una persona se "revuelca" en una actitud negativa como resultado de una experiencia traumática del pasado. Por ejemplo, una persona que recibe maltrato físico o emocional constante comienza a reaccionar con ira. Si la persona se aferra al enojo, esto produce resentimiento, amargura y falta de perdón permanentes, y se crea una debilidad que da al Enemigo la oportunidad de entrar. Este tipo de actitudes generan lo que yo llamo "basura" emocional o espiritual con la cual se alimentan los demonios.

Los demonios no pueden entrar y permanecer sin un derecho "legal". Ellos obtienen este derecho cuando no nos libramos de reacciones que son normales pero potencialmente nocivas, como el enojo. La ira en sí no es un pecado. En Efesios 4:26 leemos: "*Airaos*, pero no pequéis*" (énfasis del autor). La conclusión es evidente: nos enojaremos. Pero el pasaje nos dice que, cuando suceda, no permitamos que la ira nos lleve a pecar y que no estemos enojados todo el día. La razón de esta exhortación se encuentra en el versículo siguiente: "Ni deis lugar al diablo" (Efesios 4:27). Y unos versículos después nos dice aún más: "Quítense de vosotros toda amargura, enojo, ira, gritería y maledicencia, y toda malicia. Antes sed benignos unos con otros, misericordiosos, perdonándoos unos a otros, como Dios también os perdonó a vosotros en Cristo" (Efesios 4:31-32). Jesús hace un gran énfasis en la necesidad de perdonar. Inmediatamente después del Padre Nuestro, nos dice: "Porque si perdonáis a los hombres sus ofensas, os perdonará también a vosotros vuestro Padre celestial; mas si no perdonáis a los hombres sus ofensas, tampoco vuestro Padre os perdonará vuestras ofensas (Mateo 6:14-15).

Revolcarse en pecados no confesados (por ejemplo, pecados sexuales, mal uso del poder, jurar lealtad absoluta a alguien o a algo que no sea el Dios verdadero) es otro tipo muy común de invitación inconsciente. También lo es ceder constantemente a comportamientos que pueden ser adictivos (por ejemplo la pornografía, las drogas, los pensamientos lujuriosos, la envidia, la preocupación, el temor y el odio hacia uno mismo). Una y otra vez descubro que las personas demonizadas se aferran a sus debilidades y rehúsan confesarlas y tratarlas como pecados. Esta debilidad socava sus defensas espirituales y provee lo que John Wimber describió en una de sus conferencias como "una pista de aterrizaje con todas las luces encendidas que señalan el camino para que los demonios entren".

Necesitamos mencionar algo muy importante en este punto. Si bien todas estas actitudes y comportamientos (pecaminosos o no) son muy peligrosos, no provocan una demonización de forma automática. Parece ser que algunas personas tienen una resistencia mayor. Sin embargo, cuanto más uno se revuelca en estas actitudes y comportamientos peligrosos, mayor es el riesgo de sufrir una invasión demoníaca inconsciente. Los demonios estudian a los seres humanos y no tardan en aprovechar cada una de las oportunidades para entrar.

Para evitar tal peligro, necesitamos tratar tanto con los pecados evidentes como con cualquier actitud y comportamiento sospechoso. Somos responsables ante Dios de trabajar junto con él en nuestra "basura": las obras de nuestra naturaleza pecaminosa. No podemos echar fuera esas obras. "Las obras de la carne son bastante claras. Se muestran en acciones inmorales, inmundas e indecentes; en la adoración a los ídolos y en la hechicería. Forman enemistades y peleas, celos, enojos y ambiciones. Las personas se dividen y forman grupos, se hacen envidiosas y borrachas, tienen orgías y hacen cosas como estas" (Gálatas 5:19-21; vea también Colosenses 3:5-9).

El Enemigo fomenta activamente esta clase de comportamientos y, con frecuencia, halla la entrada a través de las debilidades que éstos causan. La Palabra deja en claro que, ya sea que haya demonización o no, debemos tratar con estos pecados a través del arrepentimiento y la autodisciplina. Además, en las Escrituras aparecen grandes pecadores sobre los que no se menciona ni insinúa demonización alguna, por ejemplo las adúlteras de Juan 8 y Lucas 7, o los pecadores de Corinto en 1 Corintios 5-6. Estas personas pueden o no haber estado demonizadas (yo sospecho que sí lo estaban), pero el énfasis se hace en las decisiones que tomaban y que generaban la "basura", no en las "ratas".

Entonces, los demonios no pueden entrar sólo porque una persona comete un pecado. Pueden entrar, sin embargo, si la persona decide no arrepentirse o no resolver un pecado y, como consecuencia, se revuelca en él. Permanecer en actitudes pecaminosas crea la oportunidad para la demonización. Necesitamos arrepentirnos y resolver los pecados de la carne antes de que se conviertan en "pistas de aterrizaje" para los demonios.

La buena noticia es que podemos obrar en el poder del Espíritu Santo, tanto para tratar con cualquier clase de pecados, actitudes y comportamientos, como para echar fuera todo demonio que con ellos vengan. Comprenderemos mejor cómo lograrlo a medida que avancemos.

2. *Las personas pueden ser demonizadas a través de la invitación de alguien que tenga autoridad sobre ellas*. Una mujer a quien llamaré Tricia fue criada en una familia satanista. De acuerdo con sus creencias satánicas, la madre la dedicó a Satanás. En ese momento uno o más demonios entraron en Tricia, porque alguien con autoridad sobre ella los invitó. Este tipo de dedicación de niños a espíritus o dioses es una práctica muy común en todo el mundo.

En algunas ocasiones ministré a personas que fueron concebidas luego de que la madre habían buscado el poder de los espíritus para quedar embarazada. Como resultado estas personas fueron demonizadas desde el momento de la concepción. Uno de estos casos fue el de una mujer taiwanesa cuya madre se había sometido a un ritual en un templo budista que el sacerdote del templo le había "recetado". En otro caso descubrí que la madre de una mujer americana había consultado a un adivino para quedar embarazada.

Los adultos que se entregan a los líderes de los cultos pueden ser demonizados a través de una dedicación o una "bendición" con poderes satánicos. Los padres pueden demonizar a sus hijos a través de las maldiciones (vea el punto 4 en la página siguiente). La demonización también puede darse por la maldición de un esposo a su esposa, y viceversa.

3. *Demonización a través de las herencias*. No logro comprender por qué Dios permite esto, pero los niños pueden ser demonizados a través de las herencias. Por lo general nos referimos a esto como el traspaso de espíritus o poderes generacionales.

A veces se heredan uno o más espíritus. He descubierto que éste suele ser el caso de quienes tuvieron padres y/o abuelos en la masonería. No es de sorprenderse, ya que es común que los masones se maldigan a sí mismos a través de los juramentos secretos que hacen. En los más altos niveles de la masonería, dedican sus vidas y sus familias a Lucifer (vea *The Deadly Deception* [El Engaño Mortal], por Shaw y McKenney).

En otros casos, aparentemente lo que se heredó no fue un demonio, sino una debilidad o un "gancho" que permitió que un demonio se aferrara allí. Con frecuencia descubro que el demonio está aferrado a la raíz de la herencia de ambos, padre y madre. No hace mucho descubrí un espíritu de ira heredado de ambos padres. Como este hombre heredó un espíritu de ira de cada uno de sus padres, lo normal sería encontrar dos espíritus de ira. Pero había sólo uno. Quizás había heredado dos y uno de ellos se fue. O quizás heredó una propensión a la ira, como se puede heredar una tendencia a padecer ciertas enfermedades. Lo cierto es que la demonización había ocurrido. Es decir, cuando apareció un demonio que pudo aprovechar esa propensión, se "aferró al gancho" que la debilidad heredada había preparado. De una u otra manera, el hombre estaba demonizado y la raíz se encontraba en su herencia, y no en su decisión o en la decisión de alguien que tenía autoridad sobre él.

Los espíritus que se transfieren de una generación a otra dentro de una misma familia suelen llamarse espíritus "familiares". Por lo general, obtienen entrada a través de algo que hizo un antepasado, o de una maldición que recibió. Estos espíritus generacionales suelen causar la misma clase de problemas emocionales, pecados, enfermedades o impulsos generación tras generación. Considere la posibilidad de la presencia de un espíritu generacional si en la persona a la que está ministrando y en generaciones pasadas ve problemas como alcoholismo, depresión, perversiones sexuales, crítica extrema, temor extremo, cáncer, diabetes o cualquier otro problema emocional o físico, o pecado recurrente. Descubrimos que una mujer, su madre y su abuela, cada una de ellas tuvo que someterse a una histerectomía aproximadamente a la misma edad. Si bien eso no era prueba suficiente de la existencia de un espíritu generacional, nos alertó como para comenzar a buscar, y lo encontramos. *Ya que la mayoría de los síntomas con los que tratamos en el ministerio de liberación pueden ser la manifestación de distintos problemas, y muy diferentes uno del otro, no podemos sacar conclusiones precipitadas.*

4. Los demonios entran a través de las maldiciones. Ya hemos mencionado la maldición varias veces. Las maldiciones son muy comunes en muchas sociedades, incluida nuestra sociedad estadounidense, y con frecuencia descubro que una maldición es la causa principal del poder que tiene un demonio sobre una persona. Pero las maldiciones no siempre provocan la demonización. De hecho, es muy poco común que ocurra una demonización como resultado de una maldición solamente. La maldición y sus hermanos (las dedicaciones, los juramentos, los hechizos y maleficios) por lo general se combinan con otros factores para poder provocar una demonización.

Es probable que los factores que mencionamos antes, como las debilidades o el mal uso de la autoridad, también deban estar presentes para que una maldición le permita la entrada a un demonio. Sospecho que si una persona no tuviera alguna de estas debilidades, o si alguien la protegiera con oración intercesora, la maldición no podría entrar y simplemente "rebotaría". Quizás eso es lo que significa Proverbios 26:2. Veamos este versículo en dos traducciones: "La maldición no te dañará a menos que la merezcas. Ella es como ave que pasa" (GNT); y "Como el gorrión sin rumbo o la golondrina sin nido, la maldición sin motivo jamás llega a su destino" (*NVI*).

Una maldición es la invocación del poder de Satanás o de Dios para afectar de forma negativa a la persona o cosa a la que se dirige la maldición. Tal invocación puede ser a través de palabras o de cosas que han sido maldecidas o dedicadas. Las palabras utilizadas pueden ser tan suaves como "Odio a…" o "Jamás lograrás nada", dichas contra otros o contra uno mismo. O pueden ser más contundentes: "Ojalá estuviera muerto" o "Que jamás logres…" o "Maldito seas" o "Te maldigo con…". El poder de la maldición puede hacerse mayor a través de un ritual. Además, si una persona tiene objetos maldecidos o dedicados, éstos pueden dar lugar a que las fuerzas del Enemigo aflijan a la persona, incluso si no está demonizada (como el caso de Carolyn Murphy que relatamos en el capítulo primero).

Algunos ejemplos bíblicos de maldiciones de parte de Dios son las dirigidas contra: la serpiente (vea Génesis 3:14), la tierra (vea Génesis 3:17-19), Caín (Génesis 4:11-12), quienes cometen ciertos pecados (Deuteronomio 27: 15-26; 28:15-68), quienes engañan a Dios (Malaquías 1:14; 2:2; 3:9), quien cuelga de un madero (vea Deuteronomio 21:23; Gálatas 3:13), quienes se burlaron de Eliseo (vea 2 Reyes 2:23-24), cualquiera que reconstruya Jericó (Josué 6:26), y una higuera (Mateo 21: 18-19). Como cristianos, tenemos el poder de Dios para respaldar las maldiciones. Debemos tener cuidado con nuestras palabras para no invocar ese poder de forma equivocada. Nuestro deber es bendecir, no maldecir (vea Romanos 12:14; Lucas 6:28). Tenemos el poder de Dios para hacer cualquiera de las dos cosas.

Como mencionamos antes, los demonios parecen "engancharse" a las maldiciones dirigidas contra los antepasados de las personas. En una ocasión, un líder cristiano reconocido, descendiente de una familia judía, me describió la renovación total que ocurrió en su vida cuando fue liberado de un espíritu que se había aferrado a la maldición que los judíos pusieron sobre sí mismos cuando Jesús fue crucificado: "Su sangre [su muerte] sea sobre nosotros, y sobre nuestros hijos" (Mateo 27:25). En una mujer de procedencia francesa, descubrí un espíritu de arrogancia relacionado con una maldición o dedicación al orgullo cultural francés. Mi colega Christy Varney ministró a una mujer que provenía de siete generaciones de mujeres con problemas físicos. Luego de romper esa maldición y de ser libre de ese espíritu, dio a luz a una niña completamente sana.

Más allá de la forma en que los demonios hayan entrado, permítame señalar una vez más que la gran mayoría de los cristianos demonizados que he ministrado, estaban en esa condición antes de aceptar a Cristo.

Aunque un cristiano puede, sin lugar a dudas, ser demonizado, he ministrado muy pocos casos en los que la invasión no estuviera relacionada con actitudes y comportamientos previos a la conversión.

LO QUE IMPLICA LIBERAR A LAS PERSONAS

Durante mis primeras experiencias dentro del ministerio de oración, aprendí algunos conceptos básicos muy importantes que se aplican a todo el ministerio de oración, incluida la liberación. Los recomiendo enfáticamente.

1. *El objetivo de nuestro ministerio son las personas, no los demonios ni las técnicas, ni siquiera la sanidad.* Dios ama a las *personas*. Él quiere liberar a las *personas*. Es en las *personas* donde se libra la batalla entre Dios y Satanás. Nuestra tarea es ministrar a las *personas*.

2. *Nuestro objetivo es liberar a las personas en los niveles más profundos.* Nuestro mandato, al igual que el de Jesús (ver Lucas 4:18-19), es liberar a los prisioneros de cualquier problema que el Enemigo esté utilizando para herirlos y atormentarlos. Si es sólo un problema físico, entonces trataremos con eso solamente. Sin embargo, los problemas físicos suelen estar ligados a algo más profundo, por lo general en el área emocional. Nuestra tarea es descubrir el problema de fondo e invocar el poder del Espíritu Santo para que envíe la sanidad que Dios desea dar.

3. *La persona es un todo estrechamente interconectado.* En nuestro mundo occidental abordamos la sanidad según el área afectada, y esto no está dando resultados. Consultamos al médico por problemas físicos, pero muchas veces no obtenemos la cura porque no se ataca el problema de fondo. Acudimos al psicólogo por dificultades emocionales y no sanamos porque se ignoran los factores espirituales. Para colaborar con Dios de forma efectiva y llevar una sanidad completa, necesitamos tener una visión global frente a las personas heridas, y trabajar con ellas de forma integral, y no sólo en un área.

4. *No suponga jamás que el problema es sólo físico, emocional, espiritual, o demoníaco.* La mayoría de las personas que ministramos están sufriendo en muchas de estas áreas, si no todas. Una persona puede consultarnos porque tiene fuertes dolores de cabeza y otros problemas físicos, pero pronto confesará que se odia a sí misma, que está enojada con sus padres y su esposo y es severa con ellos (problemas emocionales). También siente una profunda culpa por ciertas cosas de su vida, y no puede perdonar a quienes la han herido (problemas espirituales). Además, puede estar viviendo bajo la influencia de espíritus de muerte, odio, rechazo, culpa, control y muchos más.

5. *Si hay demonios, están adheridos a algo dentro de la persona.* Los demonios no pueden vivir en una persona sin algo que los "alimente". En la persona siempre habrá algo que le da "derecho" al demonio a estar allí. *Los demonios son como las ratas que buscan la basura.* Los demonios suelen adherirse a problemas emocionales o espirituales. Lograr que una persona demonizada se sane implica, por lo tanto, tratar con la "basura" emocional o espiritual primero, y sólo después echar a los demonios. Los demonios son un problema secundario, jamás el problema principal. Vemos que la mayoría de las personas que participan en el ministerio de liberación no se dan cuenta de esto, en especial en sus comienzos. Suelen enfocarse en deshacerse de los demonios cuanto antes. Sin embargo, si logran despedir a los demonios sin haber sanado las heridas emocionales o espirituales, existen grandes posibilidades de que estos regresen. Pueden reclamar su derecho legal de alimentarse de la basura, porque aún se encuentra allí. Cuando echamos a los demonios, deseamos que se queden afuera, así que intentamos asegurarnos de que la basura también haya desaparecido.

Por lo tanto, consideraremos que la liberación de demonios es una subcategoría de lo que muchos llaman "sanidad interior", o lo que a mí me gusta llamar "sanidad de profundo nivel".

4

NUESTRO PODER Y AUTORIDAD ¿SABEMOS QUIÉNES SOMOS?

Cuando yo era joven, mi papá trabaja como policía medio tiempo, además de tener su trabajo de tiempo completo. Él usaba uniforme, desde luego. A veces nos llevaba a mi hermano menor y a mí a diferentes lugares cuando estaba uniformado. Siempre que andábamos con él éramos objeto de privilegios especiales. Recuerdo que cuando yo tenía unos siete u ocho años, nos llevó a la feria del pueblo. Como mi papá estaba de uniforme, ¡no tuvimos que pagar para entrar! Al llegar al puesto de helados escuché: "Buenas tardes, Señor Kraft. ¿Cómo se encuentra hoy? Oh, ¿éstos son sus niños?". Papá nos presentó orgulloso. "Sí, este es Charlie y este es Bobby".

Las siguientes palabras fueron: "Niños, ¿les gustarían unos helados?". Respondimos como era de esperarse, por supuesto. Una vez más, papá no tuvo que pagar… por los helados ni por ninguna otra de las golosinas que recibimos. Estar con papá cuando usaba ese uniforme nos hacía sentir verdaderamente especiales. Teníamos privilegios que nadie más tenía. ¡Ser hijo de un policía era genial!

Sin embargo, yo tenía un problema. Fuera de estos momentos, no sentía que mi papá me prestara mucha atención. Yo no comprendía que eran tiempos difíciles, que si él no trabajaba muchas horas y encontraba la forma de fortalecer su auto imagen, no sobreviviríamos. Todo lo que yo sabía era que me sentía abandonado e imposibilitado de relacionarme con este padre a quien tanto admiraba. Esto me hacía sentir que yo no tenía valor alguno, y me empujaba a lograr cosas para atraer su atención y quizás ganarme su admiración.

Estos sentimientos crecieron hasta transformarse en ira contra mí mismo y me llevaron a rechazarme. No me gustaba mi imagen, mis pensamientos, mis emociones, mi nombre ("Charlie"). Sentía que no tenía "suerte" y desarrollé un temperamento terrible, probablemente arraigado en mi enojo hacia mí mismo y en mi situación. Incluso intenté escaparme de casa, sintiendo que, de todas maneras, a nadie le importaba. Continuamente deseaba ser alguien diferente.

Incluso luego de aceptar a Cristo cuando tenía doce años, mi lucha continuaba. Estaba feliz de poder ir al cielo, pero terriblemente decepcionado de no estar experimentando más de la novedad de vida prometida en 2 Corintios 5:17. Persistían los mismos hábitos: el mismo odio contra mí mismo, el mismo deseo de ser alguien más, la misma incapacidad de hablar con mi papá y con otras personas en autoridad. Aún me consideraba desafortunado. Parecía que a los demás les sucedían más cosas buenas que a mí. Me sentía como Charlie Brown: "¡Si algo bueno me sucede, debe ser un error!".

Me identificaba y asimilaba de inmediato todo lo que leía y oía con respecto a la pecaminosidad humana. Todo eso tenía sentido para mí. Pero no podía identificarme con los versos de las Escrituras que dicen lo especial que es cada persona para Dios. Esos versículos debían ser para alguien más. Yo no sabía, ni me permitía oír quien era y quien soy en realidad a los ojos de Dios. Cuando fui consciente de estas verdades, comencé a discutir con Dios y a decirle cosas como: "Si en realidad me conocieras, no me aceptarías como soy". Sencillamente no podía aceptar la opinión que Dios tenía de mí.

Pero lo que Dios dice es esto:

Mirad cuál amor nos ha dado el Padre, para que seamos llamados hijos de Dios (1 Juan 3:1).

Porque todos los que son guiados por el Espíritu de Dios, éstos son hijos de Dios. Pues no habéis recibido el espíritu de esclavitud para estar otra vez en temor, sino que habéis recibido el espíritu de adopción, por el cual clamamos: ¡Abba, Padre! El Espíritu mismo da testimonio a nuestro espíritu, de que somos hijos de Dios. Y si hijos, también herederos; herederos de Dios y coherederos con Cristo (Romanos 8:14-17).

Y por cuanto sois hijos, Dios envió a vuestros corazones el Espíritu de su Hijo, el cual clama: ¡Abba, Padre! Así que ya no eres esclavo, sino hijo; y si hijo, también heredero de Dios por medio de Cristo (Gálatas 4:6-7).

Estos versículos nos aseguran que somos *especiales* para Dios. A mí me ha tomado un largo tiempo aceptar que esto es verdad y dejar de discutir con Dios respecto a quien soy. Podemos confiar en su Palabra y en su trato hacia nosotros. Así que, ahora quisiera preguntarle a aquellos cristianos desanimados: "¿Sabe quién es usted realmente?" Por lo general respondemos cosas como: "soy un cristiano", "un creyente" o "un redimido". Desde luego que esas respuestas son correctas. Y muy valiosas todas ellas. Pero, para mí, la declaración más valiosa que podemos hacer respecto a nuestra relación con Dios es que él nos ha adoptado como sus *hijos*, sus propios hijos e hijas.

Fuimos creados a imagen de Dios, y eso es algo que no se puede decir de ningún otro ser. Luego, cuando caímos, Dios nos redimió, nos perdonó y cambió nuestra naturaleza pecaminosa de tal manera que "la simiente de Dios permanece en [nosotros]; y no podemos pecar, porque [somos] nacidos de Dios. (1 Juan 3:9).

Esta posición nos dota entonces tanto de la autoridad como de la herencia que le pertenece a los miembros de la familia de Dios. *Piense en esto:*

¡Hemos sido adoptados dentro de la misma familia del Rey de todo el universo! Él usa un uniforme especial y tiene privilegios donde sea que vaya, y nosotros, sus hijos, disfrutamos de todos esos privilegios.

¡A SATANÁS NO LE AGRADA PARA NADA!

Nuestro Enemigo se opone a que descubramos quienes somos. De hecho, siente que nosotros y la posición que Dios nos ha dado son una gran amenaza para él. Y ya que su mayor preocupación es mejorar su posición en el universo, podemos esperar que esté celoso de nosotros. Porque nosotros, y no él, estamos en segundo lugar en el universo. Sólo nosotros (no él, ni ninguna otra criatura) fuimos creados a imagen de Dios. Y, aunque tanto Satanás como los humanos se rebelaron, sólo los humanos fueron redimidos de su rebelión. ¿Acaso se le ofreció redención a Satanás y a sus seguidores? No lo sabemos. Si tal oferta existió, el reino de Satanás la rechazó.

Lo que sí sabemos es que todo ser humano que confía en Jesucristo recibe la restauración de su relación con Dios para la cual fue creado. Una vez más somos hechos miembros de la familia de Dios. Esto hace que nuestro Enemigo se sienta celoso y ansioso y dispuestos a hacer todo lo posible por evitar que los creyentes descubran quienes son en realidad. Él no quiere que descubramos quien es Dios. Pero, de la misma manera, le aterra que descubramos *quienes somos nosotros*. Él está celoso de la atención que Dios derrama sobre sus hijos, y de la posición que les da. Los seres satánicos contraatacan detectando nuestras debilidades y aprovechándolas al máximo, en especial en aquellas áreas donde Dios nos ha dado algo que ellos no tienen.

Satanás apunta principalmente a las características divinas que Dios ha formado en nosotros. Por ejemplo, sólo nosotros somos hechos a imagen de Dios. Por eso Satanás se esfuerza tanto por arruinar nuestra auto imagen. Para eso ataca nuestra sexualidad. Sólo nosotros, y Dios, podemos relacionarnos con otros en un nivel espiritual profundo. Así que Satanás ataca las relaciones humanas especialmente entre los miembros de la familia, pero también en toda relación cercana que sea vulnerable.

Lleno de celos por el hecho de que Dios ha redimido a los humanos, Satanás intenta oscurecer las mentes de las personas para evitar que respondan a las buenas nuevas de la redención de Dios (ver 2 Corintios 4:4). Si tiene éxito, puede continuar viviendo en el espíritu (el núcleo central) de las personas que ha engañado. Este es el estado o condición que Dios llamó muerte en Génesis 2:17, cuando Dios dijo: "Mas del árbol de la ciencia del bien y del mal no comerás; porque el día que de él comieres, ciertamente morirás". Sin embargo, si la persona se entrega a Jesús, él viene a vivir en su espíritu, desaloja a todo demonio y evita, o al menos disminuye en gran medida, la actividad del enemigo allí.

Pero Satanás no se rinde. Continúa haciendo todo lo posible por evitar que el pueblo de Dios alcance las riquezas de su herencia. Así como sucedió conmigo, al Enemigo le encanta hacer que asociemos los sentimientos de rechazo con el reconocimiento de nuestra pecaminosidad, para que rechacemos, ignoremos o no estemos de acuerdo con que somos aceptados por Dios. Desde luego, los ángeles de las tinieblas, de Satanás, trabajan sin descanso para que pequemos. Si seguimos sus provocaciones y caemos, no darán tregua aun después de haber confesado nuestro pecado. En ese momento, su tarea es evitar que nos sintamos perdonados. Ya que si logran evitar que aceptemos el perdón de Dios, estaremos tan agobiados por la culpa que nuestro desempeño decaerá.

Aparentemente, el Enemigo es capaz de poner pensamientos en nuestra mente, en especial dudas respecto a nuestra condición frente a Dios, y razonamientos respecto a su trato con nosotros. Es tan frecuente que oigamos pensamientos como: "El perdón no puede ser tan sencillo", o "Eso no sería justo de parte de Dios", y "¿Quién crees que eres para pensar que Dios te perdonará después de lo que has hecho?". Satanás es el autor de la "teología del gusano", en la que nos vemos como gusanos incluso luego de ser salvos.

Hemos descubierto que Satanás trabaja activamente en especial en el área emocional del ser humano. Tal vez esto tiene que ver con nuestra cultura, debido a que nuestra sociedad es dura con las personas, especialmente a nivel emocional. Sin embargo, creo que en todo el mundo las emociones humanas son particularmente susceptibles a los ataques satánicos, porque guardar emociones negativas nos lleva rápidamente a pecar. Por ejemplo, cuando alguien resulta lastimado, su reacción natural es enojarse. Pero si no se elimina ese enojo, se convierte en pecado. Por eso Efesios 4:26-27 nos manda deshacernos del enojo antes de que eso suceda: "Airaos, pero no pequéis; no se ponga el sol sobre vuestro enojo ni deis lugar al diablo". De la misma manera debemos quitarnos "toda amargura, enojo, ira, gritería y maledicencia, y toda malicia", y mostrar, en cambio, bondad y compasión "unos con otros, misericordiosos, perdonándoos unos a otros, como Dios también os perdonó a vosotros en Cristo" (Efesios 4:31-32). Además, las Escrituras nos advierten que no nos revolquemos en el miedo (vea Isaías 41:10, y muchos otros pasajes), la preocupación (vea Filipenses 4:6), la lujuria (vea Mateo 5:28) y otras emociones negativas, porque si nos revolcamos en cualquiera de ellas, Satanás recibe el derecho legal de entrar y morar en nosotros.

Satanás, nuestro Enemigo, tiene buenas razones, y diversas tácticas, para evitar que descubramos quienes somos en Cristo y cómo debe ser nuestra relación con él. Satanás sabe que *con el Espíritu Santo en nosotros, tenemos un poder infinitamente mayor que el de él.* La pregunta es: ¿Sabemos quiénes somos y el poder que Dios nos ha dado para batallar?

Si somos hijos del Rey de los cielos y de la tierra, ¡sin duda somos mucho más de lo que nuestra sociedad o nuestras iglesias nos hacen creer! Muchos de nosotros sencillamente no creemos, allá en lo profundo de nuestro ser, que tangamos algo así como el estatus que Dios nos confirió. La baja autoestima, la falta de una buena figura paterna y las muchas inseguridades no impiden darnos cuenta de la increíble herencia que nuestro Padre nos ha dado. Como parte de nuestra herencia, algún día podremos juzgar a los ángeles (vea 1 Corintios 6:3) y podemos echar fuera de las personas a algunos de los ángeles de las tinieblas, aquí y ahora.

A los hijos e hijas de los reyes se les llama *príncipes* y *princesas*. Y eso somos. Cada cristiano es un príncipe o una princesa del Rey Altísimo, Jesús. ¿Solemos caminar con nuestras cabezas agachadas? La realeza no camina de esa manera, ni siquiera en territorio enemigo. Nuestro Padre es dueño de la tierra, a pesar de que esté, momentáneamente, bajo el gobierno de un intruso (vea 1 Juan 5:19). Por lo tanto, podemos caminar con la frente en alto, seguros de quién es nuestro Padre y de quiénes somos nosotros.

¡SI TAN SÓLO SUPIÉRAMOS CUÁNTO PODER TENEMOS!

Un amigo mío tuvo una conversación con una mujer que acababa de salir del ocultismo y se había convertido al cristianismo. Mientras servía a Satanás, ella podía "ver" cuánto poder espiritual llevaba consigo cada persona. Según ella, todas las personas llevan una cantidad de poder espiritual, pero la diferencia de poder entre los cristianos y el resto de las personas es asombrosa. De hecho, ella podía reconocer a un cristiano dentro de un grupo de forma inmediata, incluso a gran distancia, al notar la cantidad de poder espiritual que esa persona cargaba. Ahora sabe que la razón de tal diferencia es la presencia del Espíritu Santo en el creyente.

Sin embargo, ella y su grupo ocultista no sentían temor alguno de la mayoría de los cristianos, aunque sabían que los creyentes eran mucho más poderosos que ellos. Esto se debía a que los cristianos no tenían idea alguna de cómo utilizar el poder que tenían. Si bien ese poder (es decir, el Espíritu Santo, quien es la fuente de nuestro poder) les proporcionaba gran protección contra el poder del mal, no sabían cómo utilizarlo para pasar a la ofensiva en la guerra espiritual.

El grupo ocultista descubrió, sin embargo, que algunos cristianos sí sabían cómo utilizar su poder. Los servidores de Satanás aprendieron a mantenerse alejados de ellos, porque podían ser una gran amenaza. Los adivinadores, los sanadores ocultistas y otros que funcionan bajo el poder de Satanás notan, por ejemplo, que cuando los cristianos están cerca, no pueden obrar con libertad. Un misionero amigo mío entró en una catedral de Méjico donde había varios curanderos trabajando y se sentó a orar contra una de las curanderas. Mientras estaba sentado orando, la curandera lo miró varias veces, luego recogió su parafernalia y se marchó con su cliente. Las oraciones del misionero habían cancelado la habilidad de la curandera para llevar a cabo sus trabajos. *¡Qué diferente sería todo para muchos cristianos si tan sólo se dieran cuenta de cuánto poder tienen!*

Esta clase de historias reales sin duda amplían la visión de los cristianos occidentales. Entonces, la pregunta es: ¿cómo afecta nuestra vida y ministerio el hecho de que la autoridad espiritual que tenemos como cristianos es sorprendente? La Biblia tiene mucho que decir sobre la autoridad espiritual. Veamos más de cerca las Escrituras para comprender mejor cuál es nuestra posición en este aspecto.

AUTORIDAD ESPIRITUAL

Habiendo reunido a sus doce discípulos, les dio poder y autoridad sobre todos los demonios, y para sanar enfermedades. Y los envió a predicar el reino de Dios, y a sanar a los enfermos (Lucas 9:1-2).

Y Jesús se acercó y les habló diciendo: Toda potestad me es dada en el cielo y en la tierra. Por tanto, id, y haced discípulos a todas las naciones, bautizándolos en el nombre del Padre, y del Hijo, y el Espíritu Santo; enseñándoles *que guarden todas las cosas que os he mandado*; y he aquí yo estoy con vosotros todos los días, hasta el fin del mundo (Mateo 28:18-20, énfasis añadido).

El que en mí cree, las obras que yo hago, él las hará también; y aun mayores hará, porque yo voy al Padre (Juan 14:12).

El estudio de los Evangelios revela que Jesús no sólo habló del Reino de Dios, sino que también demostró que ya estaba presente en la tierra. Como Jesús indicó, el hecho de que expulsara los demonios demuestra que "ciertamente el reino de Dios ha llegado a vosotros" (Lucas 11:20). Él dejó en claro repetidas veces que obraba bajo la autoridad espiritual con que Dios le había ungido. Más de la mitad del Evangelio de Marcos está dedicado a las demostraciones que Jesús hizo de esta autoridad a través de sanidades y liberaciones de demonios.

Sin embargo, aclaró que esa autoridad no estaba limitada a sí mismo. Durante su ministerio en la tierra, Jesús dio a sus apóstoles y a los 70 "poder y autoridad sobre todos los demonios (ver Lucas 9 y 10), y para sanar enfermedades" (Lucas 9:1). Con este poder y autoridad, habían de sanar a los enfermos y comunicar que "se ha acercado a vosotros el reino de Dios" (Lucas 10:9). Lo que Jesús buscaba era que sus seguidores imitaran su modo de testificar, que acompañaran las palabras con poder (vea Hechos 1:8).

De las palabras de Jesús en Mateo 28:20 aprendemos que él esperaba que sus discípulos les enseñaran a sus seguidores lo que él les había enseñado a ellos. Debían enseñarles que *"guarden todas las cosas que os he mandado"* (énfasis añadido). Tal enseñanza debía incluir la realización de señales y maravillas. Esto se ve con claridad en la promesa de Juan 14:12 que dice que haremos las cosas que él hizo, ¡y aún mayores!

Yo tuve mis propias luchas con respecto al tema de la autoridad espiritual. Después de todo, ¿quién era yo para pensar que podía realizar las obras de Jesús? Estaba convencido que tenía demasiados pecados y que carecía de las aptitudes necesarias para creer lo que acabo de escribir. Sin embargo, todo lo que mi mentor me dijo fue: "Inténtalo y mira qué sucede". Lo que sucedió fue que yo (y cada uno de los que se sentaban conmigo a recibir las enseñanzas de John

Wimber a comienzos de 1982) descubrimos que *cuando asumimos que Jesús nos lo decía a nosotros y nos enviaba a "hacer las obras", ocurrían cosas asombrosas.*

Mientras más estudiaba las Escrituras desde este punto de vista y mientras más lo experimentaba, más me convencía de que Jesús quería que nosotros ejerciéramos la misma autoridad espiritual que les dio a sus discípulos, y con el mismo propósito. Jesús vino a vencer a Satanás tanto a lo largo de su vida como a través de la cruz y la resurrección. Una y otra vez en las Escrituras lo vemos ejerciendo su autoridad espiritual sobre el Enemigo. Luego dice a sus discípulos, y a nosotros: "Como me envió el Padre, así también yo os envío" (Juan 20:21). Y lo dice con la promesa explícita de que todo aquel que tiene fe en él hará las cosas que él hizo y cosas aún mayores (ver Juan 14:12).

OBSTÁCULOS PARA PRÍNCIPES Y PRINCESAS

Oro para que sepan cuál es "la supereminente grandeza de su poder para con nosotros los que creemos, según la operación del poder de su fuerza, la cual operó en Cristo, resucitándole de los muertos y sentándole a su diestra en los lugares celestiales" (Efesios 1:19-20).

Nosotros somos hijos amados de Dios, príncipes y princesas de su reino. Como acabamos de aprender, parte de nuestra herencia como sus hijos es un poder increíblemente grande: el mismo poder que levantó a Cristo de los muertos. Este poder en el interior de cada uno de los hijos de Dios es superior al poder de todo el reino de Satanás junto.

Entonces, ¿por qué tantos cristianos tenemos problemas para creer en la autoridad espiritual que Dios nos ha dado? ¿Y por qué vamos aun más allá y cuestionamos si somos hijos amados de Dios? Quizás usted esté luchando en este mismo momento con lo que estoy diciendo sobre su herencia y autoridad como hijo de Dios. Le encantaría creer que es un príncipe o una princesa, pero en lo profundo de su ser se pregunta si eso es verdad. *¡Lo es!* El Enemigo, sin embargo, está empeñado en evitar que conozca quién es usted, y que se apropie de la autoridad y el poder que es suyo por ser quien es.

Como resultado de mis propias luchas por aceptar quien soy en Cristo, comencé a enseñar acerca de esto en mi clase de escuela dominical. Utilicé un libro que recomiendo mucho para todo aquel que lucha porque tiene baja autoestima y se siente incapaz. Se llama *Victory Over the Darknes* [Victoria Sobre la Oscuridad], de Neil Anderson. Varios miembros de mi clase mencionaron cambios emocionantes que ocurrieron en su vida al poner en práctica las verdades bíblicas que Anderson presenta en su libro.

Permítame afirmarle esta verdad: como cristiano, usted es un hijo amado de Dios y heredero de su poder y autoridad. Pero es posible que haya obstáculos en su camino, como los había en el mío. Permítame referirme a algunos de esos obstáculos más comunes, y qué hacer con ellos.

1. *Quizás no está experimentando la libertad en Cristo.* Es difícil que se apropie de las riquezas de su herencia en Cristo, incluyendo la autoridad y el poder que él le ha dado, si no experimenta la verdadera libertad en su vida. Como dice Pablo: "En Cristo tenemos libertad. ¡Él nos hizo libres!" (Gálatas 5:1). Sin embrago, el hecho es que muchos cristianos no son libres. Quizás entregaron su vida a Cristo e incluso Dios les usa en el ministerio, pero en su interior sienten que vivir y trabajar para Jesús implica una lucha constante con ciertos problemas que parece que nunca desaparecerán por completo.

Es probable que haya problemas emocionales ("basura") como resultado de su reacción a las heridas que ha experimentado, por lo general, durante la niñez y la adolescencia. Cuando nos hieren, solemos reaccionar con enojo, resentimiento, temor o emociones negativas similares. Estas reacciones no son inapropiadas, dado el hecho de que alguien hizo o dijo algo que nos lastimó. Sin embargo, el problema surge cuando nos aferramos a estas emociones. Jesús no nos niega el derecho a tener estos sentimientos. Él mismo mostró enojo en varias ocasiones. Pero no permitió que esas emociones le llevaran a pecar, porque no se aferró a ellas. En cambio, las entregó al Padre antes de que el día concluyese, para no darle la oportunidad al diablo (vea Efesios 4:26-27) de encontrar algún modo de ganar dominio sobre él (Juan 14:30).

Lamentablemente, muchos de nosotros no hemos aprendido lo que yo llamo (y por favor perdone la analogía) la ley de la "excreción espiritual". En nuestro cuerpo tenemos un sistema excretor que se ocupa de que el material que no puede ser utilizado o que pudiera dañarnos se elimine en forma periódica. Si por alguna razón ese sistema se bloquea o no funciona de forma apropiada, el material en nuestro interior nos intoxica. Lo mismo parece suceder en el ámbito espiritual y emocional, con la excepción de que debemos controlar la excreción espiritual y emocional a través de la acción de nuestra voluntad. Este proceso, a diferencia del proceso físico, no ocurre de forma automática.

Así como experimentamos una sensación de alivio luego de la eliminación corporal, sentimos paz o descanso luego de la eliminación espiritual. El proceso implica, sencillamente, renunciar a nuestro derecho al enojo, a la amargura, a la venganza y a emociones semejantes, y entregar nuestros sentimientos a Jesús. Al hacerlo, permitimos que él cargue con nuestros pesados yugos y que nos haga justicia (vea Romanos 12:17-21). Creo que a esto se refiere Jesús cuando dice: "Venid a mí todos los que estáis trabajados y cargados, y yo os haré descansar. Llevad mi yugo sobre vosotros, y aprended de mí, que soy manso y humilde de corazón; y hallaréis descanso para vuestras almas; porque mi yugo es fácil, y ligera mi carga" (Mateo 11: 28-30).

Aquí hay mucho en juego, tanto para usted como para los planes que Dios tiene para usted. Si permite que el Enemigo lo mantenga dominado (vea Juan 14:30), en efecto, usted será un *prisionero de guerra* en la batalla cósmica entre el reino de Dios y el de Satanás; un prisionero que habrán desarmado para que sus armas no le sirvan, ni tampoco la autoridad ni el poder que Jesús le ha dado. Estará encerrado en una prisión sin saber que Jesús ya hizo posible que usted liberado de aquellas cosas que Satanás ha utilizado para atarle.

El hecho de que muchos creyentes no saben lo que es ser libres, se me hizo evidente al ver las reacciones de muchas personas luego de ser liberadas de los demonios. Comentaron que sentían una sensación muy extraña. Si bien es común que una persona se sienta libre y aliviada, un hombre, a quien llamaré Art, exclamó: "¡Me siento raro!" Art se relajó en aquel sillón donde estaba sentado; en su rostro había una mirada extraña. Parece que hubiera leído mis pensamientos, que en ese momento eran algo así como: "*Oh, no, aún nos queda trabajo por hacer*". Pero se adelantó para explicar que hacía más de 18 años que no sentía la "sensación de libertad", y que ya había olvidado cómo era. Ahora, al experimentar esa libertad que fluía en él, sólo deseaba sentarse un momento y disfrutarla. Me encontré con Art unos años más tarde y me contó que la "sensación de libertad" nunca más lo abandonó.

Otro caso fue el de una misionera a quien llamaré Yuly, quien ni siquiera reconocía la sensación de libertad. Ella había crecido con un padre alcohólico y era la hija mayor de la familia. Desde temprana edad la obligaron a tomar grandes responsabilidades en su casa. Durante ese proceso, la invadió un demonio de control muy fuerte. Cuando la conocí en el país donde ella y su esposo servían como misioneros, hacía casi un año que estaba con una depresión tan profunda que por poco la incapacita. Cuando finalmente recibió libertad de ese gran demonio de control y del demonio de depresión (y de varios más), era obvio que algo había cambiado. Como jamás había tenido la sensación de libertad, no sabía cómo interpretar ese cambio. ¡Pensó que había entrado en depresión otra vez! Algunos de sus compañeros de trabajo le ayudaron a comprender lo que había sucedido, y ahora, varios años después, Yuly continúa "volando".

No todos los que tienen basura emocional o espiritual en su interior están demonizados. Pero incluso el problema de la demonización es secundario. Lo importante es deshacerse de la basura. Si ha estado experimentando falta de libertad en su vida emocional o espiritual, debería buscar algún ministerio de los que llamamos de "sanidad interior" o de "consejería pastoral" o de "sanidad de los recuerdos". En el capítulo 7 explicaré en mayor profundidad qué es el ministerio de sanidad interior. Como parte de ese ministerio, he comprobado que si aparece algún demonio, podemos ahuyentarlo y ordenarle que se vaya. ¡Y así podemos ser totalmente libres!

2. Tal vez tiene un problema con la imagen que tiene de sí mismo. Como mencionamos antes, el Enemigo ataca en especial el área de nuestra autoestima. Hay varios aspectos de las sociedades occidentales que le facilitan el trabajo. El individualismo y la competitividad nos aíslan de las relaciones con los demás. Nos enseñan a definirnos mediante la comparación con los demás según lo que hacemos, cómo nos vemos, cuán aceptados nos sentimos, y cuántas cosas logramos, en lugar de definirnos en términos de quiénes somos. Nuestros parámetros comunes de comparación con los demás suelen basarse en cosas tan efímeras como las posesiones, la belleza física (en especial en las mujeres), la cantidad de amistades (superficiales, en general), y la capacidad para asimilar y repetir de forma mecánica información que suele ser irrelevante.

En todo esto, las oportunidades de descubrir y centrarnos en las áreas en las que fallamos, si nos comparamos con los demás, son enormes. Muchos de nosotros vivimos día a día sin alcanzar los estándares, por eso no podemos aceptarnos ni creer que Dios o los demás puedan aceptarnos tampoco. Aparentemente no sabemos que nuestros estándares son inalcanzables y que los estándares de Dios son muy diferentes: Dios nos ama por lo que somos, es decir, seres redimidos y justificados a través de Jesús; no por lo que nosotros hacemos, sino por lo que él ha hecho por nosotros.

No hay duda que queremos creer que Dios nos ama. Queremos tomar nuestra posición como príncipe o princesa en su reino. Queremos creer en el tremendo poder disponible para nosotros, sus hijos.

Pero la auto-condenación no nos permite aceptar la herencia que nos corresponde por derecho.

Personalmente, he luchado mucho con este problema. Durante años tuve una "cinta negativa" en mi cabeza que reproducía las mentiras del Enemigo de forma continua. Él me decía cosas como: "No puedes aceptarte, no sirves para nada"; "Eres un pecador bueno para nada, destinado al fracaso; y siempre lo serás"; "Carga tu culpa, tus pecados son tan grandes que ni siquiera Dios puede perdonarlos"; "¿Ves lo indigno e inepto que eres? Siempre arruinas todo"; "Preocúpate por lo que los demás piensan de ti"; "Ten miedo de volver a fallar"; y así sucesivamente. En resumen, esos mensajes me decían que yo era inaceptable y que no merecía ser lo que Dios me había llamado a ser cuando me adoptó: un príncipe.

Pero ahora, Jesús me está reprogramando y me está enseñando a recibir su aceptación y su amor, porque pude abrirme a la verdad de Dios y utilizar su poder sanador. La cinta que él reproduce en mi mente expresa mensajes muy diferentes, mensajes que son verdaderos. Me dice: "Porque te acepto como eres, tú también puedes aceptarte";

"Te amo y te acepto por lo que eres, no por lo que haces"; "Eres perdonado, ya no necesitas sentirte culpable"; "Yo te escogí, no discutas mi elección"; "Yo te hice digno y competente"; "Jamás te dejaré ni te abandonaré"; "No temas, echa todas tus preocupaciones sobre mí, porque yo me ocupo de ti"; y cosas semejantes. Aún estoy tratando de ordenar estas ideas y revisar mis hábitos. De hecho, ahora mismo, mientras me recuerdo estas verdades, no puedo contener las lágrimas de gozo (con matices de escepticismo) porque *el Rey del universo piensa en mí lo suficiente como para otorgarme mucho más amor y aceptación de los que suelo otorgarme yo mismo.*

Dios desea que usted pueda oír que le dice las mismas cosas. Su deseo es que comprenda de forma verdadera y profunda en su interior el amor que tiene por usted y el lugar que le dio en su reino.

En su libro *The Seven Gifts* (Los siete dones), Bernard Kelly emplea una analogía poderosa que nos ayuda a comprender las dificultades que tiene el cristiano para aceptar su herencia. Kelly compara esa lucha con la de un niño pobre que es adoptado por una familia de la realeza. En un principio, el niño se regocija de haber salido de la miseria y haberse mudado a un palacio. El rey, su nuevo padre, le dice al niño pobre que ya no tiene por qué vivir en las calles oscuras y violentas donde vivía antes. Más aún, el rey le dice que, como hijo adoptado, ahora todos los tesoros de la familia real le pertenecen. A pesar de esta feliz herencia, el niño recuerda la forma en que la gente de los barrios bajos lo trataba y los abusos que sufría. Algo en su interior grita: "¡No puede ser cierto!"

Lamentablemente, este pobre niño trajo consigo mucho "bagaje de miseria" al palacio. La familia real pudo sacarlo de la pobreza, pero sacar la pobreza de su interior es un asunto totalmente diferente. Afortunadamente, sus nuevos y amorosos padres comprenden esto, le toman de la mano, y le enseñan a confiar en el amor incondicional que le tienen. Con mucho cariño y paciencia le ayudarán hasta que logre reconocer y aceptar por completo su nueva vida y herencia. [1]

Muchos cristianos reaccionan igual que el niño pobre, ¡a pesar de haber recibido una nueva vida y herencia como hijos del Rey Altísimo!, como el niño pobre ellos también traen su bagaje de dolores y heridas. Tienen cintas en su interior que gritan: "¡No puede ser cierto!". Es en ese punto en que necesitamos extender nuestra mano al Espíritu Santo y buscar sanidad para las heridas que nos impiden aceptar la herencia que es nuestro derecho. Jesús desea que todos nuestros obstáculos desaparezcan: el odio hacia uno mismo, la baja autoestima, los temores, el sentirnos indignos. Quiere ayudarnos a avanzar y reclamar nuestra posición legal como hijos de Dios.

Una técnica que ha sido muy útil para mí y para aquellos a quienes se la he recomendado es trabajar con un espejo. Comencé a aplicarla en mi vida hace varios años, y descubrí que no es nada fácil, pero es muy eficaz. Me miraba al espejo y me decía: "Te amo". ¡Al principio debía guiñar el ojo para decirlo! Luego logré decirlo sin guiñar. Un día, después de muchos años, me miré al espejo y pude decir: "¡Me agradas!" El tratamiento del espejo es muy difícil, pero bastante eficaz para cambiar un hábito negativo por uno positivo.

La sanidad interior y la libertad que trae son posibles a través de la ministración poderosa de Dios hacia usted. Si no puede acceder a ningún ministerio de sanidad interior, intente leer y seguir los pasos que presentan autores como David Seamands (*Healing for Damaged Emotions* [Sanidad para las Emociones Lastimadas], *Healing of Memories* [Sanidad de los Recuerdos] *Healing Grace* [Gracia Sanadora], John y Paula Sandford (*Transforming the Inner Man* [Cómo Transformar el Hombre Interior], *God's Power to Change* [El Poder de Dios para Cambiar], o puede escuchar mis grabaciones (disponibles a través de Hearts Set Free Ministries; vea la bibliografía). Además, tómese tiempo para sentarse con el Espíritu Santo y pedirle que traiga a memoria las situaciones en las que su auto imagen se vio afectada. Pídale que le muestre a Jesús presente en cada una de esas situaciones y permita que el Señor le ministre. A medida que le ministre, acepte su verdadera relación con él y agradézcale por lo que usted es. Entre esos momentos íntimos con Jesús, afirme una y otra vez las verdades de las Escrituras con respecto a su identidad, para rechazar y vencer los ataques del Enemigo contra su mente y sus emociones.

3. *Quizás no tenga una imagen correcta de Dios.* Satanás no quiere que comprendamos quién es Dios ni lo que implica esa verdad. El Enemigo está especialmente ansioso por impedir que descubramos lo que Dios quiere ser para nosotros. Él quiere ser nuestro Padre, en el sentido más amplio y completo de la palabra. Pero el significado con que asociamos la palabra "padre" suele ser la barrera más grande para que le permitamos ser todo lo que procura ser para nosotros.

Cuando nos entregamos a Jesús, nuestro Padre celestial nos adopta y nos recibe en su presencia en todo momento. Nos invita a que nos acerquemos "confiadamente al trono de la gracia, para alcanzar misericordia y hallar gracia para el oportuno socorro" (Hebreos 4:16). Sin embargo, muchos de nosotros luchamos con la realidad de un Padre celestial que nos ama y nos acepta de forma incondicional. El motivo quizás sea que jamás experimentamos esa clase de amor y aceptación de parte de nuestro padre terrenal. Muchos de nosotros sufrimos abandono e incluso abusos por parte de nuestro padre, y no podemos imaginarnos un trato diferente de alguien a quien llamamos "padre".

En muchas de las personas que he ministrado, la idea de "padre" estaba profundamente dañada. Para una mujer, la definición de padre se había convertido en "alguien en autoridad que siempre se interpone en mi camino cada vez que deseo hacer algo de todo corazón". Otra persona expresó su punto de vista cuando dijo: "Cada vez que me imagino a Jesús, lo veo con una vara en su mano". Para otros, "padre" puede ser alguien distante e indiferente, o alguien que abusó de ellos psicológica, física o sexualmente, o alguien que los abandonó. Estas personas suelen descubrir que en lo profundo de su ser no pueden aceptar la verdad de que Dios no es como su padre terrenal, incluso habiendo aceptado esa verdad racionalmente.

Otro problema para muchas personas es que están enojados con Dios porque permitió que les sucedieran cosas malas. Les enseñaron que Dios puede hacer todo lo que quiere y cuando quiere. Entonces, cuando pasan por alguna dificultad, piensan que no son lo suficientemente importantes para Dios como para que él los proteja. De modo que se enojan contra Dios y están convencidos de que él apoya esa baja estima que tienen de sí mismos.

No logran ver que Dios estableció reglas por las que él se limita a sí mismo. Al otorgarnos libre albedrío, Dios se auto limitó. Otra limitación es que él difícilmente obra en el ámbito humano sin un colaborador humano. No siempre entendemos cuáles son esos límites o cuándo decide hacer cosas que traspasan esos límites. Pero parece ser que en la mayoría de sus actividades Dios obra dentro de esos límites y que, literalmente, no puede interferir en las actividades de los hombres, ni siquiera para favorecer sus propios planes.

Las percepciones equivocadas sobre nuestro Padre celestial traen algunos de los obstáculos más grandes para poder comprender nuestra autoridad espiritual y obrar en consecuencia. Necesitamos corregir las imágenes erróneas del Padre o de Jesús antes de poder tomar nuestra posición legal como príncipes y princesas de Dios. Debemos renunciar y rehusar seguir oyendo las mentiras que recibimos respecto a nuestro Padre.

La clave para ser libres para comprender a Dios el Padre y relacionarnos con él de forma correcta es el perdón. Si estamos enojados con Dios, necesitamos "perdonarle". Con perdonar me refiero a dejar de aferrarnos al enojo y el rencor hacia él porque permitió que sucedieran cosas que creemos debería haber evitado. [2] No comprendemos por qué permite que las personas resulten heridas, y casi nunca nos da una explicación. A Job no se la dio. Dios rara vez responde los "por qué". Pero, debido a que sus caminos y pensamientos son mucho más altos que los nuestros, como los cielos son más altos que la tierra (ver Isaías 55:9), debemos renunciar a nuestros intentos por comprenderlo, y simplemente aceptar que el Dios con quien nos relacionamos hará lo que es justo (Génesis 18:25). Entonces renunciamos a nuestro derecho a estar enojados con él, nos comprometemos a confiar en él y rehusamos decirle cómo debe hacer las cosas.

Después de "perdonar" a Dios, es crucial que también perdonemos a nuestro padre terrenal, más allá de lo que nos haya hecho y con qué frecuencia lo haya hecho. Repito, no es pecado enojarse o incluso desear vengarse. Pero si nos mantenemos firmes en esos derechos, es fácil predecir la cosecha. En el área emocional, al igual que en todas las áreas de la vida, lo que determina el resultado es la ley de la cosecha: segamos lo que sembramos (ver Gálatas 6:7). Siembre semillas de enojo, venganza, rencor y odio, y le prometo una cosecha de frutos indeseables, como inestabilidad emocional, negatividad que estropea las relaciones, y enfermedades físicas como cáncer, artritis, diabetes y otras semejantes, y además demonios que fortalecerán tales problemas.

La solución, sin embargo, es simple. Al igual que con el pecado, debemos reconocer nuestras actitudes emocionales, confesarlas a Dios, entregárselas y no volverlas a cargar nunca más. Luego debemos perdonar por completo a la persona que nos dañó, sin poner condiciones, así como Dios nos perdonó a nosotros. La regla es: "Porque si perdonáis a los hombres sus ofensas, os perdonará también a vosotros vuestro Padre celestial; mas si no perdonáis a los hombres sus ofensas, tampoco vuestro Padre os perdonará vuestras ofensas" (Mateo 6:14-15). El resultado de la primera parte de esta regla es una vida en libertad. El resultado de la segunda parte es una vida en esclavitud por haber decidido no perdonar.

El resultado del perdón, el fruto de sembrar perdón, es que *¡tanto quien recibe el perdón como quien lo da son liberados!* Al perdonar a nuestro padre terrenal, somos libres para amarlo y por lo tanto alcanzamos una nueva comprensión de nuestro Padre celestial.

Debemos tener cuidado de cómo evaluamos el comportamiento de nuestro padre terrenal (o de nuestra madre u otros familiares) hacia nosotros. La mayoría de las personas que abusaron de sus hijos han sufrido abusos similares o incluso peores. Eso no los justifica. Siguen siendo culpables y responsables de sus acciones. Sin embargo, este hecho nos permite comprender que, por lo general, no se trataba de un acto de la voluntad, sino de los *impulsos* de esa persona. Detrás de ese comportamiento no hubo una evaluación clara de lo que estaba haciendo, ni eligió lo que creyó correcto. Al contrario, no estaba en control de su comportamiento, sino que era impulsada por emociones de enojo, rencor o deseo de venganza, arraigadas en su propia experiencia de vida, e intensificada por los demonios. En realidad, esos estallidos emocionales no iban dirigidos hacia nosotros, sino a quienes la hirieron en el pasado. En realidad, merece más nuestra lástima que nuestra condenación.

Incluso los padres que no son abusivos suelen cometer errores y algunos muy graves. Es común que, como padres, nos hayamos rendido a nuestras propias inseguridades y sentimientos de baja autoestima a costa de nuestros hijos. Seguimos las demandas de una sociedad que nos da muchos "puntos" por lo que logramos como profesionales pero ninguno por ser buenos padres. Así que nos esforzamos por ser exitosos a los ojos de nuestros compañeros de trabajo y de otras personas a costa de nuestros hijos. Si eso es lo que su padre hizo, por favor, perdónelo por haberlo descuidado. Él (al igual que yo, con mis hijos) necesita ser perdonado por darse cuenta de esta realidad demasiado tarde. Reconozca también que su Padre celestial no es como los padres terrenales. Nunca está demasiado ocupado como para no pasar tiempo con usted. De hecho, él dice: "No te desampararé, ni te dejaré" (Hebreos 13:5).

Si, al igual que la mayoría de los cristianos, usted ha luchado con una imagen equivocada o deficiente de su Padre celestial, Jesús desea sanarlo. Él desea que conozca lo profundo de su amor por usted. Su Padre quiere que sepa, en lo profundo de su corazón, que usted es su hijo precioso. Para emprender este camino, puede serle útil hacer una oración como la siguiente:

Querido Jesús:

Realmente deseo conocer tu amor por mí. Deseo saber de todo corazón lo que significa ser un príncipe (o una princesa) de tu reino.

Agradecido por todo lo que me has perdonado, yo perdono voluntariamente a mi padre terrenal, a mi madre y a todos lo que me han herido, por todo lo que me hicieron que me lastimó.

Por favor, sana cada uno de los obstáculos en mí que no me permiten comprender mi herencia. Por favor, hazme libre de todos mis problemas y temores relacionados con mi autoestima.

Ven, Espíritu Santo; enséñame y guíame a la autoridad y poder espiritual que les das a tus hijos. Gracias, Señor, por amarme. Amén.

NUESTRA ARMA MÁS PODEROSA: LA INTIMIDAD CON JESÚS

"No con ejército, ni con fuerza, sino con mi Espíritu, ha dicho Jehová de los ejércitos" (Zacarías 4:6).

El arma más poderosa que tenemos contra las influencias satánicas en nosotros o en los demás, es nuestra intimidad con Jesús. Jesús nos dejó su ejemplo viviendo en cercanía constante con el Padre. Él oía al Padre en todo tiempo. Por eso pudo decir: "Según me enseñó el Padre, así hablo" (Juan 8:28). Él miraba constantemente lo que el Padre estaba haciendo. Por eso pudo decir que el Hijo sólo puede hacer "lo que ve hacer al Padre; porque todo lo que el Padre hace, también lo hace el Hijo igualmente" (Juan 5:19). Él vivió en total dependencia del Padre. Así que también pudo decir: "No puedo yo hacer nada por mí mismo; según oigo, así juzgo; y mi juicio es justo, porque no busco mi voluntad, sino la voluntad del que me envió, la del Padre" (Juan 5:30).

Esas eran las instrucciones que recibía Jesús, día a día. Para asegurarse de que su visión estuviera alineada con la del Padre, a menudo pasaba tiempo a solas con él. Una y otra vez, vemos que Jesús se retiró "a un lugar apartado" (por ejemplo en Mateo 14:13) para estar a solas con el Padre.

Al acercarnos a los necesitados para llevarles sanidad y liberación, en segundos se hace evidente que nosotros no somos los sanadores. La sanidad y la liberación no tienen lugar porque seamos especiales. Las personas son tocadas, sanadas y liberadas porque Dios mismo está con nosotros y les ministra. Es importante que recordemos que no es por *nuestra* fuerza o poder, sino por *su* Espíritu. Por lo tanto, la primera tarea a llevar a cabo es cultivar la intimidad con Jesús. Esto nos permite obrar a través de su Espíritu y en constante dependencia de él.

Esta clase de intimidad no es algo misterioso, como muchos hacen que parezca. No tiene por qué implicar un rito religioso. Las personas suelen preguntarme: "¿Cómo se prepara para una sesión de liberación?" La verdad es que casi nunca hago algo especial. Al contrario, intento mantenerme preparado siempre, porque nunca sé en qué momento me llamarán. Un buen ejemplo es el caso descrito en el capítulo anterior, el del pastor liberado en un restaurante. Es común que reciba una llamada "de donde no la espero", de alguien que no conozco, y media hora más tarde, me encuentre interactuando con demonios y echándolos fuera. Ya sea por teléfono o en forma personal, no suelo recibir mucho aviso previo. De modo que procuro estar siempre preparado manteniendo estrecha relación con Jesús.

Creo que la autoridad espiritual está en directa proporción a la intimidad espiritual. Nuestro poder proviene del Espíritu Santo que mora en nosotros, y depende de mantenernos en buenos términos con nuestro Señor.

*Sed sobrios, y velad; porque vuestro adversario
el diablo, como león rugiente, anda alrededor
buscando a quien devorar*

(1 Pedro 5:8).

*"Lo que he perdonado… lo he hecho en presencia
de Cristo, para que Satanás no gane ventaja alguna
sobre nosotros; pues no ignoramos sus maquinaciones*

(2 Corintios 2:10-11).

Las personas suelen preguntarme si creo que todas las cosas malas que nos pasan son provocadas por los demonios. Mi respuesta es "no". Una pregunta similar: "¿Todas las personas que tienen problemas emocionales o físicos recurrentes están demonizadas?" Otra vez, mi respuesta es "no". Entonces me preguntan: "¿Cómo podemos distinguir la diferencia entre los problemas "normales" y los provocados por demonios?" La respuesta a esta pregunta es más complicada.

Revisemos algunos conceptos básicos para comprender el enfrentamiento espiritual entre Dios y Satanás: (1) Existe un reino que lidera Satanás y que comprende un gran número de "socios" demoníacos; (2) estos seres salen a perturbar el accionar de Dios tanto como les es posible; (3) están particularmente enfocados en lastimar a las criaturas preferidas de Dios, los seres humanos, los únicos a quienes Dios hizo a su propia imagen; pero (4) Satanás y sus seguidores sólo pueden obrar dentro de las reglas que Dios estableció.

Sabemos que Satanás no puede hacer nada sin el permiso de Dios. Sin embargo, parece que tiene el permiso para hacer bastantes cosas.

Pero parece ser, también, que existe una regla que dice que él no puede influenciar a una persona si no tiene derecho legal. Sólo puede aprovecharse de un derecho que ya existe; no puede provocar nada sin tener lo que solemos llamar "punto de acceso". Otra forma de explicarlo es decir que aunque pueden aprovecharse de un problema que ya existe, de algo que ya estaba ahí, no pueden causar dificultades a menos que lo hagan sobre algo preexistente sobre lo cual pueden obrar.

Entonces siguiendo esta regla básica, Satanás se dispone a adherirse a las cosas malas para ver si puede empeorarlas, y para hacer que las personas tiren por la borda las cosas buenas, para así romper el equilibrio. Por lo tanto, busca explotar tanto las debilidades como las fortalezas, pero las explota en formas diferentes. Además, él sabe de nosotros cosas que desconocemos.

Una vez me pidieron que diera una serie de charlas para un grupo de pastores carismáticos (de La Viña) y sus esposas. Cuando me puse de pie para hacer mi segunda presentación, sentí un dolor insistente en la parte baja de la espalda, del lado izquierdo. Aunque hicimos una pausa para que un grupo de pastores orara por mí, no pude continuar y tuve que dejar la plataforma. En un ambiente más privado, otros pastores oraron por mí, y en menos de una hora, eliminé un cálculo renal y pude regresar al grupo para terminar mi exposición.

Si bien nunca antes había tenido problemas renales, el Enemigo sabía que se había formado un cálculo, y escogió el momento de la conferencia para aprovecharse de esa debilidad. Tiempo después tuve una experiencia similar, justo mientras estaba expulsando varios demonios de una misionera. Entre las sesiones, el dedo gordo del pie derecho comenzó a dolerme demasiado. En la siguiente sesión, uno de los demonios dijo a través de ella: "¡Tengo tu dedo!". Había descubierto una debilidad y la aprovechó. Sin embargo, no le sirvió de nada. De todas maneras, lo expulsamos.

¿Cómo sabemos si es el Enemigo o no? Creo que podemos señalar al menos dos cosas para responder a esto: (1) debido a que los miembros del reino satánico salen a causar todo el daño posible a los seres humanos, creo que podemos suponer que cada vez que surja un problema, ellos estarán allí para explotarlo; y (2) ya que los seres satánicos sólo pueden aprovechar condiciones preexistentes, debemos buscar esas condiciones y tratarlas. No podemos simplemente decir como cierto personaje de ficción: "El diablo me obligó a hacerlo".

Las Escrituras siempre nos hacen responsables, incluso cuando Satanás está involucrado. Pedro fue responsable de las palabras que salieron de su boca cuando reprendió a Jesús (ver Mateo 16:22-23) y también cuando le negó (ver Mateo 26:69-75), a pesar de que queda claro que el enemigo estaba involucrado. Aparentemente, Pedro tenía algunas debilidades (¿inseguridad, temor, duda?) que el Enemigo supo aprovechar en esos momentos para lograr que él cumpliera sus deseos.

Si deseamos ser eficaces en la ministración de los demonizados, es importante que reconozcamos las formas más comunes en que los miembros del reino de Satanás llevan a cabo sus obras. Pablo podía suponer que los Corintios conocían las maquinaciones del Enemigo (vea 2 Corintios 2: 11). Lamentablemente, debido a la atrofiada visión de la mayoría de los occidentales, hoy debemos ser mucho más explícitos. Las personas no perciben esta realidad como lo hacían los escritores de los libros de la Biblia, ni como Dios espera que lo hagamos. Es cierto que el Enemigo anda vagando "como león rugiente" (1 Pedro 5: 8), pero muy rara vez ruge, salvo cuando ha sido descubierto. Él es lo suficientemente inteligente como para trabajar en secreto entre quienes no creen (o apenas creen) que existe.

Una vez que tomamos conciencia de cómo funciona el reino de Satanás, no es difícil detectar a los representantes del Enemigo. Son muy predecibles, muy poco creativos y suelen repetir los mismos trucos. Una forma de desarrollar ojos espirituales para ver a los demonios es estudiar las formas más comunes en que atacan. Necesitamos hacerlo para que el Enemigo no nos gane ventaja. Después de todo, ¿qué buen soldado va a la batalla sin comprender primero la forma en que se mueve el enemigo? Así que, veamos más de cerca los trucos más comunes que utilizan los demonios, para que podamos estar mejor equipados para luchar contra ellos.

LO QUE FOMENTAN LOS DEMONIOS

Comencemos por ver varios tipos de actividades que fomentan los demonios, ya sea desde el exterior o el interior de las personas a quienes se aferran (incluidos todos los que leen esto). Pienso que es muy probable que cada uno de nosotros tenga al menos un demonio asignado para que obre desde el exterior con el fin de descubrir nuestras debilidades y explotarlas. Es probable, entonces, que quienes son una amenaza mayor para el Enemigo tengan demonios más fuertes o un mayor número de ellos asignados en su contra.

Los demonios buscan entrar en las personas. Podemos suponer que tendrán mejores posibilidades de influenciar desde el interior. Pero si no logran entrar, trabajan desde el exterior lo más arduamente que pueden. En la siguiente lista no distinguiremos si el Enemigo obra desde el interior o desde el exterior. Mi objetivo es señalar la clase de cosas que ellos quieren hacer, sin importar la posición que hayan alcanzado.

1. *Podemos suponer que los demonios están involucrados en toda clase de perturbación.* Tengo el cuidado de no decir que las "causan", porque creo que la capacidad que tienen para iniciar problemas es muy limitada, si les fuera posible. En cambio, ellos incitan, pinchan, tientan e incitan a las personas a hacer lo malo, o al menos a tomar decisiones poco sabias. Y una vez que encuentran a alguien que ya está en dificultades, trabajan para empeorar la situación. Si Dios no estuviera protegiendo de forma activa tanto a los creyentes como a los incrédulos, los accidentes, las relaciones rotas, los abusos (físicos, mentales y sexuales) y las perturbaciones que experimentamos superarían todo lo imaginable.

Como hemos mencionado, los cristianos son blancos especiales para el Enemigo. Rita Cabezas, una psicóloga amiga mía, descubrió esta verdad directo de la boca de un demonio. Un psicólogo no cristiano observó una de sus sesiones con una cristiana demonizada y le preguntó al demonio por qué vivía en esa mujer creyente en lugar de vivir en él, un no creyente. La respuesta fue: "Tú no me interesas. Tú ya perteneces al Maligno… el mal está en ti, arraigado en lo profundo". El demonio incluso dio los nombres de cuatro de los demonios que vivían en aquel hombre. Con respecto a la cristiana demonizada, el demonio dijo: "Me interesa atraparla a *ella*. Nos interesa poseerla a *ella* y [señalando a otras dos cristianas] *a ella y a ella*". Antes, el demonio había dicho: "Me interesa destruirla, atormentarla para que no ore ni busque a Dios, para que se aleje de él y sea como los demás… estoy en su mente. No dentro de ella, pero sí en su mente". [1]

El objetivo de los siervos de Satanás es paralizar y destruir la obra de Dios tanto como les sea posible, ya sea que se esté desarrollando a través de los cristianos o no. Se enfocan en individuos, grupos, organizaciones, ministerios y gobiernos, ya sean consagrados o seculares. Buscan levantar fortalezas (vea 2 Corintios 10:4) donde sus fuerzas son superiores, quizás, porque allí hay más demonios o porque sus tentáculos están aferrados más profundo en esa persona o grupo.

2. *Es probable que los demonios sean los agentes principales de las tentaciones.* Es probable que hayan sido los demonios bajo las órdenes de Satanás quienes tentaron a Caín (ver Génesis 4: 4-8), a Noé y a Cam (Génesis 9: 21-22), a Sarah y a Abraham (Génesis 16: 1-3), a Siquem (vea Génesis 34: 1-2), a Tamar y a Judá (Génesis 38: 12-26), a José (Génesis 39: 7-10), y a muchos otros mencionados en las Escrituras, incluidos Pedro (Mateo 16: 22-23; 26: 69-75), Judas (Lucas 22: 3-6), y Ananías (Hechos 5: 3).

Aparentemente, los demonios pueden poner pensamientos en nuestras mentes y, si ya existen demonios en nuestro interior, pueden leer nuestros pensamientos. De todas maneras, repito, somos responsables de lo que hacemos con esos pensamientos. Debido a que los demonios saben a qué somos vulnerables, ajustarán los pensamientos que ponen en nuestras mentes según nuestras debilidades. Por ejemplo, los demonios casi nunca tentarán a una persona en el área sexual si no es vulnerable en esa área de antemano. Tampoco es probable que tienten a una persona que no es religiosa a excederse en el área de la religión, o a alguien que no le preocupa el dinero a convertirse en avaro. Y es poco probable que tienten a un joven con algo apropiado para una persona mayor, o a un hombre con algo apropiado para una mujer.

Sin embargo, no cesan de machacar, y harán lo que sea necesario para tentar y así poder contribuir al fracaso de la persona. Ese es su trabajo.

3. *Los demonios buscan que las personas sigan ignorando su presencia y sus actividades.* Esta estrategia es eficaz, en particular, en las sociedades occidentales. A los demonios les gusta que las personas ignoren su presencia y les encanta que no crean que existen. Durante las sesiones de ministración, los demonios han mencionado esta estrategia una y otra vez. Durante una de mis últimas sesiones en la que una psicóloga estaba aprendiendo sobre la demonización, un demonio se enojó tanto que gritó: "Detesto que ella [la psicóloga] esté aprendiendo acerca de nosotros. ¡Durante años nos estuvimos escondiendo y haciéndoles creer que somos problemas psicológicos!"

El hecho de que los demonios se adhieren a problemas que las personas ya tienen, en lugar de originarlos, les permite esconderse con gran éxito. Si la persona puede explicar el problema como el resultado de factores "naturales", entonces no tendrá razón para buscar más allá. Sin embargo frecuentemente la función del demonio es intensificar el problema de tal manera que la persona termina desanimada y deja de luchar. Y el Enemigo, que la persona jamás sospechó que estaba allí, obtiene una victoria. Muchas veces me dicen: "Pensé que debía soportar ese problema de por vida" o "Como sabía que el problema se debía al trasfondo de tener una familia disfuncional, pensé que no había esperanza". Y, de hecho, muchos abandonan las esperanzas porque piensan que están locos o que no se puede hacer nada al respecto.

Los demonios se deleitan en actuar tras bastidores o sea de manera reservada, incitando a las personas a que reaccionen fuera de lo normal y luego a que se culpen a sí mismas. Muchas veces ministré a personas con espíritus de temor, espíritus que intentaban de forma desesperada que esas personas me tuvieran miedo. Otros tenían espíritus de engaño que les hacían decirme mentiras. Otros tenían espíritus violentos que intentaban hacer que las personas en las que vivían fueran violentas conmigo. Estas personas se sorprendieron al saber que sus respuestas no eran tan sólo sus propias reacciones "naturales". A través de los años, se habían acostumbrado tanto a esa clase de reacciones que pensaban que esas respuestas surgían únicamente de sus propias motivaciones.

4. *Otra táctica demoníaca es hacer que las personas les tengan temor.* Si no pueden hacer que las personas se mantengan en ignorancia, su siguiente estrategia suele ser trabajar con el temor a lo que no entienden o a lo que ellas ven que puede llegar a ser embarazoso. Al respecto, muchas de las historias sobre experiencias drásticas de liberación son muy provechosas para el Enemigo.

Las tácticas de temor que emplean los demonios pueden tener muchas formas. Incluso ministré a personas que tenían miedo de tener un demonio. Eso les hizo suponer que debían estar muy mal espiritualmente. No sabían que la presencia o ausencia de un demonio generalmente no tiene mucho que ver con nuestra condición espiritual actual, excepto que la dificultan. Muchas de las personas a quienes ministré eran muy maduras espiritualmente, a pesar de los impedimentos que los espíritus les causaban en el interior. De las personas que he ministrado, la mayoría fueron demonizadas a través de herencias, de algún tipo de abuso o de haber participado en lo oculto antes de convertirse al cristianismo, y no a través de fracasos o rebeliones espirituales. En esos casos, los demonios se debilitaron mucho a causa del crecimiento espiritual de las personas. He oído demonios muy preocupados por no poder aferrarse mejor a algunas personas porque estaban "muy cerca de Jesús".

Como contraste, hay personas que vienen a ser ministradas porque ¡temen no tener demonios! Les encantaría poder librarse de la responsabilidad de sus problemas y esperan poder culpar a los demonios. Puede ser difícil trabajar con ellas porque se rehúsan a asumir la responsabilidad de tratar con la basura subyacente que da a los demonios un punto de apoyo en su vida. Sin embargo, a otros se les ha dicho que deben estar locos o permanentemente discapacitados, de manera que tienen la genuina esperanza de que el factor principal de su problema es demoníaco y, por lo tanto, se puede corregir. Y generalmente se puede.

Muchas personas le temen al poder de los demonios. Han escuchado historias, han visto películas o han hablado con quienes han participado en batallas físicas con personas demonizadas. Anteriormente mencioné al pastor que renunció a tratar con individuos demonizados cuando uno de ellos hizo de su oficina un caos. Cuando supo que tal problema se puede evitar sencillamente prohibiendo a los demonios que lo causen, estuvo dispuesto a empezar otra vez. La mayoría de las batallas físicas se pueden evitar de la misma manera: ordenándoles a los demonios guardar orden. La verdadera batalla no es física sino espiritual, y se gana mediante el uso de palabras con poder, no con los músculos.

Cuando uno se da cuenta de cuan poco poder tiene el Enemigo comparado con el poder de Dios, el temor desaparece. Nunca debemos tomarlo livianamente o menospreciarlo, pero la mayor parte de lo que en él parece poder, es engaño, o simulación, o ambas cosas. *En realidad tiene poco más que el poder que la persona en la cual vive le da.* Entonces, si la voluntad de esa persona se pone en contra suya, es sólo cuestión de tiempo para que el demonio o los demonios tengan que irse. Aunque se libre una batalla hasta que la voluntad de la persona esté de lado de Dios, tan pronto como esa voluntad se rinde a Dios, la parte dura ha terminado. La mayoría de personas que acuden por oración de liberación, ya han decidido buscar la ayuda de Dios.

5. *En toda actividad satánica, el engaño es su arma principal.* Jesús nos dice que Satanás es "padre de mentira" (Juan 8:44). Yo pienso que esa frase debería ser traducida como "padre del engaño" porque el engaño puede incluir, o no, la mentira, lo cual es natural en él. Su meta permanente es engañar a cualquiera que lo escuche. Él nos engaña respecto a lo que somos, a lo que Dios es, y respecto a lo que él mismo es y hace. Como en el Huerto de Edén nos engaña mediante la contradicción directa: "No es verdad; no morirán" (Génesis 3:4 GNT), pero tal vez es más frecuente el cuestionamiento indirecto, como cuando les preguntó a Adán y a Eva: "¿Conque Dios os ha dicho…?" (Génesis 3:1). ¿Quién no ha escuchado en su interior preguntas como esta: "¿Cómo un Dios justo permite que esto ocurra?", "Si Dios se preocupa por usted, ¿por qué le dio padres como estos?", "¿Puedo ser perdonado tan fácilmente?", "¿Realmente soy salvo?", o interrogantes similares.

Estos pensamientos ilustran una treta favorita del Enemigo: engañar a las personas haciéndoles creer que estas son ideas de ellas. Algo que me gusta hacer durante las sesiones de liberación es obligar a los demonios a declarar algunas de las mentiras que han estado diciendo. Las personas a quienes se ministra generalmente se asombran al descubrir el origen de gran parte de su forma de pensar (acerca de sí mismos, de otros y de Dios) que las ha mantenido en cautiverio. Después de escuchar al demonio informar sobre 25 falsedades, una mujer exclamó: "¡He estado oyendo cada una de estas mentiras varias veces al día durante toda mi vida!"

6. *La tarea de los demonios es estorbar el bien por cualquier medio posible.* Los demonios procuran apartar a la gente de Dios o de algo que Dios desea que hagan. Impiden a los incrédulos que crean (ver 2 Corintios 4:4). También trabajan para socavar la fe de los cristianos. La adoración, la oración, el estudio de la Biblia, las expresiones de amor y los actos de compasión ocupan lugar preferente en la lista demoníaca.

Pero la estrategia básica de los demonios es descubrir y atacar puntos débiles. Los demonios no juegan limpio. Mientras más grande sean las debilidades de una persona, más frecuentes son los ataques satánicos en esas áreas. Los demonios son como depredadores perversos que al olfatear sangre mantienen la persecución a sus víctimas hasta hacerlas caer. Si no logran acabarlas las estorban al máximo.

7. *Los demonios son acusadores, como Satanás.* Los ángeles de las tinieblas exponen a las personas a acusaciones de todo tipo. Una táctica común es convencer a las personas para que se acusen entre sí, para que acusen a los demás y a Dios de ser la causa de cualquier cosa que esté socavando su salud, su vida, su amor, sus relaciones y cualquiera otra cosa que provenga de Dios.

El auto rechazo engendrado por las sociedades occidentales provee un terreno especialmente fértil para las acusaciones satánicas. Puedo contar el número de personas por las cuales he orado cuyo mayor problema era su propia incapacidad para aceptarse a sí mismas. Cuando le preguntamos a cierta mujer por qué sentía que necesitaba que oraran por ella, simplemente respondió: "¡Yo me odio a mí misma!" A los demonios les gusta aprovecharse de tales actitudes negativas para hacer que la gente se enlode con auto acusaciones.

También se complacen plantando pensamientos que nos llevan a acusar a otros, incluyendo a Dios. Los demonios estimulan los rumores, promueven las incomprensiones, y justifican el enojarse y culpar a Dios. Satanás hace que las personas mantengan un sentimiento de culpa convenciéndolas de que hay algo irremediablemente malo en ellas, aún después de que han confesado a Dios su pecado y han sido perdonadas por él. Hace que se culpen a sí mismas por abusos que otros les causaron. Más aún, sugiere enfáticamente que los problemas provienen de Dios y que los merecemos por causa de nuestros fracasos. También es muy hábil para hacer que los seres humanos culpen a otros por problemas que ellos han causado. Estos son algunos de los pensamientos que el diablo nos susurra: "Él no es justo" o "Él no puede ser un Dios bueno si permite que ocurran cosas malas", o "Él no perdona tan fácilmente".

Una vez que las acepta, las acusaciones pueden llevar a una persona a auto maldecirse o a hacer votos contra sí misma que el Enemigo gustosamente refuerza. Muchas personas que caen en el auto rechazo se oyen a sí mismas diciéndose cosas como "Detesto mi cuerpo (o mi cara, o mis órganos sexuales, o mi personalidad, o alguna otra parte mía)", "Desearía ser otra persona", "Nunca seré como (o me gustaría ser como) tal y tal", o "Si no puedo lograr este o aquel nivel, prefiero morirme". Tales afirmaciones equivalen a maldiciones y votos a los cuales debemos renunciar con el poder de Jesucristo, si queremos evitar que dañen a la persona que las piensa o las dice.

Los estándares occidentales para el cuerpo femenino suelen ser usados por los demonios para hacer que las mujeres detesten sus cuerpos o cualquier parte de ellos que piensan que no está a la altura del ideal. Quienes han sufrido abuso sexual tienden a creer la mentira del Enemigo de que fue falta suya, lo que las lleva a maldecir sus órganos sexuales e incluso su género. Suelen ser incitadas a hacer declaraciones tales como "Detesto (o rechazo) tales y tales partes de mi cuerpo", o "Detesto el ser mujer".

Una mujer a quien llamaré Yila me visitó preocupada por haber descubierto quistes en sus senos. Al pedirle a Dios que me mostrara qué decirle y qué hacer, la palabra "abuso" vino a mi mente. Le pregunté si alguna vez habían abusado de ella sexualmente. "Sí", me dijo, y mencionó que sus senos habían sido el foco de interés del hombre que la violó. "¿Ha maldecido sus senos?" –le pregunté.

"Sí, –respondió–; muchas veces y he deseado con vehemencia no haberlos tenido para que los hombres no se interesaran en ellos".

La ayudé a renunciar a esas maldiciones y a la semana siguiente el médico no pudo encontrar los quistes en sus senos.

Las acusaciones del Enemigo son un factor principal en muchas manifestaciones de auto rechazo.

8. *Los demonios refuerzan las compulsiones.* Los demonios se deleitan haciendo que la gente desarrolle compulsiones en los comportamientos tanto malos como buenos. La esposa de un pastor a quien llamaré Diana describía a su esposo como un compulsivo en todo lo que hacía. Trabajar, estudiar, hacer el amor o ministrar, todo lo hacía compulsivamente. Un día mientras Al estaba sentado en una de mis clases, un demonio bastante fuerte manifestó su presencia de manera obvia para él. Después de la clase pudimos liberarlo de ese demonio. Tres semanas después mientras realizaba un seminario Diana exclamó ante el grupo: "¡He estado viviendo con un hombre diferente durante las últimas tres semanas! La compulsión ha desaparecido".

Por supuesto los demonios refuerzan compulsiones tales como la lujuria, la drogadicción, el alcoholismo, el fumar, comer en exceso, la anorexia y la bulimia, la pornografía, el juego, el materialismo, la inclinación a la competencia y la necesidad de controlar. Lo que no es tan obvio es que también estimulan una exagerada atención a muchas cosas que ordinariamente son consideradas como "buenas". Entre tales compulsiones podemos mencionar el trabajo, el estudio, los vestidos atractivos, la religión, la pureza doctrinal y la familia, la realización y el éxito. Muchas personas que se dedican totalmente a estas "buenas" cosas, en realidad están sirviendo al Enemigo.

El enfoque satánico común hacia la compulsión es construir sobre las debilidades de la gente y exagerar sus fortalezas. Las compulsiones suelen estar arraigadas en el temor, en sentimientos de inseguridad o de carencia de valía. Los demonios son rápidos para explotar estas actitudes y convertir a las personas en compulsivas.

9. *El acoso: otra arma demoníaca.* Una importante preocupación del Enemigo es alterar el desarrollo de la vida de la gente, especialmente de los cristianos. Él muerde nuestros talones como perro rabioso cuyo espacio ha sido invadido. A Satanás se le describe en la Biblia como "el príncipe de este mundo" (Juan 14:30) y no le agrada que quienes pertenecen a otro Rey deambulen por *su* territorio; de modo que hostiga a los cristianos cuando y como puede.

No sé cuánto poder tienen los demonios sobre las circunstancias ordinarias de la vida, pero apuesto que hace todo lo que Dios le permite para perturbar nuestra vida influenciando cosas tales como el tráfico, las condiciones del tiempo, la salud, el estrés las relaciones, la adoración, el sueño, la dieta, las máquinas, (especialmente los carros y los computadores). Sospecho, por ejemplo, que perturbar fue el propósito de Satanás cuando ordenó a los demonios manifestarse cuando Jesús estaba enseñando en la sinagoga (ver Lucas 4:33-34); fue él quien provocó una tormenta mientras Jesús estaba en un barco en el Lago de Galilea (ver Lucas 8:23-24); y quien influenció a los fariseos para que persiguieran continuamente a Jesús. Yo he desarrollado el hábito de decir, cuando las cosas marchan mal, "si esto es obra del Enemigo, ¡deténgase!". Y me asombran las muchas dificultades que desaparecen ante este mandato.

A los demonios les gusta influenciar a las iglesias y sus congregaciones. ¿No le ocurre con frecuencia que su mente divaga durante el sermón? ¿O no se le ha dificultado entrar en adoración? ¿O no ha visto, oído o pensado algo que rompió su concentración en el momento preciso? ¿O no ha tenido una disputa en el carro yendo rumbo a la iglesia?

A los demonios también les gusta influenciar a los pastores para que dirijan las iglesias como clubes más que como hospitales; para que se enfoquen en sermones y programas intelectuales en vez de ministrar a la gente; para que prediquen cosas teóricas y no prácticas; para que hagan el papel de actores en vez de comunicadores. A los músicos los incitan al show; a quienes dan los anuncios a interrumpir el flujo de la adoración, y a los diáconos a ser demasiado obvios. En resumen su objetivo es debilitar lo que Dios quiere hacer a través de la Iglesia. Una de las tareas básicas de los demonios es acosar a los cristianos. Conocer las maquinaciones del Enemigo (ver 2 Corintios 2:11) nos hace concientes de este hecho y nos reta a aprender a contrarrestar sus actividades.

Pero al parecer Satanás no acosa a todos los cristianos la misma manera o con la misma intensidad. Parece prestar más atención a quienes constituyen su más grande amenaza y a quienes no tienen el suficiente apoyo en oración. Muchos cristianos son tan pasivos respecto a su cristianismo que no representan ninguna amenaza para él por lo que les prestará muy poca atención. Incluso oí de algún pastor que hizo un trato con el diablo de que no predicaría en su contra sí este no le causaba problemas en su ministerio. El suyo, sin duda, era un ministerio de "madera, heno y hojarasca" (1 Corintios 3:12) destinado a ser destruido al enfrentar la prueba de fuego. Cuánto mejor ser una amenaza tal para el Enemigo que él sienta que vale la pena atacarnos, y oír que nuestro Maestro nos diga algún día "está bien, buen siervo…" (Lucas 19:17).

Quienes amenazan al Enemigo pero no tienen el suficiente apoyo en oración también corren el riesgo de sufrir un eficaz y sistemático acoso por parte de los demonios. Es sabio pedir a un buen número de personas, especialmente a quienes tienen dones de intercesión, que nos apoyen en oración antes de hacer cualquier movimiento fuerte en su contra. Entonces podremos arrebatarle territorio y frustrarlo, porque tendremos mucha protección de oración contra sus ataques. El hecho de que incluso Jesús sufrió su acoso y que los cristianos débiles también lo sufren, sugiere que ningún cristiano vive completamente libre de la atención del Enemigo mientras viva en su territorio.

Las tácticas mencionadas anteriormente son producto de la actividad demoníaca, ya sea que provengan o sean aplicadas desde el exterior o el interior de una persona. Es predecible que los seres satánicos generalmente pueden atacar con mayor intensidad si obran desde el interior. Sin embargo, hay buenas noticias: Aún si tenemos demonios viviendo dentro de nosotros, nuestro continuo crecimiento en Cristo puede disminuir su capacidad de afectarnos. Además, si tratamos con la basura emocional y espiritual interna mediante la consejería o la ministración de oración, el control demoníaco se puede reducir dramáticamente aún antes de que los demonios sean expulsados.

Por cuanto lo que resta de este libro discutirá el comportamiento de los demonios cuando viven en el interior, no desarrollaré este tópico más allá de este punto.

LA ACTIVIDAD DEMONÍACA MÁS OBVIA

A veces los demonios actúan de maneras más obvias. Esto ocurre cuando son osados, cuando son tontos y cuando el Espíritu Santo los obliga a manifestar su presencia.

1. *Los espíritus malignos se vuelven audaces por razones tácticas.* Tal vez los demonios piensan que pueden hostigar más eficazmente haciéndose más obvios. Quizás supones que la persona a la cual afligen se puede asustar cuando se enfrente a una "presencia", especialmente si esa persona está sola y en la oscuridad.

La osadía o confianza parece estar tras la apariencia de un demonio como una oscura presencia que la gente puede ver o sentir, casi siempre por las noches. Tales acontecimientos suelen ocurrir en el hogar, en los patios o en lugares como los templos masónicos u otros edificios donde se realizan prácticas ocultistas, sobre los cuales los demonios han obtenido algún derecho legal. A veces aparecen en lo que parece ser un sueño.

Una mujer que acudió a mí experimentaba tal presencia por las noches en el pasillo fuera de su alcoba, pero ocasionalmente cuando ella no lo esperaba y su esposo se encontraba fuera. La irregularidad de las apariciones, el hecho de que su esposo estaba siempre fuera y que tenía un bebé la inquietaron bastante. En este, y en otros casos similares, descubrimos que los seres demoníacos invocaban un derecho sobre el lugar donde aparecían.

Este "derecho" suele basarse en un evento que ocurrió allí. Por ejemplo rituales "paganos", encantamientos o sacrificios, adivinación u otras actividades realizadas por el poder de Satanás: asesinatos, la muerte de una persona demonizada, violencia y derramamiento de sangre. Cualquiera de estos factores puede ser causa de la residencia continua de demonios.

Tal actividad demoníaca puede tener una causa presente si alguien en la casa les da permiso. Esta invitación puede venir de una persona endemoniada o ser el resultado de actividades ocultas, pornografía, música u otra actividad con implícito poder del Enemigo. Artefactos dedicados a dioses enemigos (espíritus) tienen demonios en ellos. A veces después de sus viajes algunos turistas y personal militar traen a casa imágenes auténticas o implementos utilizados en rituales paganos o dedicados a dioses o espíritus.

La osadía de los demonios los lleva en ocasiones a hablar de manera audible, o casi audible, a las personas en su interior. Generalmente pueden estar bastante seguros de que las personas supondrán que su problema es sicológico, se culparán a sí mismas, y permitirán que las sigan hostigando sin ser detectados. Sin embargo, los demonios en ocasiones juzgan mal a la persona a la cual están atormentando y terminan siendo expulsados.

Cuando los espíritus malignos se sienten confiados de su control, se apoderan del cuerpo de la persona, la sacuden y le causan ataques y desmayos. También pueden provocar cambios de voz en las personas. Tales manifestaciones ocurren en algunas ocasiones cuando se les enfrenta con el poder del Espíritu Santo.

2. *Los espíritus malignos suelen cometer errores.* El tipo de osadía demoníaca de la cual hablamos anteriormente puede significar un error si las personas involucradas saben cómo reconocerlos y pasar al ataque. Esto fue lo que ocurrió con el pastor que mencioné anteriormente quien cuando pidió mi ayuda informó que había estado escuchando voces en su interior durante algún tiempo. Los demonios probablemente pensaron que iba a reaccionar con temor, auto acusación, resignación, o de alguna otra manera que les permitiera aumentar su control. Posiblemente supusieron que no se daría cuenta de su presencia y que no haría nada que los molestara. Pero calcularon mal y ahora están fuera.

A los demonios les gusta perturbar de una manera que la gente no los reconozca. Pero con alguna frecuencia calculan mal y atacan a personas que saben como es que ellos operan. Es entonces cuando son expulsados. Yo he ministrado a varias personas que han experimentado dificultad en la adoración. En algunos casos esa dificultad es moderada y en otros es severa. Reconociendo la obra del Enemigo a menudo hemos podido proporcionar a la gente libertad de demonios que cometieron el error de ser demasiado osados con las personas equivocadas.

3. *Presionados por el poder del Espíritu Santo, en ocasiones los demonios se recriminan entre ellos.* En los capítulos siguientes trataremos en detalle la manera de echar los demonios fuera de una persona. Aquí simplemente notaremos que en el encuentro entre su poder y su simulación, y el poder del Espíritu Santo, estos a menudo entran en pánico, salen de su escondite y revelan cosas contra su voluntad.

Por ejemplo, cuando una persona demonizada está adorando a Dios, no es raro que el poder divino fuerce a los demonios a revelar su presencia y estos causan cosas como temblor, dolor físico, o impulsos extraños: por ejemplo un fuerte deseo de correr, una voz ridiculizando a la persona, o pensamientos de actividad sexual. Cosas similares también ocurren cuando se ordena a los demonios en el nombre de Jesús dejar libre a la persona.

RESISTIR LAS INFLUENCIAS DEMONÍACAS

Es posible hacer ciertas cosas para debilitar el control de un demonio no importa si lo ejerce desde el interior o el exterior. Estas tácticas no lo desalojan necesariamente; trataremos ese tópico más adelante. Pero sí podemos hacer algunas cosas para acallar o debilitar la actividad demoníaca, interna o externa, por lo menos temporalmente.

1. *El crecimiento espiritual debilita la capacidad de Satanás de obrar en una persona o sobre ella.* Les he preguntado a varios demonios por qué no tenían un mayor control sobre la persona invadida. Lo que respondieron se puede resumir en la respuesta de uno de ellos: "Ella (o él) está demasiado cerca de Dios". Aunque a menudo parece que eso no echa fuera los demonios, el crecimiento espiritual de una persona demonizada sí los debilita hasta el punto de que son fácilmente expulsados cuando se les confronta en el nombre de Jesús. Y sospecho que los espíritus que supervisan a los demonios los remueven cuando se han debilitado de esta manera.

Para crecer espiritualmente necesitamos pasar tiempo con Dios tanto en privado como en comunión con otros cristianos. Escuchar y conversar constantemente con Dios "sin cesar" (1 Tesalonicenses 5:17), como entre amigos, como el hijo con el padre, como el esposo y la esposa, debilita la opresión y el control del Enemigo. Lo mismo ocurre con la adoración, el canto, la alabanza, la expresión de amor y la dedicación a nuestro Señor y Salvador, y la comunión con otros creyentes. Leer y memorizar la Biblia, estar siempre gozosos (ver Filipenses 4: 4), llenar nuestra mente con buenos pensamientos y observar un buen comportamiento (ver Filipenses 4:8-9) produce el mismo resultado: el Enemigo es derrotado, o por lo menos debilitado cuando nos comportamos como nuestro Rey espera que lo hagamos.

2. *La actividad demoníaca se debilita cuando las personas entregan a Jesús sus pesadas cargas.* Jesús dice que todos los que estén "cansados y cargados" vengan a él y recibirán el descanso que él promete (Mateo 11:28) cuando "echen toda su ansiedad sobre él" (ver 1 Pedro 5:). Es especialmente importante echar sobre él las cargas causadas por nuestras reacciones negativas a las heridas que sufrimos en la vida. Debemos entregarle los sentimientos de enojo, amargura y rencor (ver Efesios 4:17-32), y perdonar a los demás sus ofensas así como nosotros hemos sido perdonados (ver Mateo 6:14-15).

Aunque los demonios todavía no sean expulsados, si nos deshacemos de la "basura" interior, la capacidad del Enemigo de influenciarnos, interior o exteriormente, se disminuye considerablemente. Creo que fue a la ausencia de "basura interior" a lo que Jesús se refirió cuando dijo: "...viene el príncipe de este mundo, y *él nada tiene en mí*" (Juan 14:30, énfasis agregado). Muchas personas pueden deshacerse de este tipo de basura por sí mismas mediante la oración. Otros necesitan la ayuda de alguien entrenado en la sanidad interior. Discutiremos este tópico en el capítulo 7.

3. *A los demonios se les puede ordenar en el nombre de Jesús que cesen su maligna labor.* Como lo mencioné anteriormente, cuando sospecho que hay participación del Enemigo en alguna situación, he descubierto que es muy útil decir algo así: "Si esto proviene del diablo, en el nombre de Jesús le ordeno detenerse". Puesto que no siempre sé si hay demonios involucrados, lo digo en forma condicional y utilizo la palabra "si". Pero aunque utilice la palabra "si", vez tras vez me asombro al ver cuan frecuentemente la actividad indeseada cesa después de asumir autoridad y ordenar a cualquier emisario de Satanás que pueda estar presente, que detenga lo que está haciendo.

Vivo con la suposición de que Satanás y sus seguidores siempre están ansiosos por hostigarme y que constantemente buscan maneras de hacer que las cosas marchen mal, o de adherirse a cosas que ya marchan mal. De modo que si me enredo en una discusión, o si me quedo atascado en el tráfico pesado cuando voy rumbo a una cita importante, o siento que me engañan, o si estoy frustrado buscando algo que perdí o preparándome para viajar, todo eso me indica que debo ordenar a los espíritus malignos apartarse de mis asuntos. A veces digo las palabras en voz alta y en otras las digo interiormente (no en voz alta a otra persona a menos que quiera tener un problema grande). De todas maneras el Enemigo escucha lo que digo, y obedece.

Ahora bien, no todos los problemas desaparecen cuando yo hago esto, probablemente porque los demonios no están involucrados en ellos. Muchas veces cuando estoy atrapado en una congestión de tráfico, este no se agiliza en respuesta a mi mandato. Recientemente estaba retardado casi una hora para un compromiso fuera de la ciudad porque, aunque había presupuestado suficiente tiempo, el tráfico estaba inusualmente pesado. Y no siempre encuentro las cosas que he perdido de inmediato cuando le ordeno al Enemigo que se largue, aunque casi siempre las encuentro razonablemente pronto y con un poco menos de frustración.

Pero una buena cantidad de cosas han cambiado cuando le he dado orden al Enemigo en este sentido. Varias veces se han producido cambios en los aeropuertos y en los vuelos. En una ocasión parecía que mi esposa y yo íbamos a tener que pernoctar porque perdimos una conexión, pero finalmente la aerolínea programó el vuelo de un avión más grande para acomodar a los pasajeros adicionales, pero solamente después que ordené a los enemigos cesar y desistir de su acción perturbadora. Pudo haber sido coincidencia, pero pienso que mi mandato de autoridad cambió las cosas.

A pesar de su fanfarronería, los demonios saben que nosotros los cristianos tenemos a nuestra disposición más poder del que ellos disponen. Pero a pesar de todo, todavía tratan de desordenar nuestras cosas. Y su estrategia funciona a menos que recordemos quiénes somos y hagamos uso de la autoridad que tenemos.

4. *Puesto que Satanás ataca mediante el engaño, una de nuestras mejores defensas es la verdad.* Cuando escuchamos una mentira y la aceptamos mentalmente, le concedemos la victoria a nuestro Enemigo. Pero cuando rechazamos la mentira y afirmamos la verdad, él pierde la batalla.

Necesitamos afirmar la verdad cuando escuchamos los pensamientos negativos que los demonios plantan en nuestra mente respecto a nosotros, a otros, a Dios o a las circunstancias. Es maravilloso cómo cambian las cosas cuando rechazamos esos pensamientos y hablamos la verdad. En vez de decir: "No valgo nada", le sugiero decir: "No es cierto. Rechazo tal pensamiento. La verdad es que soy un hijo, o hija, del Dios Altísimo". En respuesta a la voz satánica que le dice: "Después de lo que hizo no puede obtener perdón tan fácilmente; Dios exige más de usted antes de otorgarle su perdón", procure citar y afirmarse en 1 de Juan 1:9, la verdad de cómo Dios trata con nuestro pecado. O recuerde y declárele al Enemigo el trato que Jesús le dio a la mujer sorprendida en adulterio (ver Juan 8), o a Pedro después de su negación (ver Juan 21). En respuesta a las mentiras o exageraciones sobre otros, recházelas y en concordancia con lo que expresa Filipenses 4: 8 declare respecto a esas personas "todo lo que es verdadero, todo lo honesto, todo lo justo, todo lo puro, todo lo amable, todo lo que es de buen nombre".

Declare la verdad de que Dios ofrece aceptación en vez de rechazo. Declare perdón para usted y para los demás cuando la mentira hable de condenación. Afirme el amor y la aceptación cuando los demonios lo tienten a odiar y rechazar. Bendiga cuando lo inciten a criticar o a reclamar superioridad sobre alguien más. Declare la verdad bíblica respecto a los interrogantes de lo que Dios es y lo que está realizando. Resista permanentemente al Enemigo confrontando sus mentiras con las verdades de Dios. Finalmente se cansará de atacarlo con sus engaños (ver Santiago 4: 7).

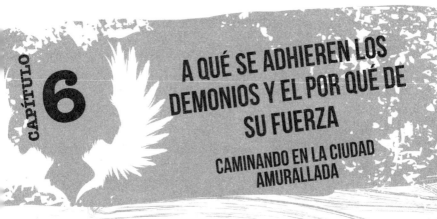

Una parte antigua de Kowloon (una sección de Hong Kong con la cual ya acabaron) fue llamada "la Ciudad Amurallada". Durante un viaje ministerial hace unos cuantos años, un grupo del que yo hacía parte recorrió esta "ciudad de tinieblas" escoltados por Jackie Pullinger una extraña que conocía bien la ciudad (ver *Chasing the Dragon* [Cazando al Dragón] y *Crack in the Wall* [Grieta en la Muralla]).

El cuadrado de seis acres y medio que constituye una ciudad dentro de la ciudad, está compuesto de una maraña de tiendas, factorías y residencias de varios pisos hechas de lo que parece ser materiales temporales. Mientras discurríamos por estrechos senderos y escaleras entre estas estructuras y dentro de ellas para ir donde queríamos llegar, nunca vimos la luz del sol. ¡Nunca pude decir si estábamos dentro o fuera, en el interior o el exterior! Encima de nuestras cabezas algunas mangueras dejaban caer agua, y cables de aspecto sospechoso transportaban electricidad, ambas robadas de fuentes fuera de la Ciudad Amurallada. El suelo que pisábamos era de concreto húmedo, madera o tierra, cubierto de basura y aguas negras.

Por todas partes había suciedad, humedad y oscuridad. Los olores eran horribles. Parecía un lugar adecuado para los miles de adictos a la heroína, fugitivos, prostitutas, sus proxenetas y sus clientes que vivían y trabajaban allí. Muy posiblemente la Ciudad Amurallada era uno de los lugares más oscuros y asquerosos del mundo.

Mientras caminábamos por los angostos callejones procurando no pisar la gruesa capa de mugre y las aguas de cañería, pensé: *"Jamás vi tanta basura en un solo lugar*. Mientras este pensamiento cruzaba por mi mente me di cuenta que otro tipo de habitantes poblaba la Ciudad Amurallada: ¡Ratas! Ratas que corrían presurosas cruzándose en nuestro camino, muy poco preocupadas de nosotros. Este era su territorio, no el nuestro. Jackie comentó que la población de ratas era por lo menos igual al número de habitantes humanos de la ciudad. Y no era de sorprenderse: donde abunda la basura ¡uno puede estar seguro de encontrar ratas!

RATAS Y BASURA

Mi experiencia en la Ciudad Amurallada es una parábola de lo que enfrentamos cuando tratamos con demonios. El escenario oscuro, frío, húmedo y lleno de basura, de esta ciudad provee un cuadro del tipo de lugar que a los demonios les gusta habitar. En esta "ciudad de tinieblas" las ratas pululaban porque la basura abundaba. En el interior de un ser humano, la basura emocional o espiritual provee también un escenario así de atractivo para las ratas satánicas.

Dondequiera que exista basura espiritual, las ratas demoníacas buscan y a veces encuentran entrada. Cuando la oscura ciudad fue derribada y la basura eliminada, las ratas no pudieron permanecer. La solución al problema de ratas en la Ciudad Amurallada no fue, pues, cazarlas sino eliminar la basura (y con ella la "ciudad" entera). Y así ocurre con los demonios. *El problema mayor no son las ratas sino la basura.*

Como debe ser obvio en este momento, los demonios se adhieren más frecuentemente a las emociones lastimadas o al pecado. Si hay pecado, este es casi siempre el resultado de una actitud cuyo origen son las heridas emocionales. Sabiendo esto, yo busco y trato los problemas emocionales y con delicadeza llevo a la persona a tratar con cualquier pecado que se derive de ellos, como la negativa a perdonar, sin llamarlo necesariamente pecado. Abordo las cosas de esta manera delicada al menos por dos razones: 1) Creo que es un enfoque más realista que la frenética búsqueda del pecado que se ha vuelto la norma; y 2) Creo que no es cierto y además es perjudicial atribuirle (como muchos lo hacen) a la pecaminosidad de la persona la causa de su demonización. Rara vez ocurre así.

Como los demonios generalmente se adhieren a las emociones, casi siempre tienen nombres relacionados con su base emocional. Esto es lo que llamamos nombres funcionales o según su "función". También pueden tener nombres personales. Al tratar con los demonios mediante la sanidad interior, como lo hago yo (ver el capítulo 7), es más útil conocer los nombres según su función puesto que indican la emoción o la actitud que necesita corrección, a fin de debilitar al demonio.

La mayoría de las veces los demonios actúan en grupos, rara vez actúa uno solo. Están organizados jerárquicamente, con un líder responsable de cada grupo. Mi costumbre es descubrir a la "rata" líder y por el poder del Espíritu Santo atar todos los demonios bajo su control. Esto me permite tratar con todo el grupo al mismo tiempo, porque el líder habla por todos ellos. Sin embargo, casi siempre hay en la persona más de un grupo de espíritus, con un líder sobre cada grupo que tiene un poder igual al de los demás líderes. Es posible que una vez que cada grupo es atado a quien es su cabeza, se pueda atar a todos los grupos. (Más información en el capítulo 9.)

Los demonios no pueden vivir en una persona a menos que existan dos condiciones: (1) Que hayan descubierto un "punto de entrada": una debilidad espiritual o emocional a través de la cual puedan entrar, y (2) que tengan un "derecho legal"; un derecho que de acuerdo con las leyes espirituales del universo les permita estar allí. Ambas ocurren cuando el anfitrión no trata con los pecados, actitudes y comportamientos mencionados en el capítulo 3. Ignorar tales problemas cubre de basura el interior de una persona la cual atrae a los demonios. No enfrentar y tratar con sinceridad los pecados y las actitudes dañinas, debilita el sistema de una persona y les provee a los demonios un punto de entrada, y solazarse en los pecados y actitudes negativas les da un derecho legal de estar allí.

Yim sufrió cuando niño lastimaduras graves de parte de varios adultos. Su abuela y un empleado lo golpeaban sistemáticamente. Este último abusó de él sexualmente. La reacción natural y comprensible de Yim fue de enojo contra su abusador y contra otras personas que lo habían maltratado. Cuando acudió a mí en procura de ministración a los 45 años de edad, una mezcla de horribles emociones hervía en su interior y a veces hacía erupción provocando incidentes cuando perdía el control y golpeaba a su esposa. Profundos sentimientos de culpa y remordimiento seguían a aquellos momentos, acompañados de extrema frustración por su falta de control. Su violencia había arruinado tres matrimonios anteriores, y el cuarto parecía encaminarse también al divorcio. Estaba enojado consigo mismo, contra sus abusadores y contra Dios, y no podía encontrar alivio.

Aunque las reacciones de su niñez fueron normales, y hasta cierto punto necesarias para su supervivencia, retenerlas debilitó su sistema y le dio a un demonio de ira un punto de entrada y un derecho legal de vivir en él. Las heridas enconadas en sus emociones y en su espíritu suministraron suficiente basura para que el demonio de Ira y una legión de otros demonios se alimentaran. Mientras Yim ignoró estas actitudes y rehusó perdonar a quienes lo habían herido, Ira y los demás demonios (Enojo, Amargura, Resentimiento y Depresión tuvieron un fuerte control sobre él.)

Como no me gusta enfrentar a los demonios cuando aún están fuertes, trabajé con Yim para sanar las heridas y debilitarlos mediante la sanidad interior. Le pedí al Espíritu Santo que lo regresara a un evento tras otro, y que le permitiera sentir otra vez la herida que sintió cuando niño, y experimentar la presencia de Jesús quien lo protegió y lo ayudó a sobrevivir en cada incidente. Bajo el poder y la dirección del Espíritu Santo lo llevé a ver a sus abusadores como víctimas también. Recibió la capacidad de comprender la verdad de que él no era malo, o culpable, o merecedor de abuso; y fue guiado a perdonar a quienes lo hirieron así como Jesús perdonó a quienes lo hirieron a él (ver Lucas 23:34). En el proceso también pudo perdonarse a sí mismo por no ser capaz de controlar las turbulentas emociones que lo habían empujado a atacar a sus esposas y a un hermano. También perdonó a Dios por permitir que le ocurrieran estas cosas horribles.

Fue solamente después de desembarazarse de esta basura emocional que yo enfrenté a los demonios. Para entonces, los espíritus que solían empujarlo con violencia, se habían debilitado bastante. Bien lo dijo el demonio Furia: "Oh, ¡ahora estoy en problemas!" Yim no había dejado a nadie que no hubiera perdonado; no más depresión, enojo, amargura o resentimiento contra su abuela, contra el empleado, contra sí mismo, contra Dios o contra cualquier otra persona. De modo que los demonios ya no tenían más basura para alimentarse y no pudieron ofrecer mucha resistencia cuando les ordené que salieran. Les quitamos tanto el punto de entrada como el derecho legal para estar en Yim. Cuando se eliminó la basura fue fácil sacar a las ratas. Y será fácil mantenerlas alejadas a menos que él les abra la puerta otra vez reincidiendo en las actitudes dañinas que les permitieron la entrada anterior.

LOS NOMBRES DE LOS DEMONIOS Y SUS FUNCIONES

Como se indicó anteriormente, los demonios llevan nombres que describen las funciones que realizan. La mayoría de los nombres de demonios son también los nombres de algunas emociones. La siguiente es una selección de nombres que encontrará en grupos típicos (ver el libro *Cerdos en la Sala,* de Hammond para tener una lista similar pero más completa). Note que hay nombres que se repiten. También he usado bastardillas para los nombres de los demonios que generalmente encabezan un grupo.

- *Muerte,* suicidio, asesinato, deseo de muerte, debilidad.
- *Vergüenza,* culpa, engaño, espíritus mentirosos.
- *Furia,* enojo, amargura, resentimiento, depresión
- *Temor,* preocupación, ansiedad, pánico, terror, temor a algo, (por ejemplo al rechazo, al dolor, a la oscuridad, a estar a solas, a las alturas, a los exteriores.
- *Odio,* venganza, asesinato, odio contra uno mismo
- *Renuencia a perdonar,* enojo, amargura, resentimiento
- *Rebelión,* testarudez, obstinación
- *Rechazo,* rechazo de uno mismo, temor al rechazo, abandono, descuido
- *Carencia de valía,* incompetencia, sentimiento de indignidad, inseguridad
- *Actuación,* perfeccionismo, competencia
- *Oscuridad,* tormento
- *Engaño,* mentira
- *Destrucción,* violencia
- *Confusión,* frustración, olvido
- *Legalismo,* críticas, condenación, juzgar, atribuir faltas

- *Lujuria,* adulterio, fantasía, perversión, pornografía
- *Violación,* violencia, abuso
- *Depresión,* enojo, amargura, resentimiento
- *Control,* manipulación
- *Soledad*
- *Duda,* incredulidad, escepticismo, intelectualismo
- *Orgullo,* arrogancia, vanidad
- *Frustración*
- *Competencia,* inseguridad, orgullo
- *Debilidad,* enfermedad (puede ser un mal específico como *cáncer, diabetes, artritis,* o similares).
- *Blasfemia,* maldecir, hacer mofa

Además de los demonios que causan tales "emociones", otros estimulan las compulsiones y las adicciones. Estos pueden tener nombres tales como:

- *Adicción*
- *Compulsión*
- *Control,* dominación, inclinación a ser posesivo
- *Actuación,* esfuerzo por complacer a los demás
- *Intelectualismo,* necesidad de entender, racionalización
- *Religiosidad,* ritualismo, obsesión doctrinal, legalismo
- *Lujuria,* impureza sexual, adulterio
- *Pornografía,* fantasías sexuales, lujuria
- *Homosexualismo,* lesbianismo
- *Masturbación,* (obsesiva)
- *Alcohol*
- *Drogas*
- *Nicotina*
- *Glotonería*
- *Anorexia,* bulimia
- *Cafeína*

Ocultismo y espíritus ocultos, (incluyendo los de las falsas religiones) son otra categoría de demonización. Estos suelen ser bastante poderosos. Hay otros que es necesario buscar; ellos son:

- *Francmasonería*
- *Ciencia Cristiana*
- *Cienciología*
- *Testigos de Jehová*
- *Nueva Era*
- *Rosacrucismo*
- *Unitarianismo*
- *Mormonismo*
- *Tabla Ouija*
- *Horóscopos*
- *Hechicería*
- *Astrología*
- *Adivinación*
- *Quiromancia*
- *Hechicería*
- *Radiestesia*
- *Budismo,* y varios espíritus budistas
- *Islam,* y varios espíritus islámicos
- *Hinduismo,* y varios espíritus Hindúes
- *Sintoísmo,* y varios espíritus Sintoístas
- *Espíritus familiares,* (espíritus heredados del padre o la madre)

FORTALEZA DE LA ADHERENCIA

Una variedad de factores contribuyen al grado del control que un demonio ejerce sobre la persona en la cual vive.

1. ***Los demonios difieren en fortaleza.*** Algunos demonios parecen ser intrínsecamente más fuertes que otros. Por ejemplo, los demonios del ocultismo y los que entran como herencia parecen ser inherentemente más fuertes que los que

se adhieren por las emociones. Algunas de mis batallas más fuertes han sido con demonios Francmasones. De igual modo los que son invitados concientemente o que reciben su poder mediante maldiciones parecen tener un mayor control que los que se adquieren en las experiencias de la vida. Además los demonios que refuerzan las compulsiones parecen ser más fuertes que los que se adhieren a las emociones.

2. *La cantidad y el tipo de basura disponible para alimentar al demonio constituye una variable importante.* Si un demonio se adhiere a muchas heridas, será bastante fuerte. Cuando hay menos lastimaduras a las cuales adherirse, será más débil. Si es muy débil, al parecer podría salir aún sin ordenársele, si su superior le permite hacerlo. Sin embargo, una vez le pregunté a un demonio muy débil por qué no salía dado el hecho de que tenía tan poco control sobre la persona, y me respondió: "Porque no me han permitido hacerlo".

3. *Los demonios parecen estar organizados en grupos jerárquicos, en los que tienen a uno como líder.* Según mi experiencia, es raro encontrar solamente uno o dos demonios en una persona. En una sesión ministerial típica, primero hacemos contacto con uno de los líderes del grupo, digamos que con el demonio identificado como *vergüenza*. Cuando hay un espíritu de vergüenza casi siempre hay un espíritu de culpa, y espíritus de engaño y mentira. Estos integran un grupo. Un espíritu de *enojo* o *ira* puede liderar otro grupo. Si uno o dos de estos están presentes, espero encontrar amargura, resentimiento y casi siempre depresión (pues la depresión es generalmente una forma de enojo). Otro grupo puede estar liderado por uno o más espíritus de *temor*, acompañado por preocupación, ansiedad y pánico. Al realizar la sanidad interior hago una lista de los demonios líderes que sospecho viven en la persona y cuando es tiempo de enfrentarlos, me remito a esta lista.

4. *Entre los espíritus representativos de emociones, algunos tienen más probabilidades de ser líderes que otros.* Por ejemplo, si hay un espíritu de *muerte*, es más probable que este sea el líder y no otro, digamos el de suicidio o asesinato.

El de *vergüenza* quizá esté a cargo del grupo y no el de culpa; y *enojo* o *ira* a cargo de su grupo y no los de amargura o resentimiento. Cualquiera de estos espíritus puede operar junto con un demonio oculto. Con frecuencia he descubierto que un demonio oculto, aunque intrínsecamente más fuerte que los espíritus representativos de emociones, tiene aproximadamente el mismo poder que los demás espíritus como los de enojo o vergüenza, una vez que las maldiciones y los derechos heredados han sido anulados. Cuando ministré a Yim descubrí un espíritu Indio Americano (oculto) que había sido muy fuerte pero su fuerza se había reducido a la de los espíritus de emociones cuando se anularon los derechos heredados mediante dedicaciones y maldiciones.

5. *Los espíritus internos (de "primer nivel") están bajo la autoridad de espíritus externos de un nivel más alto (de "nivel cósmico").* Los demonios son enviados al interior de una persona por espíritus externos de un nivel más alto y, al parecer, no tienen libertad de salir de allí hasta que los espíritus externos se lo permitan, o que sean obligados a hacerlo. Por lo tanto, los espíritus de primer nivel pueden acudir a los de nivel más alto en procura de ayuda. Por eso es bueno empezar cada sesión de ministración rompiendo cualquier autoridad o capacidad de ayudar que tengan los espíritus de nivel superior que estén fuera de la persona.

6. *Las acciones de una persona pueden debilitar a los demonios que hay en su interior.* Los demonios que residen en una persona pueden ser debilitados por el crecimiento espiritual de esta. Cuando los cristianos demonizados hacen elecciones que los acercan más a Cristo, los demonios pierden terreno. Cuando les pregunté por qué no tenían mayor control de la mujer que habitaban, varios demonios me respondieron: "Está demasiado cerca de Jesús. No podemos dominarla".

La adoración, la oración, la lectura de la Biblia y la comunión con otros cristianos parecen suprimir a los demonios, por lo menos temporalmente. Por eso es que ellos interfieren la adoración, la oración y otras actividades que nos llevan más cerca del Señor. La decisión de tratar con el pecado o con heridas emocionales parece producir el resultado de debilitar permanentemente los demonios adheridos a estos problemas.

Una técnica muy importante de debilitación es la oración por otros. Los demonios a veces hablan de la cantidad de protección que Dios da a una persona como limitadora de la influencia demoníaca. En ocasiones hablan del número de ángeles asignados para proteger a alguien. La combinación de crecimiento espiritual y oración protege a la persona y anula la capacidad de los demonios para hacer su trabajo. Quienes realizan el ministerio de liberación requieren mucha oración pues ellos saquean el campo del Enemigo.

Elizabeth Mahoney ("Tiz") relató el ejemplo más dramático que yo haya escuchado de cómo la oración afecta la obra de los demonios. Ella era una devota de la Nueva Era que no solamente tenía un ministerio de sanidad sino que también enseñaba a canalizar y ministrar sanidad con el poder de los espíritus satánicos a quienes servía. Debido al interés de algunos amigos cristianos de su madre, se inició una campaña de oración por Tiz. Hablando del resultado, ella escribió lo siguiente:

Al principio gradualmente, y luego de manera más rápida, todo aquello por lo cual yo había trabajado con tanta intensidad comenzó a deteriorarse. Los espíritus se volvieron fríos y distantes. Las sesiones de canalización se tornaron dolorosas y me dejaban enferma y exhausta. Me estaba debilitando tanto que no podía conservar un trabajo.

El hecho de que yo no pude sanarme a mí misma impactó a mis amigos. Generalmente yo era la persona a quien otros acudían en busca de ayuda; yo no tenía a quién acudir. Cuando les pedí ayuda a los espíritus, me respondieron sólo con silencio.

Durante una meditación, uno de mis "guías" me habló por última vez para informarme que ninguno de ellos podía permanecer conmigo por más tiempo...

"Tú perteneces a una autoridad más alta –me dijo con enojo e inquietud–. Una autoridad mucho más poderosa que nosotros".

"¿Quién es? ¿Cómo puedo encontrarla?" –supliqué.

"Es tan poderosa que nosotros no podemos siquiera nombrarla" —respondieron. Luego siguieron semanas de silencio. Yo estaba perdida, confusa y aterrorizada. [1]

Ahora Tiz sabe que las oraciones de muchas personas que ella ni siquiera conocía paralizaron a los espíritus malignos y permitieron que escapara de sus garras.

7. *Las acciones de una persona pueden fortalecer el control de los demonios.* Mientras más cede una persona ante las tentaciones o las emociones influenciadas por los demonios, más fuerte se hace el poder de estos. O si durante una sesión de liberación una persona abandona la lucha debido a la intensidad del dolor o de la incomodidad, el demonio se fortalece y gana la batalla. De igual modo si una persona se deshace de un demonio pero posteriormente lo invita a regresar, el demonio se hace más fuerte que cuando salió, y tal vez regrese con otros (ver Lucas 11:26).

LO QUE SIGNIFICA LA FUERZA DEMONÍACA

Ahora usted tiene una mejor idea del significado de la palabra "fuerte" cuando se refiere a los demonios. No obstante, resumiré lo que quiero decir cuando hablo de fuerza demoníaca.

Una indicación de la fuerza de un demonio es cuánto control puede tener sobre la persona. Muchos demonios no parecen tener la capacidad de ejercer ningún control. Estos son los que se encuentran en el primer nivel de la escala de fuerza. Deben contentarse con hostigar a la persona. A continuación algunas ilustraciones de los tres niveles de hostigamiento o control.

1. *Hostigamiento por un espíritu débil.* Una mujer invadida por un espíritu de temor después de sufrir una violación quizá experimente una oleada de temor cuando encuentre a un hombre que le recuerde a su violador o cuando quiera que recuerde la violación o escuche una noticia al respecto en un medio de información. A través de la consejería (sin liberación) y mediante su propio crecimiento espiritual, ella puede tratar el problema lo suficiente para disminuir la fortaleza del demonio de manera que éste escasamente puede molestarla.

2. *Una cierta medida de control ejercida por un espíritu con mayor fortaleza.* Otra víctima de violación que fue invadida durante ese incidente por uno o dos demonios (como enojo, temor y vergüenza) pero no ha podido tratar con sus emociones lastimadas, pierde el control por momentos. Por ejemplo, puede ocurrir que cuando disciplina a sus hijos se deja dominar por la ira y los trata con rudeza. O quizás se siente agobiada por un cúmulo de emociones perturbadoras cuando tiene intimidad sexual con su esposo. O siente una compulsión por bañarse, especialmente después del acto sexual.

En tal caso, los demonios pueden ejercer cierta medida de control, en ciertos momentos y en determinadas situaciones. La persona se asombra de su falta de control pero no lo suficiente como para sospechar de una interferencia demoníaca. Una gran cantidad de mujeres se me ha quejado de que pierden el control cuando corrigen a sus hijos, pero aparte de eso no tienen problemas de auto control. Casi siempre su problema se puede resolver mediante la sanidad interior, es decir, tratando con los acontecimientos de su niñez que lastimaron sus emociones. Estas heridas le dieron a un demonio la oportunidad de entrar y este tiene la capacidad de influenciar el comportamiento de la persona al punto que la lleva a perder el control.

Note la considerable diferencia entre la intensidad de la influencia demoníaca en este ejemplo, y la del primero. La segunda víctima de violación no tuvo que tratar con la basura que de ella resultó. Cada mujer puede haber experimentado inicialmente el mismo grado de invasión, pero el control de los demonios se debilitó en el primer caso por el trato sincero y efectivo que la mujer dio a sus emociones lastimadas.

3. *Un control aún en mayor medida por un espíritu oculto.* Los espíritus ocultos suelen ejercer un mayor control que los que son adheridos a las emociones, por lo menos hasta que se ha tratado con el poder de las maldiciones y dedicaciones. Tuve el privilegio de ministrar a una agradable esposa de pastor a quien llamaré Lori, que tenía unos treinta y cinco años de edad. Sus padres estuvieron involucrados en la Masonería durante la mayor parte de su vida y ella cuando era adolescente perteneció a las Chicas Arco Iris, una filial de los Masones.

Sin embargo, cuando se convirtió en cristiana su participación menguó, no porque supiera del peligro de esta participación sino porque las actividades cristianas eran más significativas.

Después de haber trabajado con ella durante unas 25 horas en el transcurso de una semana, finalmente fue libre del espíritu de Masonería y de las varias docenas de otros espíritus que el demonio líder había invitado. La transformación fue tal que su esposo declaró: "¡Tengo una esposa completamente nueva!" Al comparar su nuevo yo con el antiguo, Lori puede señalar áreas en las cuales los demonios ejercían un grado preocupante de control. Por ejemplo, por primera vez en su vida podía pensar con claridad.

Ahora ella puede empezar a amarse a sí misma, mientras que anteriormente la sola idea era inimaginable. Junto con la capacidad de amarse a sí misma también tiene la capacidad de apreciar, amar y mantener una relación de amistad con sus tres hijos. También pudo desechar el resentimiento que tenía contra su esposo y su ministerio y ahora lo apoya y se dedica a él activamente. Y por primera vez en su vida matrimonial pudo aceptar el amor de su esposo y entregarse completamente a él. Ahora es realmente una nueva persona.

Aunque antes de su liberación Lori pudo hacer que la mayoría de la gente pensara que su situación era normal, quienes estaban más cerca podían ver su infelicidad y su sentimiento de carencia de valía. Estos sentimientos parecían derivarse del control que el espíritu de Masonería y los demás espíritus ejercían sobre ella. No había sufrido el tipo de abuso que causaron en otras personas graves problemas, pero sí tenía sentimientos de abandono por parte de sus padres. La basura se acumuló en la vida de Lori a medida que ascendía en el escalafón de las Chicas Arco Iris. Como sus padres estaban también en la logia, había heredado los espíritus de Masonería y no sabía nada de su presencia en ella. Probablemente esa fue la razón por la cual esos espíritus pudieron ejercer bastante control en su vida.

Cada uno de estos ejemplos es típico de docenas de personas que he conocido. Aún el último ejemplo en el cual el demonio líder fue heredado y este invitó a docenas de otros espíritus, es típico de un gran número de personas que Dios ha cruzado en mi camino.

ESCALA DE LA FUERZA DE ADHERENCIA

Encuentro útil pensar en la fuerza de la adherencia de un demonio a una persona estableciendo una escala del 1 al 10. [2] El nivel 1 representa la adherencia más débil, y el 10 la más fuerte. Los casos de demonización que atrajeron la atención de los autores de los Evangelios todos me impactan y los considero "casos severos". Todos los que acudieron a Jesús lo hicieron movidos por la fe, pero eran tan nuevos en esa fe que los demonios todavía estaban muy fuertes. Su alto grado de demonización los ubica entonces en la categoría o nivel 9 a 10.

En varias ocasiones la Biblia registra que a muchas personas enfermas y con demonios las llevaron a Jesús y él las sanó a todas (ver Lucas 5:15; 6:18-19; 7:21). Seguramente hubo dentro de estos grupos muchos otros individuos que tenían niveles de demonización considerablemente más bajos que los que tenían las personas cuyas historias se cuentan con detalle.

En los días de Jesús la gente estaba bien familiarizada con el problema de la demonización. De hecho muchos de ellos (además de sus discípulos) podían echar fuera demonios por el poder de Dios (ver Lucas 11:19). Lo que sorprendió a la gente y la condujo a Jesús no fue el hecho de la liberación en sí misma, sino la *autoridad* y la inmediatez con la cual él liberaba a las personas (ver Lucas 4:36). Por eso es comprensible que los escritores de los Evangelios registraran sólo unos pocos casos espectaculares.

¿Mi opinión al respecto? Supongo que la mayoría de los demonios que Jesús y sus seguidores encontraron en los creyentes, como la mayoría de los que encontramos en nuestros días, estaban en el primer nivel, el más bajo de la escala del 1 al 10. Podemos visualizar una escala como la siguiente (gracias a John Wimber y Blainc Cook por sugerir la idea):

Débil				Mediana					Fuerte
1	2	3	4	5	6	7	8	9	10

Repito que nuestra estrategia al tratar con los demonios es debilitar a los que están en los niveles medio, o fuerte, antes de intentar en serio su expulsión. Pensar en ese proceso nos lleva a ver la escala como un medidor o indicador con una aguja que señala el número que representa el nivel de la fuerza del demonio. Nuestra estrategia se puede visualizar entonces como un intento de mover la aguja hacia abajo, digamos del nivel 7 al 1 ó al 2, durante la parte de sanidad interior de una determinada sesión de liberación.

Teniendo tal idea en mente, encontramos que los demonios que una vez fueron fuertes pero que ahora han sido debilitados, ya no encajan en la descripción de los demonios de esos niveles. Por ejemplo, los demonios de los niveles 1 ó 2 rara vez tienen suficiente fuerza para usar las cuerdas vocales de las personas. Sin embargo, los demonios de los niveles, digamos, 7 u 8, que han sido debilitados y que han hablado audiblemente a través de la persona, tienden a retener su capacidad de hablar de esa manera aún cuando los hayamos reducido a los niveles 1 ó 2. No obstante, comúnmente es fácil observar la considerable disminución de la fuerza vocal que ocurre cuando debilitamos a un demonio de esta manera.

La que sigue es una descripción aproximada de los demonios en cada uno de estos niveles, según lo que hemos observado cuando por primera vez los abordamos en su nivel; no necesariamente de los que han sido bajados de nivel mediante la ministración.

Niveles 1 – 2: Los demonios ubicados en estos niveles son muy débiles y tienen poco control sobre una persona, aunque pueden ser bien pesados o latosos en su labor de hostigamiento. Hacen cosas tales como causarle incomodidad a una persona durante la adoración o el estudio bíblico, afectar los sueños, al parecer disminuir la resistencia de una persona a las enfermedades, y tal vez contribuir a la confusión y al mal juicio.

Cuando los retamos en el nombre de Jesús pueden hacer que la persona afectada tosa, se sienta soñolienta, bostece, sienta dolor en alguna parte del cuerpo, o una ligera sensación de ahogo. No se comunican de manera audible sino mediante impresiones y a veces mediante cuadros o imágenes mentales. Los demonios en este nivel regularmente se van en forma fácil y rápida cuando se les ordena salir en el nombre de Jesús.

Niveles 3 – 4: En estos niveles los demonios pueden ejercer un mayor control sobre su anfitrión. Pueden causar ira incontrolable, temor y una mayor incomodidad durante la adoración, a veces acompañada por una sensación casi de pánico y un fuerte deseo de escapar. Las personas que tienen demonios de estos niveles suelen preguntarse: "¿Qué me hace actuar o sentir de esta manera?" Pueden experimentar ocasionalmente incidentes perturbadores que las llevan a cuestionar su competencia y tal vez incluso su cordura. Los pensamientos de suicidio son comunes lo mismo que los achaques físicos repetidos.

Los demonios que están en este nivel pueden ser bastante engreídos y arrogantes cuando se les reta en el nombre de Jesús. Quizá ofrecen un poco de resistencia si los retamos antes de haberlos debilitado, tal vez sacudiendo un poco a la persona que habitan, afectando su respiración, causándole confusión y dolor físico. Las personas que han sufrido su acción la describen como que son "agarrados" por garras, por el cuello, la nuca o la parte posterior de la cabeza. Los demonios ubicados en este nivel son capaces de comunicarse con bastante claridad con la mente de la persona, o con su voz, si ésta les permite hacerlo. Sin embargo, para tal persona es bastante fácil evitar que tal comunicación ocurra especialmente cuando los demonios han entrado en pánico. Si usted intenta echar fuera los demonios de este nivel, puede esperar una lucha bastante larga. Es preferible debilitarlos primero y reducirlos al primer nivel.

Niveles 5 – 6: Los demonios en estos niveles se especializan en causar comportamientos compulsivos. Como lo dijo la esposa de un pastor a quien liberamos de un demonio de este nivel: "Todo lo que hacía mi esposo, lo hacía compulsivamente". Estos demonios ejercen un gran control sobre sus anfitriones y por largos períodos de tiempo. Si hay presencia de espíritus de ira, temor u odio, la personalidad del individuo será inclinada en esa dirección. Las alergias y otros problemas físicos persistentes también pueden estar presentes. Si existen perversiones sexuales como pornografía y masturbación compulsiva, serán fuertes y causa de sentimientos de culpa. Los demonios de este nivel pueden llegar a ser atrevidos y hablan a la mente de una persona de una manera que obviamente indicaría su presencia, si la persona supiera suficiente para buscarlos. A menudo tratan de convencer a sus anfitriones de que están locos. Es característico en ellos producir fuertes pensamientos de suicidio y en algunos, débiles intentos de acabar con todo.

Los demonios de este nivel podrían ofrecer algo de lucha si se les confronta cuando tienen toda su fuerza. Causarán distorsiones corporales y mucho dolor en sus intentos de detener la liberación a menos que se les prohíba hacerlo. Pueden arrojar al piso a las personas y realizar moderadas demostraciones de fuerza. También pueden interferir con la sanidad interior enfocada a debilitar su control. Pueden, con bastante facilidad, hacer uso del aparato vocal de la persona afectada, a menos que ésta se esfuerce por suprimir sus vocalizaciones. Si interfieren con la sanidad interior, una buena estrategia puede ser retarlos, prohibirles que causen violencia y obligarlos a revelar a qué están adheridos. Una vez que lo sepamos, podemos llevar a la persona afectada a tratar con lo que permite la adherencia de los demonios y debilitarlos de esa manera.

Niveles 7 – 8: Rara vez encontramos cristianos demonizados a un nivel tan alto, a menos que hayan estado involucrados en el ocultismo. Lo demonios de estos niveles son capaces de ejercer mucho control sobre sus víctimas, en algunos casos por largos períodos de tiempo. En este nivel de demonización parece que las personas tuvieran dos o más personalidades diferentes. Cuando los demonios toman el control, es común observar una preocupante mirada en sus ojos, así como una conducta violenta u otro comportamiento atípico del que la persona se avergüenza posteriormente. Lo más probable es que tal persona no recuerde con claridad el incidente, si es que lo recuerda. Si la persona afectada es cristiana, su capacidad de ejercer control se fortalecerá y la frecuencia del control demoníaco en ella disminuirá

Si retamos los demonios en este nivel cuando aún conservan toda su fuerza, puede haber bastante violencia aunque se les haya prohibido causarla. No obstante no se debe intentar ningún reto en este o en cualquier otro nivel sin haber prohibido la violencia. Puede haber también un poco de "actuación" o de "teatro" (por ejemplo gestos homosexuales, o retorcerse como una serpiente). En este nivel los demonios quizás también se esfuercen en interferir los intentos de debilitarlos mediante la sanidad interior. En efecto puede ser muy difícil lograr un claro acceso a la voluntad de la persona, dada la intensidad de la influencia demoníaca. Desde luego los demonios son capaces de hablar con facilidad a través de las cuerdas vocales de la persona que habitan, sin que esta pueda ponerles freno de manera significativa. A veces los demonios hablan con otras voces.

Niveles 9 – 10: *Es raro encontrar cristianos demonizados, si es que los hay, en este nivel.* Las características de los niveles 7 y 8 son las que más se encuentran y suelen incrementarse. Es decir, el control demoníaco es mayor y ocurre con mayor frecuencia.

No es aconsejable retar a los demonios en este nivel mientras conservan la plenitud de su fuerza. Sin embargo esto es algo inevitable pues son lo suficientemente fuertes para mantener desequilibrada por un buen tiempo a la persona donde habitan. La oración, el ayuno, ayudar a la persona a crecer espiritualmente, fortalecer su voluntad y tratar con los problemas donde los demonios están arraigados, deben ser los elementos principales de la estrategia. También se debe tratar de retar a los demonios lo suficiente para obtener información de ellos.

ESTAR CONCIENTE DE ELLOS

Los individuos occidentales que son demonizados rara vez sospechan que este tipo de interferencia pueda existir en su vida. Esta falta de conciencia es motivada por una visión del mundo que desecha la realidad de los espíritus malignos (ver mi libro *Christianity with Power* [Cristianismo con Poder]. Las iglesias de Occidente, infectadas de la misma visión y las mismas suposiciones acerca del mundo, rara vez le dan más que una importancia de labios a la existencia de Satanás y los demonios. De modo que a la interferencia demoníaca siempre se le interpreta de manera natural como un problema emocional, y la persona afectada asume plena responsabilidad por el problema.

El Enemigo utiliza bien esta falta de conciencia, aunada a la práctica de culparnos nosotros por la demonización así como por los problemas no relacionados con demonios. Él se alegra sobremanera cuando puede hacer su trabajo sin que lo culpen por él, o sin que crean siquiera que él está presente. Esa es una de las razones por las cuales se complace cuando la gente cree que los demonios no pueden habitar en los cristianos. En los grupos que creen tal cosa él puede pasar inadvertido, influenciando sistemática y eficazmente a quienes le pueden causar mayor daño: los cristianos.

Quienes son demonizados en los niveles inferiores son particularmente ignorantes de la presencia de intrusos. Quizá se sienten empu-
jados de vez en cuando a comportamientos negativos y sienten interferencia en sus momentos de oración, adoración y estudio de la Biblia.
Dada la enseñanza que prevalece en los círculos cristianos, culpan a su
naturaleza pecaminosa y no buscan otra causa posible. Aunque los demonios sean débiles y su acoso sea de un nivel comparativamente bajo,
encuentro que el grado de auto condenación causado en las personas
hostigadas es muy preocupante. Muchas de ellas llegan a convencerse
de que algo malo pasa permanentemente en su espiritualidad. Y no es
raro que se pregunten si quizás es que no han nacido de nuevo.

*Es cierto que debemos asumir responsabilidad por nuestra situación
espiritual, emocional y física cualquiera que sea.* La Biblia no nos da
ningún derecho a evadir nuestra responsabilidad culpando a Satanás
o a los demonios. Pero las Escrituras fueron escritas para personas que
conocían las "maquinaciones" del Enemigo (ver 2ª Corintios 2:11), y
no tenían el propósito de ofrecer toda la gama de ayuda que la mayoría
de cristianos estadounidenses necesitan hoy. Porque a diferencia de las
personas a quienes iban dirigidos esos documentos (las Escrituras), la
mayoría de la gente de nuestro tiempo está totalmente ignorante de
cómo opera el Enemigo. *Aunque debemos asumir plena responsabilidad
por lo que ocurre en nuestro interior, una importante responsabilidad
previa es saber cómo opera el Enemigo y qué hacer al respecto.*

En los niveles intermedios de demonización los cristianos de
Occidente generalmente pasan por alto las señales para detectar a
los demonios. Aunque la compulsión y la falta de control pueden ser
problemáticas a veces, la respuesta más probable es culpar la naturaleza
pecaminosa o el perjuicio emocional, y permanecer inconcientes de la
realidad de la demonización. En este nivel, la persona probablemente
busca la ayuda de un sicólogo. Pero incluso los sicólogos cristianos
generalmente no tratan con los demonios. Trabajan de manera natural
carentes tanto del conocimiento como del poder que se requiere para
liberar a la gente de los demonios.

Si la persona enfrenta los problemas a los cuales están adheridos
los demonios, aunque el sicólogo no sea conciente de su presencia,
el poder demoníaco se debilita y por lo menos algunos de ellos salen

por su cuenta si sus líderes se lo permiten. Sin embargo, rara vez salen todos. A los más fuertes los debemos enfrentar, individualizar y expulsar.

En los niveles altos de demonización, la persona estará fuera de control tanto tiempo que será bastante obvio para todos, que hay en ella algo radicalmente mal. Muchas de estas personas terminan en las calles o en instituciones mentales para criminales. Sin embargo, algunos son capaces de controlarse en público la mayor parte del tiempo. No obstante, aún en este nivel, la visión naturalista de nuestro país impide que la mayoría de estadounidenses comprendan el componente demoníaco de sus problemas.

Algunos parecen tener mayor capacidad que otros para resistir la influencia satánica. Aún algunas personas con un nivel comparativamente más alto de infestación parecen capaces de ocultar bien sus síntomas. Sin embargo, otras con un nivel más bajo de interferencia parecen desmoronarse. No sé cuál es la razón, pero parece estar relacionada con la fuerza de voluntad para luchar de la persona. Pero no entiendo qué es lo que capacita a algunos para ser fuertes en su disposición de lucha, mientras que otros tienen una voluntad débil.

Aunque debemos tener cuidado en no ir al extremo de culpar de todo a la influencia demoníaca, también necesitamos instrucción sólida respecto al importante papel que desempeñan los demonios en sabotear las vidas humanas. Es alentador ver que líderes cristianos equilibrados le están dando más atención a este asunto. El enfrentamiento de la realidad de los demonios ya no debe ser asociado solamente con la "franja lunática".

Cuando oigo a algunas personas refiriéndose a un "ministerio de liberación", quisiera interrumpirlas para ver qué es lo que entienden por tal cosa. He descubierto que lo que mis colegas y yo hacemos para liberar a la gente de los demonios es diferente de lo que hace la mayoría.

En la liberación, muchos van inmediatamente tras los demonios. Ese enfoque presenta por lo menos tres problemas. Primero, ataca los demonios cuando todavía están fuertes. Este hecho puede conducir a una gran batalla, lo que no es bueno ni para el equipo de liberación, ni para la persona en la que viven los demonios. Segundo, la cantidad de lo que yo llamo "basura" puede ser tan grande que la persona es un blanco fácil ya sea para que los demonios que se van regresen, o para que otros como ellos se aprovechen de la situación.

Cuando nos ocupamos de los demonios primero, la gente supone que se ha hecho todo, o la mayor parte del trabajo. Ser liberados de los demonios hace sentir y lucir tan bien, que es fácil descuidar la necesidad de sanidad interior. Los demonios pueden haberse ido, pero la parte más importante de la sanidad no ha ocurrido, y la persona está en riesgo de ser invadida otra vez, tal vez por más demonios que antes (ver Lucas 11: 26).

De modo que rehusamos ver nuestra tarea solamente como liberación. Hemos descubierto que el aspecto más importante de un ministerio de liberación no es echar fuera los demonios; estos son un problema secundario. El problema básico es tratar con aquello a lo cual están adheridos. El objetivo es que la persona sea sanada, no solamente liberada de los demonios. Pero la sanidad no está completa hasta que bajo el poder del Espíritu Santo se traten las heridas de profundo nivel que estorban la relación de la persona con Dios, consigo misma y con los demás. A esta sanidad se le llama comúnmente sanidad interior, o con otros nombres tales como "sanidad de los recuerdos", "sanidad de profundo nivel" o "consejería en oración".

Una mujer, a quien llamaré Yeni, acudió a mí acompañada por su hermano interesado por ella. Tenía unos 35 años de edad y en toda ella se podía leer el calificativo de "disfuncional". Me describió un matrimonio que detestaba; una relación con sus hijos que era importante pero que estaba empañada por sus explosiones de ira; una niñez y un matrimonio prematuro marcado por heridas, abuso, celos, resentimiento y temor. Ella y algunos de sus hijos también tenían preocupantes problemas físicos. Había consultado a varios sicólogos y se habían dado por vencidos con ella.

De lo que Yeni y su hermano me contaron, parecía *muy probable* que tenía demonios, y ella misma temía que los tuviera aunque había creído el mito que los cristianos no pueden ser demonizados. Sin embargo, igual que muchos que lo creen pero sospechan que pueden tener demonios, a ella se le hacía difícil estar segura de su salvación.

La pregunta que enfrenté en el caso de Yeni, como en el de otros fue: "¿Por dónde debo empezar?" Después de mi oración usual en la que le pedí al Señor que me respondiera esta pregunta, comenzamos la sesión. Pasadas tres horas la finalizamos sin haber retado a los demonios. Probamos y oramos a través de una gran cantidad de incidentes de su pasado que le habían causado heridas. Tratamos con el enojo, el resentimiento, los celos y el temor, y también la ayudamos a perdonar a todos los que recordaba que la habían lastimado.

Como lo he dicho varias veces, esa es la manera de debilitar cualquier demonio que pueda estar presente. También es la forma de ministrar sanidad a las partes gravemente lastimadas, haya habido o no, participación de demonios. Esto es algo típico de mi enfoque con cualquiera que acude a mí por consejo y liberación.

En la segunda visita de Yeni, con su permiso reté algunos demonios y por el poder del Espíritu Santo pude liberarla de ellos. El cambio fue tan grande que informó que estaba pasando por una crisis de identidad mientras aprendía a vivir en la novedad que fue posible cuando trató honestamente con su dolor interior con el poder de Jesús. Los demonios fueron un factor importante. De hecho ellos estaban divirtiéndose mientras Yeni tenía una gran cantidad de emociones no tratadas de las cuales podían nutrirse. Sin embargo, habiendo ya sanado muchas de esas emociones difíciles de manejar, expulsamos los demonios de manera relativamente fácil.

Yeni todavía tiene por delante un tanto de trabajo para cambiar sus hábitos, pero con ella, así como con todos los demás, la parte más importante del trabajo fue (y es) la sanidad interior, no el trato con los demonios.

LO QUE ES LA SANIDAD INTERIOR

La sanidad interior, o como yo prefiero llamarla, *sanidad de profundo nivel,* es un ministerio en el poder del Espíritu Santo enfocado a llevar sanidad integral a la persona. Ya que la mayoría de los achaques humanos tienen estrecha relación con el daño causado en las emociones y el espíritu, la sanidad interior se enfoca en ellos. Busca llevar el poder de Cristo para sanar las raíces que es de donde proviene el daño. Como a estas se suele tener acceso en los recuerdos que se conservan inconcientemente, para todos los que acuden en procura de ayuda la sanidad interior implica un enfoque especial en lo que a veces llamamos "la sanidad de los recuerdos". Algunos problemas específicos que solemos encontrar son vergüenza, negativa a perdonar, enojo, amargura, resentimiento, rechazo, baja auto estima, temor, preocupaciones y asuntos sexuales.

Betty Tapscot en su libro *Inner Healing Through Healing of Memories* [Sanidad Interior Mediante la Sanidad de los Recuerdos], y David Seamands en el suyo, *Healing of Memories* [Sanidad de los Recuerdos], dan dos definiciones adicionales:

La sanidad interior es la sanidad del interior [de la persona]: la mente, las emociones, los recuerdos dolorosos y lo sueños. Es el proceso por el cual somos liberados de los sentimientos de resentimiento, rechazo, auto compasión, depresión, culpa, temor, pena, odio, inferioridad, condenación o carencia de valía, etc. Romanos 12:2, dice: "No se amolden al mundo actual, sino sean transformados mediante la renovación de su mente". La sanidad interior es la renovación de su mente. [1]

La sanidad interior es una forma de consejería y oración cristiana las cuales enfocan el poder sanador del Espíritu Santo sobre ciertos tipos de problemas emocionales y espirituales. [2]

Al ir por la vida nos hieren, nos lastiman. De hecho a la mayoría nos han herido tanto que si pusiéramos un pequeño vendaje en nuestro cuerpo por cada herida recibida, ¡pareceríamos momias! Cuando nos hieren hacemos el mejor esfuerzo para evitar derrumbarnos o para no reaccionar de una manera socialmente inaceptable y reprimimos nuestras reacciones sinceras (las verdaderas).

Aunque reprimir estas reacciones nos ayuda a soportar la situación en el momento en que ocurre, más tarde esta acción llega a ser contraproducente. Cuando reprimimos nuestra verdadera reacción, prácticamente estamos poniendo vendajes en heridas abiertas y sin sanar, sin limpiarlas primero; heridas que luego se infectan y enconan bajo las vendas. Los vendajes permiten que la pus se filtre e infecte nuestra vida, mucho después de que la causa haya desaparecido de nuestra memoria conciente.

En una reacción ideal tratamos sinceramente con cada herida en el momento en que ocurre, o después pero pronto. Lo hacemos enfrentando nuestros verdaderos sentimientos, admitiéndolos y permitiendo que Jesús se haga cargo. Él nos invita a acudir a él con todas nuestras cargas (ver Mateo 11:28). Y luego el apóstol Pablo nos exhorta a tratar con el enojo y, probablemente, con otras reacciones similares, antes de finalizar cada día (véase Efesios 4:26). Pero sobre todo, como lo dejan bien claro tanto Jesús como Pablo, debemos perdonar a cualquiera que nos haya herido (ver Mateo 6:14-15; Efesios 4:32).

El hecho de que no hemos atendido nuestras heridas y hemos permitido que se enconen dentro de nosotros, produce como resultado una severa interrupción en nuestra relación con Dios, con nosotros mismos y con los demás. La alteración en estas tres áreas crea la mayor parte de la basura de la que el Enemigo se aprovecha. Su sanidad rompe el dominio que el Enemigo ejerce sobre nosotros.

La relación ideal *con Dios* nos muestra como criaturas nuevas y en crecimiento (ver 2 Corintios 5:17); unidos al Señor en espíritu como una sola persona (véase 1 Corintios 6:17); llenos del Espíritu Santo (Hechos 2:4); y viviendo tan cerca del Padre como vivió Jesús (Juan 5:19-30).

La relación ideal *con nosotros mismos* nos muestra aceptándonos, amándonos y perdonándonos, así como Dios nos acepta, nos ama y nos perdona. Entonces nos vemos como hijos de Dios hechos y derechos (1 Juan 3:1); Romanos 8:14-17; Gálatas 4:4-7); herederos con Jesús de todo lo que Dios tiene para él, y como sus príncipes y princesas, capaces de mantener nuestras cabezas en alto. Tal relación nos libera para perdonar totalmente a cualquier persona que nos haya herido.

La relación ideal *con los demás* nos muestra aceptando, amando y perdonando a otros, así como Dios los acepta, los ama y los perdona, y así como él nos ha capacitado para aceptarnos, amarnos y perdonarnos. Nos relacionamos de una manera saludable y constructiva con todas las personas, especialmente con cristianos, libres de envidia, de actitudes juzgadoras y de otras emociones negativas. También nos relacionamos correctamente con toda autoridad ordenada por Dios.

Lo descrito anteriormente es el ideal. Sin embargo, la forma en que vivimos realmente estos tres tipos de relación suele estar bastante alejada de esos estándares De modo que encontramos que la *enfermedad espiritual* en nuestra vida es el resultado de factores tales como pecado, descuido de la relación con Dios, conceptos equivocados acerca de Dios, y enojo contra él por lo que permite que nos ocurra. Además, quizás hayamos heredado un espíritu generacional de maldición y tal vez estemos bajo ataque satánico debido a esa herencia espiritual.

La relación con el yo también puede estar enferma debido a sentimientos de carencia de valor, incompetencia, vergüenza, culpa, auto rechazo e incluso odio hacia uno mismo, derivados casi siempre de reacciones a experiencias de la niñez. Todo esto puede estar mezclado con auto condenación que involucra enojo y culpa, y renuencia a aceptarse y perdonarse uno mismo. Además, los espíritus y maldiciones generacionales, incluyendo maldiciones proferidas por uno mismo, o ataques satánicos pueden dañar la relación con nosotros mismos.

La relación con otros también puede estar enferma. El individualismo suele impedirnos el tipo de cercanía correcto con otras personas. Por supuesto los rompimientos afectan las relaciones tal como lo hacen los problemas personales como el pecado, una distorsionada imagen de uno mismo y actitudes negativas como el orgullo, la arrogancia y un espíritu crítico. Los espíritus y las maldiciones que pasan de generación a generación, o los ataques satánicos también desempeñan un rol en el trastorno de las relaciones con los demás.

Dichos quebrantos en las relaciones tienden a aparecer en *problemas emocionales.* Nuestras reacciones a lo que otros nos han hecho o a lo que nosotros mismos nos hacemos, suelen traducirse en actitudes dañinas tales como culpa, enojo, amargura, resentimiento, negativa a perdonar y temor. Un condicionamiento familiar impropio tiende a provocar respuestas como el perfeccionismo, una inclinación al protagonismo y un espíritu crítico.

Note que *es la reacción, no la herida en sí misma, la que se convierte en problema.* Recrearse en una reacción aunque sea justa crea la basura emocional de la cual se alimentan los demonios. A menudo tenemos el derecho de enojarnos e incluso de vengarnos. Pero Jesús sabe que si nos aferramos a ese derecho, la infección interna nos destruirá. De modo que nos dice: "Déjamelo a mí". Tener esos sentimientos no es lo malo, pero aferrarnos a ellos es lo que nos arruina.

Tal afección emocional suele manifestarse mediante un *temor a enfrentar el pasado.* El cerebro registra todo lo que ocurre en nuestra vida, más o menos desde los dos meses de gestación en adelante. Sin embargo, también oculta y suprime los recuerdos de lo extremadamente negativo. Esto es positivo para la supervivencia inmediata, pero si esos recuerdos son sepultados indefinidamente en nuestro interior, infectan el presente. Muchos hemos suprimido las heridas por tan largo tiempo, y sabemos tan poco en cuanto a qué debemos esperar si les permitimos salir a la superficie, que respondemos con temor ante la sola sugerencia de tratar con el pasado. Y el Enemigo está presto a estimular ese temor.

Y así, en vez de permitir que lo suprimido salga a la superficie, y enfrentar todo ese bagaje que tememos, descubrimos que reaccionamos de manera desproporcionada ante pequeñas irritaciones. Sufrimos de depresión que parece no tener relación con las circunstancias presentes. Tenemos sueños raros y extraños patrones de sueño. No sabemos qué significan estas cosas o lo que debemos hacer respecto a ellas. Algunas personas van al sicólogo y un cierto porcentaje de ellas logra controlar dichos síntomas tratando con el pasado. Pero para muchos la sola idea de exponer lo que hay en su interior es aterradora. Razonan que *tal vez, al fin de cuentas, no dé resultado*. De modo que el temor, y pensar en una posible vergüenza les impide a muchos buscar sanidad.

Ocultar las cosas que llevamos dentro sin tratar con ellas afecta nuestra relación con Dios, con nosotros mismos y con los demás. Con Dios nos sentimos incómodos, especialmente si él se acerca a nosotros, porque esperamos su condenación y castigo. Quizás nos atormentan la culpa, la falta de valía y el miedo a su juicio. *Con nosotros,* pues nos encontramos enlodados con sentimientos de incompetencia y auto rechazo, incapaces de aceptar el amor, el perdón o la aceptación de Dios y de los demás. Y tampoco podemos amarnos, perdonarnos o aceptarnos. En cambio nos culpamos por las cosas malas que nos han sucedido, al suponer que no hubieran ocurrido si no las hubiéramos merecido. *Con los demás* vivimos en constante temor de que descubran cosas acerca de nosotros pues, suponemos que si los demás, o incluso Dios, supieran nuestro pasado, nos rechazarían. Mantenemos la gente a distancia y vivimos en soledad, con envidia y enojo acerca de las aparentes diferencias entre nuestra situación y la de otros. Y muchas veces los problemas físicos se desarrollan junto con estas dificultades emocionales. He oído un cálculo según el cual un 80 por ciento de los problemas físicos tienen raíces o son provocados por causas emocionales.

Pero la manera de obrar de Dios es con la sinceridad y la verdad. Él quiere que enfrentemos el pasado abiertamente y que tratemos con él con su ayuda. Como lo dicen los nigerianos del norte: "Cuando es tiempo de bañarte, ¡no escondas tu barriga!" Cuando es tiempo de trabajar por una sanidad, debemos dar la cara y tratar con todas las cosas. Podemos tratar con ellas con la ayuda de Dios y recibir sanidad y libertad. Igual que ocurre con la cirugía física, la cirugía espiritual suele ser dolorosa. Pero es también liberadora, tal como lo afirma el hombre autor de esta carta que recibí en 1997:

El lunes pasado por la noche, la oración que usted hizo por mí fue una experiencia que transformó mi vida. Desearía poder expresar cuánto mejor me siento ahora. Me siento más libre que en cualquier otro momento que yo recuerde. Ahora puedo tratar con todas las cosas mucho mejor y pensarlo todo con mayor claridad. Siento que algo ha salido de mí y al mismo tiempo me siento lleno interiormente. ¡Es maravilloso!

Acompañados por Jesús podemos regresar a experiencias en las cuales fuimos heridos, tanto a las que podemos recordar como a las que nuestro cerebro ha registrado pero no nos permite recordar. Las podemos vivir otra vez con Jesús allí, y él nos capacita para perdonar a quienes nos han herido, y para entregarle nuestro dolor a él. El resultado es libertad de la esclavitud del pasado que nos ha arruinado y nos trajo los demonios junto con la basura de la cual se han estado alimentando.

APLIQUEMOS LOS PRINCIPIOS

Para ilustrar la aplicación de estos principios, presento el siguiente caso, el cual no es un acontecimiento aislado sino que es típico de numerosas experiencias ministeriales actuales. Visualizaremos a la persona a quien ministramos como una joven llamada Zuly. Nosotros, el equipo ministerial, empezamos orando, pidiéndole al Espíritu Santo que asumiera el control y dirigiera todo el proceso. También le pedimos protección, para nosotros y para nuestras familias, contra los ataques satánicos. Al parecer nuestra oración hizo que se manifestara un demonio llamado Enojo. Mientras interrogábamos a Zuly respecto a sus problemas, el demonio insistía en entrometerse en nuestra conversación. Parecía estar en un nivel 5 ó 6 en nuestra escala, así que tenía la fuerza suficiente para interferir. Si no nos hubiera interrumpido, no le habríamos prestado atención hasta que el trabajo de limpieza interior se hubiera realizado. Pero basándome en lo que Zuly me dijo respecto a sus razones para acudir a nosotros, tuve una fuerte sospecha de que había más demonios presentes.

El demonio empezó a emitir gruñidos, hizo todo tipo de amenazas tontas y trató de asustar a Zuly causándole dolor en su espalda. Yo asumí autoridad en el nombre de Jesús y le ordené que cesara tanto su actuación como el dolor que estaba causando. Esto lo puso furioso pero no pudo hacer nada al respecto. Tuvo que parar la mayor parte de lo que estaba haciendo pues nuestro poder era más grande que el suyo. Zuly experimentó un poco de dolor, pero las palabras arrogantes del demonio y sus amenazas cesaron por completo.

Una vez que el demonio fue atado, empecé a preguntarle a Zuly sobre su pasado. Después de unos minutos confesó que abrigaba un profundo enojo contra su esposo como consecuencia de su constante violencia verbal durante el tiempo de su matrimonio. Tras pedirle al Espíritu Santo que nos dirigiera, hice que ella se visualizara en una de esas situaciones de abuso. Le pedí que sintiera su herida y su degradación, además del enojo que sintió hacia su esposo en ese momento. Luego invité a Jesús a que hiciera visible para Zuly su presencia en el lugar y el momento cuando fue lastimada.

Cuando Zuly se ubicó visual y emocionalmente en esa situación, pudo ver a Jesús parado cerca de ella, con una mirada de simpatía en su rostro. Su expresión era tal que Zuly sintió que él se paraba entre ella y su esposo para protegerla cada vez que este trataba de golpearla. Mientras ella visualizaba y vivía otra vez ese momento, le pedí que considerara el trasfondo de su esposo. "¿En el transcurso de su vida había sido maltratado por "otras personas importantes" para él? –le pregunté. ¿Podía ser que él mismo fue una víctima y nunca pudo controlar su propio dolor? Las personas que han sido victimizadas, victimizan a otros" –le dije.

Me dijo que los padres de su esposo ciertamente lo habían victimizado. Les parecía a ellos que él nunca hacía nada bien. Continuamente lo menospreciaban cuando estaba con ellos y lo criticaban a sus espaldas. Esta crítica se hizo extensiva a sus amigos y más tarde a su matrimonio. No le ocultaban su desaprobación hacia Zuly. Mientras hablábamos del trasfondo de su esposo, Zuly llegó a simpatizar con él. La compasión casi la abruma cuando vio a su esposo como una víctima de la cual se hubiera podido esperar un comportamiento peor, dado el abuso que había sufrido. Al darse cuenta de esto, a Zuly le fue fácil perdonarlo por hacerle sufrir a ella su propia situación de víctima.

Cuando Zuly se vio a sí misma y vio la realidad de la presencia de Jesús en la situación de abuso contra ella, perdonó a su esposo allí mismo. En ese momento le pedí a Jesús que le diera un inmenso abrazo, lo que en efecto él hizo. Quise que sintiera (y no sólo que conociera) su amorosa presencia con ella en una situación dolorosa. Lo hizo con otras varias situaciones por las que había pasado y, finalmente, por sugerencia mía, extendió sus manos a Jesús y le permitió apilar en ellas toda la renuencia a perdonar, y el enojo y el resentimiento que había acumulado a través de los años. Cuando entregó a Jesús toda esa cantidad de basura, sintió una considerable sensación de libertad.

Zuly estaba enojada con otras personas también. Entre ellas estaba su padre que, según ella, que la había descuidado y no le dio afirmación. Trató con este sentimiento y lo perdonó a él y a otras personas, yendo a veces de situación en situación, y otras veces de una manera más general. En cada caso pudo visualizar a Jesús afirmándola, liberándola de la culpa que sentía debido a su enojo, y tomando sus cargas sobre sí. Zuly derramó lágrimas, primero de enojo, luego de compasión, y por último por su liberación. Y fue liberada de la enorme carga que sentía.

Pasamos alrededor de dos horas tratando con su enojo, su renuencia a perdonar y su maraña de emociones lastimadas: temor, rechazo de sí misma, depresión y desaliento. Entonces llamamos al espíritu de Enojo otra vez. Ahora estaba mucho más débil. Lideraba un grupo de espíritus que incluía ira, amargura, resentimiento y depresión. Bajo el poder del Espíritu Santo le ordené a Enojo que me dijera si Zuly todavía necesitaba perdonar a alguien. Respondió que ella todavía tenía algo contra su hermano menor. Le pedí a ella que tratara con eso, y lo hizo. Le pregunté al demonio si todavía él tenía algún derecho legal para permanecer en ella. No lo tenía, de modo que lo envié, junto con sus secuaces a un "lugar de encierro".

Luego llamé al espíritu de Vergüenza. Zuly había sido avergonzada sistemáticamente por su padre y su esposo, y ella a la vez se avergonzaba de ellos. Pero de manera similar a como lo había hecho con el espíritu de enojo, entregó a Jesús toda su vergüenza y su culpa. Con la vergüenza y la culpa hay generalmente un espíritu de engaño que se especializa en hacer que la persona crea mentiras. Hice que el demonio le confesara a ella que él estaba tras las mentiras que ella creyó acerca de sí misma, de su padre y su esposo, y de otras varias personas. Entonces pudo entregar a Jesús tanto los demonios como las mentiras.

Luego tratamos con el demonio que había tras el hecho de que ella se odiara a sí misma. Le ayudé a Zuly a ver quién es ella realmente, una hija del Rey (ver 1 Juan 3: 1) y por lo tanto una princesa. Esta idea la emocionó y pudo coincidir con Jesús en que ella era aceptada, perdonada, y sobre esa base era libre para decidir aceptarse, perdonarse y amarse a sí misma. Cuando hicimos lo anterior, el espíritu de Odio a sí misma admitió que él y sus secuaces no tenían más derecho de permanecer dentro de ella. Y pronto los encerramos en otro lugar.

También encontramos varios demonios más. Tenían nombres tales como Rechazo, Temor, Preocupación, Abuso y Muerte (ella había considerado la posibilidad de suicidarse). Cada uno de ellos tenía ayudantes; entonces ordené que ellos y sus ayudantes fueran atados juntos y enviados a un lugar de encierro. Cuando hicimos tal cosa y yo había llegado al final de mi lista de "sospechosos", les pedí a los ángeles que recogieran los demás espíritus que hubiéramos pasado por alto, y a la cuenta de tres, los obligaran a ir a otro lugar de encierro. Entonces envié a Jesús estos recipientes de encierro llenos de espíritus, y le pedí que apartara los espíritus de Zuly tan lejos como está el oriente del occidente, y que le mostrara a ella lo que él haría con ellos. Ella pudo ver los recipientes y me dijo que Jesús los había arrojado al fondo del océano. En ese momento le pedí a Jesús que plantara su cruz y su tumba vacía entre los espíritus y Zuly, y les prohibiera regresar o enviar a otros. Después ordené que todo vacío y todo espacio en ella fuera lleno de Paz, Amor, Gozo y un sinnúmero de otras bendiciones.

La respuesta de Zuly fue como la del hombre de la carta que mencioné anteriormente en este capítulo: se sintió más liviana y con mucha paz mental; ya no hubo más voces en su interior ni más emociones negativas incitándola al enojo. Aunque habíamos sanado los problemas en sus raíces, todavía tuvo que esforzarse por cambiar los viejos hábitos que fueron alimentados por esas raíces. Yo le advertí que eso podría ser todo un reto. Su esposo notó la diferencia inmediatamente e hizo una cita conmigo para tratar sus problemas.

La historia de Zuly es un ejemplo típico de lo esencial que es la sanidad interior para proveer sanidad total a una persona demonizada. Si yo me hubiera limitado a ordenar a los espíritus malignos que salieran en el momento en que aparecieron, probablemente hubiéramos tenido una gran lucha entre manos. Y quizá no habríamos podido echarlos fuera mientras toda la basura de Zuly estuviera todavía allí. Si hubiéramos expulsado los demonios y dejado la basura en su interior, ella habría quedado en riesgo de ser infestada otra vez, o por lo menos de continuar su vida con heridas sin tocar por el poder sanador de Dios. Habría sido sanada "a medias".

El enojo de Zuly contra su esposo por las heridas sufridas y su negativa a perdonar junto con los demás daños emocionales hubieran permanecido en su interior enconándose y lastimándola aún más que antes. Y pudiera haber llegado a la conclusión de que su liberación no tuvo éxito. Satanás se complace cuando una persona liberada no es sanada. Sin la sanidad interior que provee la base para la verdadera libertad, la liberación solamente realiza una parte pequeña de lo que se debe hacer.

LA SANIDAD INTERIOR MINISTRA EL AMOR DE JESÚS

Tal vez la razón más importante para realizar la sanidad interior durante la liberación es que el proceso nos capacita para demostrar realmente el amor de Jesús. No puedo enfatizar lo suficiente el hecho de que la meta principal de la liberación, o de cualquier ministerio de sanidad, no es simplemente experimentar el poder de Jesús, o luchar contra el Enemigo y derrotarlo. Es ministrar el *amor* de Jesús. *Porque si lo que hacemos, no lo hacemos con amor, no se está haciendo a la manera de Jesús.* Y por lo tanto no es tan sanador como debería ser. Jesús utilizó su poder para mostrar su amor. Nosotros debemos hacer lo mismo.

Esa es una razón por la cual yo estoy en contra de hacer un "gran espectáculo" cuando realizamos una liberación. Permitir a los demonios que inspiren temor mediante la violencia, que griten y vomiten, no es una cosa amable que se le hace a la persona demonizada. Cuando esto ocurre no debemos sorprendernos de que algunos lamenten haberse metido en tal experiencia. Y muchos rehúsan la liberación aunque estén bastante seguros de que la necesitan. Aunque en los ejemplos bíblicos a veces vemos algo de violencia, no se aproxima a la cantidad de ella que vemos en algunos ministerios contemporáneos de liberación. En los relatos bíblicos más bien vemos a Jesús y sus seguidores echando fuera demonios en calma y mostrando amor por la víctima.

Practicamos la sanidad interior no solamente porque es efectiva sino también porque provee una amorosa manera de ministrar a las personas heridas y lastimadas. Constantemente me asombro de lo que Jesús hace cuando sencillamente lo invitamos a venir y ministrar a quienes están lastimados. Una y otra vez él llega de manera poderosa pero tierna y toca sus heridas profundas en formas que ni podíamos imaginar. Solamente él conoce la profundidad de las heridas que hay en el corazón de las personas a quienes ministramos. Cuando invocamos al Espíritu Santo para que nos guíe, por lo general las lleva de los acontecimientos menos dolorosos, a los que han causado mayor dolor, y sana cada uno de ellos.

Cuando esto ocurre, se establece o se restaura la confianza y la intimidad con Jesús. Confianza e intimidad se convierten en la base tanto de la sanidad como de la lucha contra los demonios y sus mentiras.

SUGERENCIAS ÚTILES PARA REALIZAR LA SANIDAD INTERIOR

Quiero enfatizar que no existe una fórmula mágica para relacionar la sanidad interior a la liberación. Sería muy bueno si pudiéramos entregar algo así como "seis pasos fáciles para la sanidad interior". Pero no podemos. Lo mejor que podemos hacer es sugerir algunos de los enfoques o maneras que hemos encontrado útiles. Todos ellos se deben usar siguiendo la dirección del Espíritu Santo después de que haya sido invitado concientemente a que guíe la ministración.

1. *Invite a Jesús a que se aparezca a la persona a quien ministra, dentro de una situación determinada.* Antes de actuar de esta forma le hacemos claridad a la persona a quien ministramos 1) Que no podemos explicar por qué Dios permitió el abuso contra ella; pero 2) sabemos que Satanás quiso destruirla, no obstante 3) no fue destruida; así que, 4) esto debe significar que alguien más poderoso que Satanás estaba presente protegiéndola.

Luego entonces invitamos a la persona a que perdone a todos los que la hayan herido, y a visualizar a Jesús en la situación en la cual ocurrió el abuso. Señalamos que dado que Jesús es omnipresente, él ciertamente estaba presente y la protegió, si no hubiera sido así el Maligno hubiera podido destruirla, pero que ella no sabía de su presencia cuando el hecho ocurrió. Casi siempre estas personas pueden ver o sentir la presencia de Jesús cuando viven otra vez la experiencia, y se sienten animadas cuando se les libera del dolor, el temor y la soledad con que han vivido por muchos años.

2. *Si es necesario, haga que la persona regrese al vientre materno.* Este planteamiento es un procedimiento más largo pero provee un medio para tratar con ciertos problemas de manera general, y descubrir otros que se deben tratar más específicamente. Está basado en la teoría sicológica según la cual los niños en el vientre materno son afectados profundamente por lo que la madre siente o piensa. También creemos que fuerzas enemigas intentan activamente destruir o lastimar a los bebés antes de su nacimiento.

A menudo empiezo este procedimiento con una técnica que aprendí de Molly Sutherland, una de mis asociadas. Le pido a la persona que visualice a Jesús sosteniendo un esperma en una de sus manos, y un óvulo en la otra. Entonces la llevo a coincidir con Jesús en que su concepción fue una buena idea, haciendo que junte voluntariamente las manos de Jesús y que visualice la fertilización del óvulo con la esperma, lo cual produce un embrión con el nombre de la persona en él. Menciono que Dios ha participado activamente en cada concepción. Luego pregunto: "¿Cree que Dios cometió un error al permitir que usted fuera concebido?" Muchas personas saben o sospechan que sus padres no los deseaban, o que querían que fueran del sexo opuesto. Si la persona puede elegir con Dios no solamente su existencia sino también el sexo que le fue asignado, su auto imagen recibe una gran sanidad.

Mientras tal persona contempla su concepción, yo asumo autoridad sobre la ascendencia paterna y luego la materna para romper el poder de todas las maldiciones y cancelar todas las dedicaciones y los efectos del comportamiento pecaminoso y otras influencias satánicas que hayan pasado de una a otra generación por herencia. Muchas veces la persona no siente ninguna reacción. Pero en ocasiones hay una sensación de liberación, probablemente indicadora de que algún poder satánico fue quebrantado. Sin embargo, a veces nos damos cuenta posteriormente que algún poder satánico, en la línea familiar paterna o materna, no fue roto. No sé por qué ocurre eso en algunos casos y en otros no, así que más tarde vuelvo a verificar las cosas heredadas en caso de que se haya presentado la situación anteriormente mencionada.

Lo siguiente es que bendecimos al niño en cada mes de gestación, invitando al adulto a ver si aflora algún sentimiento mientras avanzamos. Suele ocurrir que la persona tiene una sensación de incomodidad, soledad, oscuridad o algo fuerte que se desvanece mientras pasamos de un mes a otro (como fue el caso en el ejemplo anterior). Una mujer dijo que durante el ejercicio sintió oscuridad, soledad y una sensación de terror ante la idea de venir al mundo; luego hubo luz y un fuerte deseo de nacer. Mientras vamos de mes en mes, a menudo el Espíritu Santo me dirige a cancelar las actitudes negativas que haya podido heredar de la madre. Algunas actitudes típicas son enojo, sentimientos de carencia de valía, actitudes contra el padre o la madre, temor y reacciones dañinas hacia un trauma que la persona haya sufrido mientras estaba en el vientre materno. Muchas de esas actitudes pasan de la madre a la criatura. Si la persona tiene un gemelo (es decir, un "compañero de vientre"), muchas veces hay que tratar las actitudes negativas hacia él (o ella).

De nuevo le pedimos a la persona que estamos ministrando que perdone a cualquiera que ella sienta que la hirió, y que le entregue las emociones negativas a Jesús. Bendecimos a la criatura en cada mes de la gestación con cosas tales como alegría, paz, emoción por venir al mundo, y lo opuesto de cualquier emoción negativa que se haya mencionado. Si la persona siente que no debió haber nacido, es bueno hacer que repita varias veces durante este proceso la declaración: "Yo escojo la vida".

Después de bendecir su noveno mes de gestación, invitamos a la persona a visualizar su propio nacimiento. Cuando ya ha nacido hacemos que le permita a Jesús tomarla en sus manos como bebé. Muchos sienten lo agradable y la seguridad de los brazos de Jesús. Les pregunto si el cordón umbilical todavía sigue intacto. Si así ocurre, comúnmente es una señal de algún apego no sano a la madre o al padre que se debe romper, invitando a esa persona (padre o madre) que entre en escena y corte y anude el cordón. Luego le pido que reciba el bebé de manos de Jesús y lo ayude a sentirse salvo y seguro en sus brazos, tal como ocurrió cuando Jesús lo tuvo en los suyos.

Con frecuencia las personas experimentan alguna dificultad en revivir la experiencia de su nacimiento. Eso indica que algo más se debe hacer primero. A muchas personas se les hace difícil ya sea permitir que Jesús los tome en sus manos o tomar ellas al bebé en las suyas. Una vez un hombre me dijo: "Tengo miedo de dejar caer al bebé". Muchos de estos problemas se relacionan con sentimientos de carencia de valor (como en el caso de este hombre), o porque sienten que no tienen derecho de estar vivos. Cuando se mencionan tales cosas, es bueno detenerse y tratar inmediatamente con la negativa a perdonar, el enojo, sentimiento de indignidad, maldiciones expresadas contra sí mismo y deseo de morir.

Un hombre vio cuchillos que rodeaban la escena de su nacimiento. Resultó ser que tenía un demonio de odio. Otro hombre vio que el bebé se desintegraba y caía de sus manos hecho pedazos. Esto estaba relacionado con la culpa y el enojo por un aborto que su esposa había tenido sin su consentimiento. En ocasiones no resulta inmediatamente claro por qué ocurre la interferencia. Si no hay claridad al respecto, quien ministra debe tomar nota y buscar la razón más adelante en la sesión de ministración. En el caso del hombre que vio los cuchillos, sólo mucho después en nuestra sesión descubrimos lo que eso significaba.

Después que la persona ha revivido su nacimiento, suelo pedirle al Espíritu Santo que traiga a su mente otras experiencias que se deban tratar. En muchos casos debemos tratar con enfermedades y accidentes de la niñez y los momentos cuando al niño lo dejaron solo en un hospital o con una persona que lo cuidara y se sintió abandonado. Muchas veces es de ayuda que las personas se visualicen como adultos explicándose cosas a sí mismas como si fueran niños teniendo a Jesús observándolos. Una mujer a quien sistemáticamente la dejaban con sus abuelos durante varios días, paso un tiempo acompañando a su "niña interior", recuerdo tras recuerdo en este ejercicio. Los resultados fueron espectaculares en cuanto a su sanidad interior y al debilitamiento de los demonios que estaban involucrados.

3. *La sanidad interior es un procedimiento útil en los casos de pérdida de embarazos y abortos.* Este planteamiento también se puede modificar y usarlo con eficacia para ayudar a una persona a tratar con la pérdida por muerte de un ser querido. Yo lo utilizo para tratar los problemas causados en la mujer o su esposo por perdidas de embarazos y abortos, y de igual manera los traumas por perdida de hermanos. Una vez que se da la vida, se da por la eternidad. Y cuando a quienes se les ha dado vida la pierden de alguna manera, el dolor puede ser muy grande. De modo que hago que la persona visualice al bebé, decida si es niño o niña, le dé un nombre y hable con él o con ella como si hubiera nacido. A veces las excusas son pertinentes; generalmente hay sentimientos de pesar de los cuales hay que hablar. Pero puesto que los padres y la criatura pasarán juntos la eternidad, es divertido pensar en iniciar una relación de esta manera.

Les doy instrucciones a las personas de que hablen al bebé tanto como deseen y que luego lo entreguen con cariño a Jesús. De esta manera los padres asienten en aceptar lo que Jesús permitió que ocurriera. Generalmente ven que Jesús toma al bebé con amor y desaparece con él o con ella. Una persona vio a Jesús llevando la bolsa de pañales, botellas y otros elementos infantiles cuando desapareció. Este proceso suele ser muy liberador para quienes han perdido hijos o hermanos. Durante este ejercicio un hombre, cuya hermana mayor se había perdido durante el embarazo antes de que él fuera concebido, se dio cuenta de que había estado viviendo toda su vida con un sentimiento de culpa por la pérdida de esa niña. Jesús lo liberó.

A quienes objetan que no debemos hablar a los muertos, les señalo que la prohibición en Deuteronomio 18:11 es contra la necromancia, la forma de adivinación que procura obtener información de los muertos. Creo que no se aplica a esta práctica. Sin embargo, para evitar la crítica, recomiendo que la persona a quien se ministra le hable a Jesús y le pida pasar cualquier mensaje que desee enviar.

4. *Cómo tratar con relaciones adúlteras y otras ataduras del espíritu humano.* Creo que las relaciones sexuales causan una atadura de espíritu a espíritu. Si existe una relación sexual con una persona diferente a su pareja de matrimonio, esa atadura inhibe la libertad. Primero me aseguro que todo pecado haya sido confesado y perdonado. Luego pido a quien ministro que visualice a la persona con quien está atado sexualmente y repita conmigo algo así como: "Rompo mi atadura con tal y tal, y renuncio a todos y cada uno de los lazos con esa persona que son reforzados por el poder satánico. Mientras decía lo anterior, una mujer que había sido violada centenares de veces como parte de rituales satánicos vio en una fila a todos los hombres que la habían violado, que caían uno a uno como si fueran un dominó.

Hay otras relaciones que atan que también es necesario romper de esta manera. Las relaciones homosexuales, las relaciones de dominación y cierto tipo de relaciones estrechas que resultan en lo que llamamos "ataduras del alma". Si se sospecha que algunas de estas relaciones son reforzadas por Satanás, debemos romperlas usando el mismo método usado con las relaciones sexuales.

Se puede complementar la información de este capítulo leyendo cualquier cantidad de buenos libros sobre la sanidad interior. Mis propios libros sobre este tema son: *Heridas Profundas, Sanidad Profunda* (disponible también en Español), y *Two Tour of Freedom* [A Dos Horas de la Libertad]. Otros libros valiosos sobre este tema son: *Healing for Damaged Emotions* [Sanidad para las Emociones Lastimadas], *Healing of Memories* [Sanidad de los Recuerdos], *Putting Away Childish Things* [Dejemos las Cosas de Niño], y *Healing Grace* [Gracia Sanadora], de David Seamands. *Inner Healing Through Healing of Memories* [Sanidad Interior Mediante la Sanidad de los Recuerdos] de Betty Tapscot, y *Healing Care, Healing Prayer* [Cuidado Sanador, Oración Sanadora] de Terry Wardle. Para un buen tratamiento desde la perspectiva Católico Romana, lea *Healing Life's Hurts* [Sanidad para las Heridas de la Vida], de Dennis y Matthew Linn. Las presentaciones más completas y detalladas *Transforming the Inner Man* [Transformación del Hombre Interior], *God's Power to Change* [El Poder Transformador de Dios], *Letting Go of Your Past* [Deje Atrás su Pasado], y *Growing Pains* [Dolores Crecientes] de John y Paula Sandford.

HÁBITOS

Cuando hemos terminado de tratar con la basura durante el proceso de sanidad interior, todavía quedan por tratar los hábitos. La sanidad interior trata con las raíces de los problemas de la gente. Una vez que las raíces desaparecen, todavía hay hábitos, muchos de los cuales han sido parte de la vida por largo tiempo, que si no se tratan pueden llevar a la persona a sufrir otra vez problemas espirituales o demoníacos.

Yo quiero que la gente retenga la libertad que Dios le dio durante las sesiones de sanidad de profundo nivel. Muchas de las personas que han recibido ministración hacen lo que deben hacer inmediatamente; sin embargo, muchas otras necesitan ayuda en cuanto a lo que deben esperar y qué hacer al respecto. Descubren que los viejos hábitos son tenaces cuando tratan de superarlos. Además, los demonios que fueron expulsados tratan de hostigar a sus antiguos anfitriones y convencerlos de que nada ha cambiado. Aunque ya están fuera, procuran convencer a la persona que los sufría que todavía están dentro y tienen poder sobre ella. Es necesario establecer nuevos "hábitos de libertad" y las personas necesitan afirmar la autoridad que tienen en Cristo para rechazar cualquier demonio molesto.

Los hábitos son difíciles de romper, pero es mucho más fácil romperlos cuando sus raíces han desaparecido. No obstante, así como hemos tenido que actuar con Jesús para sanarlas, así es necesario trabajar con su ayuda para cambiar los hábitos pero ya sin la intervención y la oración del ministro que realizó las sesiones de sanidad y liberación. En una ocasión aconsejé a una mujer que detestaba su cuerpo. Le dije que se mirara diariamente en un espejo de cuerpo entero y repitiera: "Te amo". Este ejercicio la capacitó para romper el rechazo de su cuerpo y reemplazarlo con el hábito de amarlo. No fue fácil y le tomó cierto tiempo, pero dio resultado.

He trabajado con personas cuyo hábito era asumir los problemas de otras personas. Les ayudé a dejar que los demás llevaran sus propias culpas y no ellas. También he trabajado con personas cuyo hábito era culpar a otros por sus propias elecciones; a ellas les ayudé a desarrollar el hábito de asumir la responsabilidad de sus propias acciones.

En una ocasión me pidieron que ministrara a un hombre que había estado fustigándose por casi 30 años por causa de un accidente en el que un arma que el sostenía se cayó y mató a su hermano. Fue sanado de este problema del sentimiento de culpa cuando experimentó el amor y el poder liberador de Jesús. El hábito de toda su vida fue culparse por el accidente, como si deliberadamente hubiera matado a su hermano, y condenarse en diferentes situaciones que no tenían ninguna relación con el accidente. Se requirió esfuerzo para romper el hábito aún después de que la raíz fue sanada.

En mi propio caso pasé tiempo con el espejo del baño diciéndome que me amaba. El cambio de odio por amor hacia mí fue dramático. Pero no ocurrió automáticamente cuando traté con el rechazo que sentí en el momento de mi concepción porque mi madre no quería quedar embarazada. Tuve que actuar con la ayuda de Jesús para cambiar mi sentimiento de odio con el cual había vivido durante 50 años. Por mi parte, sencillamente me miraba en el espejo periódicamente y me decía en voz alta o interiormente: "¡Te amo!" Esto fue supremamente difícil para mí. Pero me obligué a hacerlo, y dio resultado. Cambiar nuestra acción volitiva o nuestra voluntad es tarea difícil, pero vale la pena.

Tras meses de hacerlo descubrí que empezaba a sentirme diferente. Esto fue algo intrínsecamente grande para mí. Pero lo más emocionante que me ocurrió después de un par de años fue una gran sorpresa. Me miré un día disfrutando mi nueva actitud hacia mí, y de pronto me vino el pensamiento: *¡No solamente te amo sino que me gustas!* Gustarnos es más que amarnos. Podemos elegir amarnos y mediar poca o ninguna emoción en esta decisión. Pero es necesario un sentimiento realmente positivo para *gustarnos*. Me parece que crucé una línea invisible y que pasé de *amarme* a *gustarme*. Entonces este sentimiento llegó a ser una actitud que ha permanecido en mí desde entonces.

Se puede utilizar el mismo tipo de ejercicio si se trata de perdón para sí mismo, culpa, vergüenza, temor o cualquier otra actitud negativa hacia nosotros mismos. La idea es hacer algo regularmente que confronte el hábito negativo y lo reemplace con uno positivo.

Hablarle a la imagen reflejada en el espejo es la forma más efectiva que he descubierto para trabajar el cambio del hábito del odio o el rechazo contra uno mismo. Las tendencias suicidas que son una forma de odio hacia sí mismo se pueden tratar también combinando el ejercicio del espejo con la relación con una persona a la cual darle cuenta de las acciones.

Para combatir otros hábitos no se necesitan estrategias. Si el hábito de una persona era el consumo de drogas o alcohol, obviamente necesita mantenerse alejada de esas sustancias. Es importante encontrar algo que lo reemplace, y hay organizaciones que están disponibles para ayudar en este propósito.

LA PRÁCTICA DE LA SANIDAD INTERIOR JUNTO CON LA CONSEJERÍA PROFESIONAL

Viene bien finalizar este capítulo subrayando lo que creo respecto a la relación entre la práctica de la sanidad interior y la consejería profesional. Aunque creo que lo ideal sería que los que han recibido entrenamiento completo para la consejería profesional trabajaran como lo hacemos nosotros con el poder del Espíritu Santo, ese ideal pocas veces se alcanza. Por desgracia muchos de nosotros que hemos aprendido a realizar la sanidad con el poder del Espíritu no hemos tenido la ventaja de aprender lo que saben los consejeros entrenados profesionalmente. Ni la mayoría de consejeros cristianos han tenido la oportunidad de aprender a trabajar tan plenamente con el Espíritu Santo como hubiéramos deseado.

Lo que hay que hacer para ayudar a la gente a estar bien tiene tantos aspectos que ni los que han sido capacitados ni los que trabajan como nosotros lo hacemos deben pensar que no necesitan a los demás. Cada grupo rescata personas que sintieron que no recibieron ayuda del otro grupo. Hablando en nombre de los que no tenemos entrenamiento profesional, permítanme aconsejar humildad. Aunque tengamos dones maravillosos, no tenemos todas las respuestas. Como lo señala David Seamands, uno de los pioneros de la sanidad interior: "El de la sanidad interior es *uno, y solamente uno* de los ministerios (de sanidad), y nunca se debe hacer de él la *única forma*, porque tal énfasis conduce a la exageración y al mal uso". [3]

Seamands destaca un buen punto. La buena consejería cristiana, aunque generalmente toma más tiempo que la sanidad interior, puede ser vital en el movimiento de una persona hacia el bienestar total. Sin embargo, aún mientras este proceso más largo está en curso, la sanidad interior (con o sin liberación) puede funcionar para producir impulsos hacia la salud en varios puntos a lo largo del camino. La consejería cristiana puede ser supremamente eficaz para identificar los asuntos dolorosos y tratarlos hasta cierto punto. Sin embargo, nada es tan sanador como el poder del Espíritu Santo aplicado a tales asuntos. Pero también es de gran valor la guía experta en el proceso más lento de discutir estos tópicos, trabajando en maneras muy humanas (guiados por el Espíritu Santo) para cambiar los hábitos básicos.

Por lo tanto, yo abogo por un planteamiento que llamaría "sándwich" que se enfoca en tres cosas: 1) diagnosis realizada por un profesional (si es necesaria), 2) seguida por sanidad interior (incluyendo liberación), luego 3) ayuda profesional otra vez para cambiar los viejos hábitos por nuevos. De modo que recomiendo una combinación de sanidad interior, liberación y sólida consejería cristiana para la mayoría de las personas, pero especialmente para quienes han experimentado traumas severos, como abuso en rituales satánicos durante su tierna infancia. Debemos estar abiertos a la obra de Dios a través de muchos medios de sanidad. Ambas, la sanidad interior y la consejería cristiana ofrecen pasos positivos para resolver el problema del dolor emocional de profundo nivel. Yo recomiendo las dos.

YULY

Habíamos llegado a un callejón sin salida. Era claro que Yuly, una misionera de 35 años de edad que había estado sufriendo de depresión durante casi un año, estaba habitada por un demonio. Lo que no era claro era cómo echarlo fuera, por una razón: el demonio sólo hablaba alemán, así que no podíamos entenderlo. De hecho ¡ni ella misma entendía algunas de las cosas que el demonio decía por su propia boca! Yo tenía la sensación de que podría haber en ella otros demonios, pero nuestros intentos de llegar a ellos para hacer que se manifestaran no tuvieron éxito. Y parecía que el Espíritu Santo no nos mostraba cómo entrar en contacto con ellos.

Habíamos intentado realizar la sanidad interior con Yuly pero sólo pudimos tratar cosas aparentemente superficiales. Invertimos varias horas en ella pero logramos sólo progresos limitados. Tuve la clara impresión de que los demonios tenían tal dominio sobre ella que estaba impidiéndonos llegar a los asuntos reales. Decidí entonces obtener de ellos la información que necesitábamos.

Así que aumentamos la presión sobre los demonios para que nos revelaran más información. En primer lugar, mediante el poder del Espíritu Santo pudimos hacer contacto con uno de los demonios que hablaba inglés, el cual nos reveló que su líder era un espíritu de Control. Por experiencia sabía que un espíritu de Control puede ser bien difícil. También que éstos a menudo impiden la ministración controlando mucho de lo que ocurre. Como lo dijo el mismo demonio cuando hicimos contacto con él: "Yo tengo el control". Y en efecto, estaba ejerciendo un gran control sobre la situación.

Nos dimos cuenta que el espíritu había entrado en Yuly a una edad muy temprana; tan temprana que ni siquiera podía recordar cómo era no estar bajo su influencia. Era la hija mayor en una familia cuyo padre era alcohólico. Eso significaba que ella era responsable de la familia cuando su mamá no estaba en casa, lo que sucedía con mucha frecuencia. Para hacer un buen trabajo como responsable de la casa, ella de alguna manera le dio entrada a un demonio el cual le ayudó pero también asumió un preocupante control sobre ella.

Fue el espíritu de Control el que invitó a entrar Depresión y a los otros demonios. Él estaba bastante orgulloso de la manera en que había podido gobernar mucha parte de la vida de Yuly. Por causa de su orgullo y arrogancia entregó voluntariamente un montón de información respecto a lo que estaba adherido. Cuando supimos estas cosas, pudimos ayudar a Yuly a perdonar, a entregar a Jesús su enojo, y finalmente a desechar su temor de que si el demonio salía perdería su considerable capacidad organizativa. También pudimos ayudarla a dejar de lado la baja opinión que tenía de sí misma (una situación que encontramos en la mayoría de las mujeres con las cuales trabajamos).

Siguiendo las pistas que nos dieron los demonios, pudimos entonces realizar la necesaria sanidad interior y luego echar fuera los debilitados demonios. Fueron necesarias varias sesiones que totalizaron unas 15 horas, pero Yuly fue liberada y ha continuado libre por varios años. Quince horas parecen mucho tiempo, pero hubiera tomado más, si los demonios no nos hubieran proporcionado tanta información para utilizar contra ellos mismos.

¿DEBEMOS PROCURAR OBTENER INFORMACIÓN DE LOS DEMONIOS?

Muchas personas creen que no es una buena idea buscar información de los demonios. Su opinión negativa parece derivarse de dos fuentes:

1. Un mal uso de versículos como Lucas 4: 41 en los que se cuenta que Jesús ordenó a los demonios que guardaran silencio "porque ellos sabían que él era el Mesías".

2. El conocimiento de que no se puede confiar en los demonios, junto con el temor de que cuando obtengamos información de ellos, no vamos a poder evitar que nos engañen.

3. No entender que es posible controlar la situación mediante el asombroso poder del Espíritu Santo. Es él, no el demonio, quien tiene el control, y él, y no nosotros, quien los obliga a revelar información que suele ser contraria a sus mejores intereses.

4. La creencia de que al aceptar que los demonios hablen a través de la persona en que viven, les damos sobre ella más poder del que tendrían de otro modo, les permitimos usarla, cosa que no tienen el derecho de hacer, y complicamos así el proceso de su expulsión.

Antes de responder específicamente a estas inquietudes, me gustaría hacer algunos comentarios generales. En el ministerio de liberación tenemos varias maneras de obtener información esencial. La experiencia nos da mucha luz o discernimiento. Pero con la experiencia tenemos que ser cuidadosos para no cometer el "error de Moisés". Moisés aprendió una vez cómo sacar agua de la roca, de modo que cuando Dios le dijo en una segunda ocasión que sacara agua otra vez, no escuchó cómo quería Dios que lo hiciera, y sencillamente utilizó el mismo método que le había funcionado la primera vez. Así pasa con la experiencia. Es fácil hacer simplemente lo que funcionó la última vez, y no escuchar cómo quiere Dios que lo hagamos en el momento presente. Para evitar cometer ese error, *intentamos escuchar a Dios primero.* Y a menudo él suele dirigirnos a sacar conclusiones de lo que hemos aprendido en otras situaciones.

Con frecuencia Dios nos muestra algo bastante diferente de lo que hemos hecho antes. Cuando le pedimos que nos dirija recibimos impresiones que, al seguirlas, resultan ser justamente lo que él quería. Así que, escuchamos. Esa es la clave.

Pero mientras escuchamos él nos guía, tal como lo hizo mientras ministrábamos a Yuly, en el uso de su poder para obligar a los demonios a darnos la información que necesitamos para proceder. Trabajamos en la presencia y bajo el poder del Espíritu Santo, de modo que no es necesario que estemos temerosos de permitirle al Enemigo demasiado poder, o incluso del hecho de escuchar a un demonio en vez de escuchar a Dios. Es Dios quien nos revela las cosas, ¡incluso a través de los demonios! Aunque debemos ser cuidadosos (ver lo que sigue), la forma más rápida de tener la iluminación que Dios quiere que tengamos es a menudo obteniéndola de los mismos demonios.

No obstante es importante usar la información conseguida de los demonios con sabiduría y cautela. Más adelante en este capítulo mencionaré las razones y las precauciones que debemos tener.

1. *Muchos afirman que Jesús rehusó hablar con los demonios.* Esto no es muy exacto. En Marcos 1:25, 34; 3:12 y Lucas 4: 41, Jesús ordenó a los demonios que no hablaran para que no revelaran quién era él realmente. Es interesante que Jesús les hizo la misma prohibición a algunas personas, incluyendo a sus discípulos (ver Marcos 1: 44; y Lucas 9: 21). Jesús insistió en controlar la forma y el tiempo del la revelación de sí mismo. Él no les permitió a los demonios asumir esa importante parte de su misión.

En Marcos 5:1-20, y en los pasajes paralelos de Lucas 8:26-39, parece que Jesús tuvo una conversación más larga con los demonios que habitaban en el endemoniado gadareno. Y no solamente obtuvo información de ellos sino que también les permitió regatear con él. Sin embargo, es claro que Jesús tenía el control de la situación. No les permitió a los demonios tenerlo. En Lucas 4:1-13 (ver también Mateo 4:1-11), Jesús entabló lo que probablemente fue una serie de conversaciones con el mismo Satanás.

Quienes, partiendo del ejemplo de Jesús, argumentan que no debemos hablar con los demonios, no tienen sustento bíblico. Aunque tienen razón en algo, y es que no debemos permitirles que tomen el control de ninguna situación. En ocasiones procurarán distraernos hablando o actuando en maneras en que puedan controlar las cosas. Pero no se les debe permitir. El enfrentamiento con los demonios es un encuentro de poderes, y tenemos infinitamente mucho más poder de nuestro lado que el que ellos tienen del suyo. Debemos usar el poder que Dios nos dio para asegurar que Jesús, no los demonios, tenga el control.

2. *No se puede confiar en los demonios.* Es cierto; no se puede confiar en ellos. Pero me temo que *el asunto en cuestión no es si podemos*

confiar en los demonios sino si podemos confiar en nosotros y en Dios para
discernir qué cosas de las que dicen son de utilidad y cuáles son un engaño.
Como alguien que ha hablado literalmente con miles de demonios,
estoy de acuerdo en que esto debe interesarnos.

Pero la mayor parte de lo que los demonios dicen se puede
verificar y también se puede controlar. Muchas veces les he dicho a
los demonios que se callen porque han tratado de quitarme el control
a mí y al Espíritu Santo. Debemos dejarles en claro que ellos no
tienen el control sino nosotros (con el Espíritu Santo). Una vez que
nos acostumbremos a tener el control y a ejercerlo, el problema de
desconfiar del resultado final desaparece.

Al crecer en la práctica de escuchar a Dios y de extraer información
de los demonios, nos será fácil identificar la mayoría de sus intentos
de engañarnos y distraernos. Vez tras vez y a pesar de sus esfuerzos
por engañarnos, escuchamos cosas de ellos que nos capacitan para
ministrar sanidad interior y libertad, más rápida y eficazmente a las
personas que acuden a nosotros. En muchos casos obtener información
de los demonios acorta o reduce a la mitad el tiempo que necesitamos
para echarlos fuera.

Más adelante en este mismo capítulo encontrará una discusión más
detallada de los peligros de hablar con los demonios.

3. *No debemos permitir que los demonios controlen la situación.*
Aunque ya he tocado este tema antes, quisiera decir unas palabras
más al respecto. Los principiantes en el ministerio de liberación
suelen tener dificultad en creer que cuando le entregamos la sesión al
Espíritu Santo, él realmente se hace cargo. Muchas veces parece como
si simplemente estuviéramos utilizando técnicas seculares, de modo
que es fácil pasar inadvertido el hecho de que el Espíritu Santo está
orquestando el encuentro.

Pensé en esto cuando observé el video de la liberación del
hombre llamado Yim, que describí en un capítulo anterior. Los
escépticos encontrarán en este video pocas razones para abandonar
su escepticismo. Parecía como una sesión ordinaria de consejería,
o como si yo hubiera estado hablando a alguien que no estaba allí.
Parecía como si la sanidad interior hubiera ocurrido en el consultorio

de cualquier consejero, pues la influencia controladora del Espíritu Santo, que estaba suprimiendo la acción del demonio, no era visible excepto para los "ojos" de quienes sabían lo que en realidad estaba ocurriendo. Pero fue esta invisible supresión de los demonios por parte del Espíritu Santo lo que hizo posible las confesiones, el perdón necesario y la profunda sanidad interior que ocurrió en Yim.

Cuando le pregunté al demonio si podía ver a Jesús y a los ángeles que él había asignado a este ministerio, pasé por tonto ante quienes no tenían la capacidad de ver esta realidad. De igual manera cuando invoqué el poder del Espíritu Santo para obligar al demonio a declarar las mentiras con que había estado alimentando a Yim a través de los años. Y cuando el espíritu de Ira vio a Jesús, exclamó: "¡Oh, estoy en problemas!" Cuando el demonio soltó improperios ante mí, un escéptico hubiera pensado que tal cosa era atribuible a la reacción normal (aunque un poco creativa) de una persona herida. Sin embargo, el escéptico habría tenido un poco más de dificultad para explicar la rapidez del dramático cambio de este hombre, que su esposa (antes maltratada) dice que ocurrió en él.

Para mí fue emocionante recordar a través del video cómo el Espíritu Santo obró en todas las cosas. En primer lugar ya había estado obrando en Yim antes de la sesión. Lo ayudó a abrirse para enfrentar sus problemas, así que la sesión comenzó con su confesión de lo que previamente había negado: que maltrataba a su esposa. Segundo, dudo que sin el poder supresor del Espíritu Santo hubiéramos podido llegar tan rápida y eficazmente a las heridas internas de Yim. Los demonios que habitaban en él eran de los fuertes, tal vez de nivel 6, plenamente capaces de interferir en su sanidad. No obstante, para mí fue obvio que el Espíritu Santo mantuvo la sesión en orden y desarrollándose eficazmente, a medida que eran eliminadas una barrera tras otra, hasta que Yim experimentó la libertad que Dios quería para él. Una pesada sesión de ministración terminó apaciblemente (excepto por el conflicto interior de Yim) y con éxito, en poco más de dos horas. Pero lo que es mejor, él es ahora un hombre completamente nuevo.

4. *Cuando los demonios usan la voz de una persona logran más poder sobre ella.* En una ocasión un hombre argumentaba en forma vociferante que permitir a un demonio usar la voz de una persona le daría aún más poder. Afirmaba que tal cosa produciría un daño permanente a esa persona, que por lo tanto nunca se le debe permitir al Enemigo ese tipo de control sobre alguien a quien tratamos de ayudar.

Aunque estoy seguro que esa persona era sincera, me temo que tiene una idea equivocada de lo que pasa cuando bajo el poder del Espíritu Santo un demonio es obligado a hacer lo que ya tiene el poder de hacer: esto es, hablar a través de la persona. Pero en este caso al demonio se le obliga a usar su poder normal para revelar lo que quiere ocultar. Él no puede lograr más poder porque *se está debilitando al ser obligado, actuando contra su naturaleza, a decir la verdad.* Entonces sale de una manera mucho más tranquila, causando menos trauma a la persona que lo ha soportado, porque hemos podido usar la información que obtuvimos de él para sanar las heridas o pecados a los cuales estuvo adherido.

Volvamos a la historia de Yim. Cuando el demonio fuerte salió, dio un grito moderado, hubo un poco de sacudones, pero absolutamente nada que pudiera clasificarse como violencia. Y este demonio había sido bastante fuerte, plenamente capaz de ejercer considerable violencia (la que usó frecuentemente contra la esposa de Yim) si no lo hubiéramos debilitado mediante la sanidad interior antes de echarlo fuera. En vez de dejar algunas cicatrices permanentes en Yim, las evitamos obteniendo información de los demonios que pudimos utilizar contra ellos. Y todo ocurrió bajo el cuidadoso control del Espíritu Santo.

LA DE LINDA, UNA LIBERACIÓN PREVIA FRUSTRADA

La historia siguiente ilustra un poco más la forma en que Dios obra mediante la práctica de obtener información de los demonios.

Un colega y yo conocimos durante un seminario a una mujer a quien llamaré Linda. Después de escuchar mi enseñanza sobre la demonización, esta dama se acercó a nosotros en busca de ministración. Con voz desesperada nos contó su dolorosa historia.

Había sido una líder nacional en el movimiento de la Nueva Era, pero se había convertido en cristiana cinco años atrás. Con lágrimas en los ojos explicó que los últimos seis meses habían sido de constante batalla en todas las áreas de su vida. Entre otras cosas había tenido una hemorragia interna sin ninguna razón médica discernible. Un problema más grande fue el constante temor que le impedía realizar cualquier actividad, incluso dormir.

Temblando, Linda describió su batalla con Satanás: "Me he sentido tan sola –comenzó diciendo–. En lo profundo de mi ser, sé que mis problemas se deben a actividad demoníaca. En efecto experimenté los mismos sentimientos durante mis días de actividades relacionadas con la Nueva Era. Pero he sentido temor de recibir ministración. Es que hace seis meses –siguió contando dudosa–, un pastor estuvo orando por mí y en la sesión de oración identificó un demonio llamado Temor. Inmediatamente le ordenó que se fuera, y después de arrojarme al suelo, el demonio salió. Inicialmente me sentí trastornada pero aliviada porque el espíritu se había ido. Pero ahora tengo la certeza de que el demonio ha regresado, y mis problemas son peores que antes de la liberación. Por favor, ayúdeme. Quiero ser libre de una vez y para siempre de este espíritu, y ser sanada de mi hemorragia y mis temores".

Se nos partió el corazón al escuchar a Linda. Comenzamos pidiendo a Jesús que viniera y le diera sanidad y liberación. Después la bendijimos con paz e invitamos al Espíritu Santo que reposara dulcemente sobre ella. Entonces, con calma pero con autoridad ordenamos que el Espíritu de temor fuera rodeado por la presencia de Jesús. Le prohibimos que lastimara a Linda, o que la avergonzara de alguna manera. Le ordenamos decir la verdad, y dijimos: "En el nombre de Jesús, si hay algún espíritu de temor en Linda, le ordenamos que se identifique". Reflejando angustia en su rostro Linda dijo: "Una voz fuerte en mi interior está preguntando: `¿Qué quieren de mí?'"

Le ordenamos al demonio decir su nombre, y respondió: "Temor al Fracaso". Después de hacerle otras preguntas le exigimos que nos dijera cuando había entrado en Linda. Inmediatamente replicó: "Cuando tenía seis años, en el incendio". Cuando estas palabras del demonio salieron de la boca de Linda, esta miró sorprendida y empezó a llorar quedamente. Después de unos minutos alzo la vista y nos contó que cuando tenía seis años, ella quemó la tienda de su padre. Nos explicó que "ese día sentí un miedo terrible y prometí que nunca volvería a fallar".

Le pedimos que inclinara su cabeza en oración mientras invitamos a Jesús a que la llevara de regreso a ese momento. El Señor lo hizo y ella pudo visualizar vívidamente a Jesús alzándola en sus brazos frente a la tienda que ardía, y declarándola perdonada. Después de orar le ordenamos al demonio prestar atención y decirnos si todavía tenía algún control sobre ella. Con renuencia admitió que no tenía ninguno. Entonces le ordenamos que saliera y fuera a los pies de Jesús, y que nunca más regresara. En silencio y sin hacer ningún espectáculo el demonio salió de Linda.

Han pasado varios años desde esa sesión de ministración y Linda continúa libre del temor al fracaso. También ha vivido libre de sus demás temores y de sus problemas físicos. Y la información que nos capacitó para identificar los problemas, ¡provino del mismo demonio!

ALGUNAS RAZONES POR LAS CUALES ES ÚTIL OBTENER INFORMACIÓN DE LOS DEMONIOS

Ministrar a personas como Linda es una tremenda bendición. Por desgracia encontramos muchos otros que, como ella, han tenido experiencias negativas de liberación. En muchos de esos casos la liberación falló porque los ministros no sabían cómo obtener la información que necesitaban para echar fuera los demonios e impedir que regresaran.

Obtener información de los demonios es una invaluable herramienta para ayudar a las personas lastimadas. He visto muchas veces a Dios prodigando su sanidad y su amor después de utilizar información que logramos forzosamente de los demonios. Permítame compartir con usted seis razones importantes por las que creo que esta práctica es un medio poderoso y una manera amorosa de prodigar libertad a los demonizados.

1. *Se logra mucha información que se puede utilizar contra los demonios.* Cuando mediante el poder de Jesús se les obliga, los demonios revelan información que es muy útil, y a menudo vital, en el proceso de ministración. En mi caso personal, Dios me muestra más de esta manera que mediante palabra de conocimiento o de ciencia. Aunque las palabras de conocimiento y otros dones espirituales son vitales y los usamos gratuitamente, esta herramienta es un complemento importante.

2. La información que obtenemos de los demonios puede agilizar la sanidad y conducir a la liberación. Cuando quienes ministran liberación procuran primero echar fuera los demonios, en muchas ocasiones no llegan a la profundidad de la sanidad interior, de modo que los problemas emocionales subsisten. Ese procedimiento a veces toma menos tiempo que el nuestro, pero generalmente no realiza el trabajo completo. Deja a las personas sanadas a medias.

Quienes se enfocan en la sanidad interior pero no solicitan información de los demonios pueden hacer las cosas bien y rápido, si tienen el don de recibir palabras de conocimiento. Sin embargo, para la mayoría de la gente la combinación de palabras de conocimiento y la información recibida de los demonios parece agilizar las cosas.

3. La sanidad requiere de información que va más allá del simple hecho de saber que un demonio está presente. Aunque para algunos que llevan a cabo el ministerio de liberación la meta es simplemente deshacerse de los demonios, la nuestra es proveer sanidad de profundo nivel. Esto exige tratar tanto con la basura como con las ratas, y significa que necesitamos tanto conocimiento y discernimiento como podamos lograr, de los problemas de profundo nivel.

Rara vez Dios muestra a través de palabras de conocimiento solamente toda la información que quienes ministran liberación necesitan para proveer sanidad en los niveles profundos. Él nos provee un medio para que sepamos mucho más, forzando a los demonios a admitir lo que ellos saben. Con mucha frecuencia, después de que hemos realizado el trabajo de sanidad interior y hemos comenzado a tratar con los demonios, me he dado cuenta de que todavía hay algo a lo cual ellos se adhieren. Una de mis preguntas favoritas es: "¿Hay alguien a quien esta persona no haya perdonado todavía?" Una y otra vez la respuesta ha sido: "Sí, tal y tal". Una vez que la persona perdona, el juego ha terminado para los demonios.

Quienes critican nuestra forma de ministrar probablemente piensan sólo en echar fuera los demonios, no en la sanidad más amplia que es necesaria. Aún si no estamos interesados más que en los demonios, la forma más fácil para descubrir cuáles otros espíritus están presentes y quién los dirige, es ordenándole a uno de ellos que nos revele esa información. Me he dado cuenta que antes de aprender lo anterior, solía echar fuera demonios de bajo nivel, sin descubrir cuál espíritu estaba a cargo. Sin embargo, haciéndolos hablar, encuentro comparativamente fácil descubrir cuál es el demonio líder y atar el resto con él para arrojarlos fuera todos a la vez.

4. *Obligar a los demonios a darnos información los debilita.* Puesto que los demonios operan mayormente mediante el engaño y la simulación, más que por su poder, descubrimos algo interesante cuando los forzamos a dar información. Cuando les mostramos su debilidad obligándolos a obedecer a Jesús, se molestan y desaniman. Parece que muchos no han tenido que enfrentar antes el poder de Dios y al parecer se creen invencibles. En muchas ocasiones los demonios hablan con mucha arrogancia hasta que empiezan a sentir el poder de Dios en acción contra ellos. "¡Esto es repugnante!" fue el comentario de uno de ellos cuando se le obligó a rendirse.

Una técnica que encuentro muy útil es forzarlos a que me digan qué ocurrió en la cruz y en la resurrección. Muchas veces hablan libremente de la cruz pues creen el mito de que Satanás pudo vencer a Jesús allí. Pero la mención de la resurrección provoca una respuesta bastante diferente. "No quiero hablar de eso", es una respuesta frecuente; o "Eso no es importante". No obstante, llevarlos al hecho de que todo su reino fue derrotado en la tumba y obligarlos a admitir esta verdad, los pone por el suelo. Como son engañadores, se debilitan cada vez que se les obliga a hablar o admitir la verdad. Parece que también se debilitan cuando son obligados a pronunciar el nombre de Dios, de Jesús o del Espíritu Santo.

5. *Escuchar a los demonios confesar sus mentiras le da a la persona que ministramos un gran impulso.* Muchas veces la persona que ha oído las mentiras satánicas por un largo tiempo no está del todo segura de cuál es la verdad. Para poner fin a esta confusión es útil obligar a los demonios a revelar verdades acerca de sus actividades.

Hacer que un demonio revele las mentiras con que ha engañado a una persona suele ser muy útil. Yo lo hice en el caso de una querida anciana a quien llamaré Émily. Cuando le ordené al demonio que le repitiera a ella las mentiras que le había dicho, resultó con esta lista: Ella no es buena, es fea, nadie gusta de ella, por ser tan indeseable es que no se ha casado, es un fracaso en su trabajo, nunca va a alcanzar sus metas. Émily lloraba mientras el demonio repetía estas frases. Ella las estuvo escuchando durante años y ahora ya sabía de dónde provenían. Cuando obligué al demonio a decir la verdad y contradijo cada una de sus afirmaciones previas, Émily se emocionó de veras. Cuando lo forcé a cambiar declaración, "Ella es fea", por la verdad, primero admitió: "Ella está bien". Pero lo presioné hasta que habló la verdad: "¡Ella es hermosa!" En efecto ella era (y es todavía) hermosa, pero este ladrón la había privado de su derecho de aceptar esa verdad.

El hecho es que cuando forzamos a un demonio a decir la verdad, ocurren dos cosas: 1) Este se debilita por ser obligado a obedecer a un poder superior, y 2) la persona a quien ministramos se fortalece al descubrir la verdad (que escucha de una fuente sobrenatural) y conocer el origen de las mentiras. Esto último generalmente alivia el complejo de culpa y estimula la imagen que tiene de sí misma.

La experiencia que tuve con una dama a quien llamaré Yoly ilustra otro impulso que genera la verdad. Yoly sufrió un largo período de depresión aguda. Después de recibir consejería llegó a creer que la raíz o la causa de su depresión era el enojo que sentía por haber sufrido abuso sexual por parte de su padre cuando era niña. Sin embargo no había podido recordar los hechos. Realizamos un gran ejercicio de sanidad interior y luego enfrentamos a los demonios cuya influencia había llegado a ser obvia.

Como la suya es una historia común, acepté como probable su sospecha de que había sufrido abuso, e intenté hacer que el demonio complementara los detalles que su memoria no podía suplir. No obstante esto no dio resultado y tengo que admitir que me estaba poniendo un poco impaciente por lo que supuse eran tácticas de distracción del demonio. Tal como es mi costumbre habitual, estaba orando en silencio para que Dios me mostrara qué debía hacer a continuación. De repente me vino la idea (una palabra potencial de conocimiento) de que el demonio mentía respecto al abuso y que, después de todo, ¡este no había existido!

Probé al demonio para tener algunos elementos adicionales de información que completaran el cuadro, de cualquier manera en que se hubiera desarrollado. Luego corrí el riesgo y le ordené: "En el nombre de Jesucristo te conmino a decirnos la verdad: ¿Su padre la molestó?"

Entonces el demonio dijo: "No, no la molestó", y admitió que la había mantenido cautiva durante años con esta mentira. Su poder se quebrantó entonces y fue más fácil deshacernos de él. Esto también produjo en Yoly una maravillosa libertad de la maraña de heridas causadas por la sospecha que recaía sobre su padre. Conocer o experimentar la verdad (ver Juan 8:32) la hizo libre, aunque esa verdad provino de un demonio.

6. *Aprender durante la liberación a reconocer la voz del demonio, es muy útil después.* Cuando mandamos a un espíritu que salga de alguien, lo enviamos a los pies de Jesús y le prohibimos que regrese. Aunque eso significa que no pueden regresar, con frecuencia tratan de engañar a la gente haciéndole creer que sí lo han hecho. Una persona informó que después de su liberación, una noche despertó al oír una voz que le dijo: "¡Regresamos!"

Aunque estaba soñoliento reconoció la voz e hizo acopio de la suficiente presencia de ánimo para preguntar: "¿Dentro o fuera?"

"Fuera", respondieron. Entonces, con un suspiro de alivio les mandó que se fueran, y se volvió a dormir.

Aprender durante la sesión de liberación a reconocer tanto el contenido como el estilo de la comunicación demoníaca capacita a la gente para defenderse mejor del engaño de un demonio después que la sesión ha terminado. Después de las sesiones de liberación, la persona estará mucho más conciente de cuáles demonios estaban presentes, de la manera en que operaban y de las mentiras y los trucos con que la han engañado y tratarán de engañarla otra vez. Finalmente estará conciente de su autoridad espiritual y de cómo usarla, después de ver en el consejero el modelo en cuanto a cómo luchar contra los demonios y liberar a las personas.

Es emocionante escuchar a las personas que han recibido liberación cuando describen cómo resistieron los intentos demoníacos para retomar el territorio del cual fueron desalojados. Cuentan cosas como que "el demonio trató de regresar anoche y yo hice lo mismo que usted hizo: le dije que se fuera, ¡y se fue!, o "le pedí a Jesús que enviara ángeles con sus espadas a rodear al demonio, y ellos se encargaron del asunto. Y Jesús me permitió observarlo todo".

ALGUNAS PRECAUCIONES QUE SE DEBE TOMAR CUANDO SE BUSCA INFORMACIÓN DE LOS DEMONIOS

Obtener información de los demonios puede ser una herramienta eficaz y poderosa en el ministerio de liberación. Es de esperar que la discusión que ha antecedido muestre que este método suele ser el más eficaz y la forma más amorosa para proveer sanidad y liberación a los demonizados.

Habiendo dicho esto, quiero no obstante mencionar algunas precauciones que debemos tomar cuando procuramos obtener información de los demonios. Es necesario actuar siempre con sabiduría y discernimiento.

Precaución 1: *Procure verificar cualquier información que obtenga de un demonio.* La mayor parte de la información demoníaca se puede verificar fácilmente. Por ejemplo, si un demonio le dice que es un espíritu generacional que ha entrado seis generaciones atrás por la línea del padre, esa información se puede verificar. Cuando usted asume autoridad sobre esa generación y quebranta el poder del demonio, si inmediatamente se hace más débil, es evidente que dice la verdad. O si un demonio declara que entró durante un maltrato a la edad de seis años, la persona generalmente corroborará la posibilidad de que lo que el demonio dijo es cierto.

Si después de traer la presencia de Jesús a tal situación mediante la sanidad interior, el demonio apenas si puede hablar, es una buena señal de que estaba hablando la realidad.

La mayor parte de la información que deseamos de los demonios es del tipo ilustrado en el párrafo anterior. A menudo el asunto es obtener simplemente respuesta a la pregunta: "¿Necesita él (o ella) perdonar a alguien más?" Verificar tal cosa es sólo cuestión de ir al evento indicado y permitir que Jesús repare el daño infligido. Rara vez he encontrado que esta información dada por los demonios no sea correcta.

Sin embargo, cuando los demonios dan una información más amplia, son menos confiables, especialmente si ven que mintiendo pueden desviarnos de curso. Frecuentemente les pregunto: "¿Quién está a cargo?", o "¿Hay otros demonios aquí?" La respuesta que den puede que no sea enteramente exacta. No estoy abogando por sostener una conversación con los demonios acerca de cosas que no estén directamente relacionadas con el objetivo de echarlos fuera o de ayudar a la persona a quien ministramos a comprender algo respecto a su situación. Es común que yo les pregunte cosas como: "¿Cuándo entraron?" para ayudar a la persona a quien ministramos a entender qué es lo que él o ella hizo que le dio al demonio un punto de acceso.

Me he dado cuenta de que la información que los demonios revelan es tan exacta en cuanto a los aspectos que se deben tratar para debilitar su control, que me inclino a confiar en lo que dicen en esta área, especialmente si podemos verificarlo. Si por ejemplo el demonio revela que la persona necesita perdonar a alguien, y cuando esta perdona el demonio se debilita, me alegro de haberle preguntado.

En un tópico más amplio, cuando les pregunto "¿Viven ahora en el espíritu de esta persona?", son tan coherentes al afirmar, con profundo pesar, que ellos no pueden vivir en el espíritu de un cristiano, que yo confío en ellos en este asunto. He interrogado bien sobre este tema a cerca de un centenar de demonios, y sus respuestas son coherentes en el sentido de que si bien vivieron una vez en el espíritu de la persona, ahora ya no pueden hacerlo porque tal persona pertenece a Jesús.

Precaución 2. *Tenga cuidado en cuanto a confiar en "palabras de conocimiento".* Yo he oído y recibido muchas palabras de conocimiento que son correctas y muy útiles al tratar con los demonios. También he oído y recibido muchas otras que fueron inexactas o que causaban distracción.

Cuando trabajo en equipo animo a los miembros de mi equipo a escuchar al Señor y a pasarme notas escritas informándome lo que reciban. Muchas veces estas notas me han ayudado. En algunas ocasiones he cambiado todo el curso de la ministración a una persona por causa de algo que me decían. Pero otras veces ignoro una o más de ellas porque seguir dicha "palabra" hubiera desviado la ministración del curso por el cual sentía que el Señor me estaba guiando. He visto a algunos que ministran tratando de tener en cuenta todas las sugerencias hechas en dichas notas, y se confunden ellos y confunden a las personas que están ministrando. Esto no está bien. Es mejor ignorar algunas o todas las "palabras" y mantener el curso que Dios le muestra. Luego a veces, después de terminar la sesión, muestro las notas a la persona que recibe la ministración, porque contienen sugerencias que ella debe seguir.

Precaución 3: *Saber que los demonios procuran engañarnos nos alerta para ordenarles en el nombre de Jesús que nos digan solamente la verdad.* Cuando solicite información de los demonios, ordéneles en el nombre de Jesús decir sólo la verdad. Siendo que el engaño es parte de su naturaleza, no espere que automáticamente le digan la verdad, a menos que se les ordene hacerlo. A veces dicen la verdad aún sin haberles ordenado porque el Espíritu Santo los presiona.

Cuando se les confronta con el poder de Jesús, luchan por su vida. No es un encuentro parejo. Para muchos, quizás para la mayoría de ellos, es la primera vez que son confrontados con tanto poder. Es común que entren en pánico y no sepan qué hacer. De modo que su reacción será más bien el resultado de su propio disgusto y confusión, que de cualquier incapacidad de decir la verdad.

Cómo pueden mentir los demonios aún cuando bajo el poder del Espíritu Santo se les ha prohibido hacerlo es algo que no puedo entender. Sin embargo, el hecho de que digan la verdad tan a menudo en determinadas circunstancias es, sin duda alguna, el resultado de la influencia del Espíritu Santo. Una cosa alentadora que he descubierto es que muchas veces el Espíritu Santo me muestra inmediatamente cuando me dicen una mentira y, por lo tanto, puedo confrontarlos en el momento y obtener la verdad.

Es importante desarrollar el discernimiento en esta área. He aprendido que el discernimiento llega con la práctica y escuchando al Espíritu Santo. Una buena regla es seguir siendo escépticos respecto a las respuestas de los demonios, pero no rehusar hacerles preguntas sencillamente porque en ocasiones nos puedan engañar. Con oración, sabiduría y experiencia, llega a ser fácil determinar cuándo mienten.

Precaución 4: *Engañar no es lo mismo que mentir.* Se ha difundido el mito de que los demonios siempre mienten. Definitivamente eso no es verdad. Ciertamente Satanás es el "padre de mentira" (véase Juan

8: 44), pero él es más activo como engañador que como mentiroso. Recuerde que cuando tentó a Jesús, no utilizó mentiras sino que hizo un mal uso de la verdad (ver Lucas 4:1-13). Lo mismo ocurrió en el Huerto de Edén (ver Génesis 3: 1-13). Y recuerde que la razón por la cual a menudo Jesús hizo callar a los demonios fue porque lo reconocían y decían *la verdad* respecto a quién era él (ver Marcos 1:24, 34; 3:11; y Lucas 4:41). En todo el Nuevo Testamento no encontramos demonios mintiendo.

El engaño es un concepto más amplio que la mentira. Y maestros del engaño como Satanás y sus demonios, son demasiado astutos como para mentir si pueden lograr sus propósitos utilizando mal la verdad. Les encanta engañar provocando preguntas, (como en el caso de Adán y Eva) o utilizando verdades para estimular una inmediata actividad aparentemente inocente, que a la larga tenga consecuencias desastrosas (como en las tentaciones de Jesús), o diciendo solamente parte de la verdad. Por ejemplo, cuando presioné a un demonio para que repitiera las mentiras que le había estado diciendo a un hombre al que yo trataba de ayudar, dijo: "Él es corto de estatura". Lo cual era cierto pero engañoso. Porque cuando lo volví a presionar, confesó que le había dicho esto a esa persona de una manera despectiva, como si ser bajo fuera un defecto.

El engaño es un intento deliberado por ocultar, pervertir o distorsionar la verdad. Es uno de los medios básicos del reino satánico para mantener a la gente esclavizada. Tenga cuidado con eso aun cuando el demonio esté diciendo la verdad.

Precaución 5: *No les permita a los demonios distraer o controlar alguna parte de la ministración.* Los demonios a veces tratan de hablar mucho, de cambiar el tema o de controlar la sesión. No les permita hacerlo. Es como un juego de poderes. Recuerde que usted es quien posee mayor poder y el que tiene el control. Hágalos callar y que hablen solamente cuando usted les ordene.

Precaución 6: *Los demonios son simuladores; no se deje asustar por ellos.* En ocasiones un demonio tratará de asustarlo a usted y a la persona a quien ministra. O utilizará la simulación para que lo deje solo. Ellos hacen esto de diferentes maneras. Pueden ocultarse tras otro demonio para hacerlo pensar que no está allí. O tal vez usen palabras arrogantes o una mirada amenazadora. "Ella es mía" me dijo uno recientemente con una mirada tan odiosa como nunca la había visto. Tal show puede hacer aparecer al demonio como realmente duro y difícil de echar fuera. Sabiendo que ellos son mayormente simuladores, no le dí la espalda. Sin siquiera parpadear, pronto lo eché fuera junto con sus compañeros.

Los demonios tratarán de trastornar a la persona en la medida en que usted se lo permita. Esperan que usted o la persona a quien se ministra decidan que el proceso no vale la pena y lo abandonen. Generalmente el prohibirles desde un principio que ejerzan violencia, minimiza este problema. En caso de que continúe, ordénele al demonio en forma tranquila pero firme que se detenga. No les conceda la victoria a los demonios terminando la sesión a menos que sea para un corto descanso, de modo que pueda obtener ayuda de alguien con más experiencia.

Los demonios también causan dolor, les ponen nombres a las personas, amenazan con entrar en usted o en los miembros de su equipo de liberación, o con matarlo a usted y a ellos, declaran que no saldrán nunca, pretenden que son un principado inmenso con más poder que usted, todo con el fin de hacerlo retroceder. En ocasiones empezarán a recordar todos sus pecados o los de algún miembro del equipo. Si ocurre tal cosa, sencillamente diga: "Esos pecados han sido lavados por la sangre de Cristo, perdonados y olvidados por Dios. Les prohíbo volver a mencionarlos". O si las tácticas anteriores no les funcionan, quizás supliquen misericordia. Varias veces he escuchado a un demonio decir: "Si prometo no lastimarlo más, ¿me permite quedarme?"

Recuerde quién es usted y la autoridad que tiene en Cristo Jesús. Repito que esta no es una lucha entre iguales. Usted tiene de su lado *infinitamente más poder* que el que ellos tienen del suyo. Ordéneles con voz calmada pero firme que le obedezcan. Los gritos y la actividad frenética no son necesarios. Tales actividades ayudan a los demonios, no a Jesús. Hágales saber en nombre de quién actúa usted, y quiénes son ellos. Recuérdeles que han sido derrotados y que la persona en la cual están obrando pertenece al Reino de Jesús, no al de ellos. Por lo tanto son intrusos.

El poder de Jesús es asombroso. Y es emocionante ver cuan rápidamente tienen que responder a él los demonios, especialmente una vez que nos hemos ocupado de la basura. No obstante, antes de habernos deshecho de ella, los demonios tienen un derecho legal de estar allí. Por lo tanto pueden usar tácticas de distracción hasta que la basura sea removida.

Precaución 7: *No hay una fórmula o conjunto de instrucciones sobre cómo obtener información de los demonios.* No existen dos demonios exactamente iguales. Aunque parece que no difieren tanto entre sí como los seres humanos, cada uno posee su personalidad propia y se comporta a su manera. Y usted también desarrollará su propio estilo distintivo. La interacción entre su estilo, las características personales de los demonios, y las de la persona que necesita ministración, produce una variedad infinita. Así que no busque una fórmula rápida y fácil para tratar con los demonios. Pregúntele a Jesús continuamente qué debe hacer en el siguiente paso, y se sorprenderá de lo que él le mostrará.

Cada vez que ministro aprendo algo nuevo. Tenemos la esperanza de que lo mis colegas y yo hemos aprendido le provea a usted suficientes sugerencias que lo capaciten para empezar o continuar su propio aprendizaje acerca de la sanidad interior y la liberación.

EL PUNTO MÁS IMPORTANTE

No importa lo que aprenda acerca de las técnicas, no pierda de vista el punto más importante en el ministerio de la sanidad interior: *No existe ningún sustituto que reemplace el escuchar a Dios.* La herramienta más importante y eficaz es nuestra intimidad con el Padre. Aprender a escucharlo y hacer lo que él quiere, son el reto más grande y la mayor satisfacción que yo he encontrado. Realizar cosas que sé que no puedo realizar por mi cuenta, es increíble pero produce mucha satisfacción. Espero no tener que renunciar a ello jamás.

Habiendo enfatizado este factor esencial, lo animo para que dando un paso de fe se "meta en el asunto". La experiencia me ha demostrado que *aprendemos a oír la voz de Dios a medida que avanzamos en el ministerio.*

Vamos a darle a este demonio el nombre de "Propietario". Tenía la apariencia de ser muy fuerte. Vivía en la personalidad alterna de seis años de edad de una joven a quien llamaremos Elaine (ver en el Capítulo 2, el Mito 12). A su personalidad alterna la llamaremos Edy. Tres intentos de ministración no habían tenido éxito en echar fuera a Propietario, aunque sí se había logrado mucha sanidad interior en esas sesiones. John, quien había estado ministrando a Elaine, fue quien me la trajo. Los dos esperaban que yo tuviera una idea mejor sobre cómo liberar a Edy, y que Dios me usara para terminar el trabajo. Aunque yo había ministrado antes una vez a Elaine, no conocía a Edy.

Antes de nuestra cita yo había alertado a varias personas para que oraran de manera especial. Y yo mismo había estado orando al respecto y meditando en posibles maneras que Dios trajo a mi mente para abordar la sesión. Me abstuve de ayunar, no porque no crea en el ayuno sino porque sencillamente no me sentí impulsado a hacerlo. Mi equipo lo integrábamos John y yo mismo. Resultó ser vital que John tuviera una buena relación con ella. Tanto Elaine como Edy confiaban mucho en él.

Cuando comenzó la sesión, Elaine tomó en las suyas la mano de John y yo elevé la oración que había estado haciendo todo el tiempo: que el Espíritu Santo tomara el control y nos diera la autoridad y el poder, además de la guía y el discernimiento necesarios para hacer el trabajo que teníamos delante. Yo invoqué la protección de Dios para nosotros, para todas las personas, posesiones y cosas nuestras, contra cualquier venganza por parte de los demonios. Corté toda ayuda que pudiera venir de fuera para los demonios que estaban en Elaine (y Edy), y otra vez invité al Espíritu Santo a asumir el control total.

Mi primera tarea fue establecer contacto con Edy, la personalidad alterna de seis años de edad, y de ser posible, ganarme su confianza. Como ocurre con la mayoría de personalidades alternas, el hecho de que Elaine, la personalidad medular, me conocía y confiaba en mí, significaba poco para Edy. Elaine había sido muy maltratada por sus padres y en rituales satánicos. Su padre la había utilizado sexualmente infinidad de veces y la había puesto a disposición de otros hombres. La madre también había sido muy abusiva. Durante una experiencia especial de abuso sexual, Edy, esta personalidad alterna, se separó de Elaine. De modo que era muy difícil para Edy abrirse y hablar con un hombre como yo a quien no conocía previamente.

Cuando le hice preguntas a Edy acerca de ella y de sus experiencias, siempre se volvía hacia John y le preguntaba si era seguro dejarme saber lo que le había preguntado. Era lastimoso ver y oír cuanto daño le habían hecho a Edy, pero daba gusto ver la confianza que había desarrollado hacia John. Cuando sentí que habíamos interactuado lo suficiente para que ella confiara en mí, le pedí permiso para hacer contacto con el demonio llamado Propietario, y consintió cuando recibió la aprobación de John.

"En el nombre de Jesús lo reto a usted, Propietario, –dije–. Le ordeno prestar atención y responderme". El demonio apareció inmediatamente, lo que fue evidente por la molestia y el enojo extremo reflejado en el rostro de Edy. Declaró que ella era posesión suya, y que ni yo ni ninguna otra persona se la íbamos a quitar. Él se había apoderado de ella durante ese incidente de abuso sexual cuando Elaine/Edy habían clamado a Dios por ayuda, y aparentemente no la recibieron. En ese momento Propietario habló a la chica y le dijo que si le permitía entrar, él haría desaparecer su dolor. Y al recordar el evento Edy testificó que cuando le permitió a Propietario que entrara, él ciertamente le había quitado el dolor.

Edy entonces hizo las siguientes declaraciones: "Dios no me ayudó, en cambio Propietario sí lo hizo". "Dios es malo, Propietario es bueno"; y "Lo bueno es malo, y lo malo es bueno". Cuando le pregunté si conocía a Jesús, ella lo describió como el Dios que no la ayudó cuando estaba tan gravemente lastimada. Y en cambio describió a Propietario como el que siempre vino para ayudarla cuando lo necesitó. Y suplicante preguntaba: "¿Por qué Jesús no me ayudó?" Y tuve que confesar que no sabía la respuesta a esa pregunta.

Sin embargo, afirmé que es Jesús, y no Propietario, quien tiene más poder para ayudarla, y quien está más interesado en su bienestar. Pero esto no cuadraba con la interpretación de su experiencia. Agregué que el motivo real de Propietario era destruirla, un hecho que intenté que Propietario admitiera, pero sólo tuve un éxito parcial. Es decir, este admitió querer que ella muriera, pero afirmó (y ella estuvo de acuerdo) que la muerte hubiera sido mucho mejor que el dolor con el cual tuvo que vivir como resultado del abuso.

Librábamos una batalla por la voluntad de Edy. Ambos, Propietario y yo, sabíamos que todo dependía del lado en que ella eligiera estar. Si escogía a Propietario, como solía hacerlo antes, él sería el ganador. Pero si elegía a Jesús, todo habría terminado para Propietario. De modo que le pedí a Jesús que asignara unos cuantos ángeles que lo rodearan para estorbarlo y debilitarlo, y que le causaran dolor cuando no cooperara. Cuando le pregunté a Propietario si podía ver a los ángeles, dijo que sí. También admitió que veía a Jesús en el recinto.

Lo siguiente fue hacer que Propietario admitiera que parte de su poder se derivaba de algunas maldiciones y dedicaciones de las que Elaine/Edy habían sido objeto por parte del padre. Tras su admisión asumí autoridad sobre esas maldiciones y dedicaciones y rompí su poder en el nombre de Jesús por el poder de su muerte y resurrección. Luego invoqué el poder liberador de Jesús para que liberara a Elaine del dominio de Propietario y sanara las heridas que ella había sufrido. Le pedí también que permitiera que Edy notara su presencia durante el abuso. Al parecer ella no lo vio (como la mayoría puede hacerlo), pero tal vez su mente de seis años no lo entendió completamente.

En cualquier caso, parece que algo le ocurrió al dominio que sobre Edy ejercía Propietario, quien todavía hablaba con arrogancia. Pero la experiencia me ha enseñado a notar la fuerza en la voz de un demonio, y pude discernir claramente un debilitamiento. De manera que apelé a la voluntad de Edy una vez más, y le pedí que eligiera a Jesús y no a Propietario. Mientras consideraba de nuevo estas opciones, John le preguntó si escuchaba algo de parte de Propietario. "No", fue su respuesta, y señalándome agregó: "¡Él le dijo a Propietario que no podía hablar más!" En este momento supe que estábamos ganando. Mientras seguía mirando a John, Edy preguntó: "¿Cómo es Jesús?"

Un tanto dudoso, John le dio la respuesta correcta: "Él es como yo".

"Pero, ¿él puede protegerme? –preguntó.

"Sí –le respondió John–, porque él tiene mucho más poder del que yo tengo".

Así que, aunque reconocía que era un gran riesgo porque Propietario había prometido que le causaría gran dolor si se decidía por Jesús, ella lo hizo. Y el dolor vino. Pero John dijo: "En el nombre de Jesús yo te ato a ti Propietario, y te ordeno que dejes de causarle dolor". Y el dolor cesó, demostrándole a ella que Jesús podía hacerlo.

Después le exigí a Propietario que prestara atención. Aunque él había empezado quizás en el nivel 7 u 8 de nuestra escala, ahora parecía estar en el nivel 2, o menos. Cuando le pregunté si estaba listo para salir, simplemente dijo: "Está bien". Entonces pedí a los ángeles que lo encerraran junto con los demás demonios sobre los cuales él tenía autoridad. Se hizo y Propietario admitió que estaba encerrado. Así que les pedí a los ángeles que los llevaran a Jesús para que él dispusiera de ellos. Edy entonces pudo ver a Jesús ejerciendo dominio sobre ellos. Luego yo dije: "Ahora aparto estos demonios de Edy a una distancia tan lejos como está el este del oeste, y ubico la cruz y la tumba de Jesús entre ella y los demonios. En el nombre de Jesús les prohíbo regresar alguna vez, o enviar a otros". Y asunto terminado; el caso fue cerrado.

Cuento esta historia con detalles porque es una típica sesión de ministración que, aunque fue más difícil de lo que es normalmente la mayoría, ilustra muchos de los puntos que discutiremos en el resto de este capítulo.

CÓMO DISCERNIR O DETECTAR LA PRESENCIA DE DEMONIOS

Algunas personas me preguntan a veces: "¿Cree usted que yo tengo un demonio?" Piensan que simplemente con mirarlas puedo saber si hay o no un demonio en ellas. Pero no puedo. Lo siento. Quizá algunos tengan ese don, pero no yo. Quizás sería un poco más fácil si la persona me describe los síntomas, pero aún así no puedo estar seguro. De hecho difícilmente puedo saberlo con seguridad hasta que reto a los demonios en el nombre de Jesús y logro algún tipo de reacción.

Para muchas personas la palabra discernimiento les suena como algo místico, especialmente si se trata de saber si hay un demonio presente, o no. En efecto yo solía sentir lo mismo y me preguntaba si Dios me daría algún día ese don. Pero fue solamente cuando dejé de preocuparme si tenía o no discernimiento, que Dios empezó a usarme en el ministerio de liberación. Cuando decidí seguirlo en vez de esperar por el don, empezaron a ocurrir cosas maravillosas. *Debemos buscar al Dador, no este u otro don.*

Desde que aprendí a enfocarme solamente en Jesús, he aprendido mucho sobre discernimiento. Aprendí que existen varios componentes de la clase de discernimiento que se necesita en una sesión de ministración. Hay un componente sobrenatural mediante el cual Dios revela cosas a través de la palabra de conocimiento y sabiduría. También hay otro componente natural compuesto por la experiencia, la capacidad de observar e interpretar, el sentido común y la imaginación.

Como el Espíritu Santo es nuestro guía (después de haberle pedido que intervenga de manera especial), podemos esperar que el proceso marche mejor de lo que fuera posible si lo realizáramos solamente mediante nuestra habilidad humana. En ese sentido toda la experiencia es sobrenatural. Pero mucho de lo que Dios usa proviene de las "capacidades" humanas. Lo natural se combina con lo sobrenatural, así en discernimiento como en todos los otros aspectos de una ministración de liberación.

Muchas personas tienen la impresión de que si Dios realmente está dirigiendo la ministración, ocurrirán muchas cosas espectaculares. Pero no es así. *Rara vez Dios hace las cosas de manera espectacular, si puede hacerlas sin espectacularidad.* De modo que hemos aprendido que cuando oramos pidiendo que él dirija cada aspecto de la ministración, esperamos su guía, no un espectáculo de fuegos artificiales. Muchas personas han perdido mucho porque esperaban que al dirigir las cosas, Dios fuera más obvio de lo que generalmente decide ser.

Lo que yo llamo "discernimiento natural" es el tipo de discernimiento más frecuente en las sesiones de ministración. Mantenga sus ojos abiertos. Busque cualquier manifestación evidente. En muchas ocasiones la mera presencia del Espíritu Santo obliga a los demonios a salir y revelarse. Esto puede ocurrir simplemente invitándolo a que se haga cargo de la sesión de ministración. O se manifiestan como reacción a la presencia de Dios en la adoración, en las devociones personales o en las bendiciones en el nombre de Jesús. Yo he visto claras manifestaciones demoníacas cuando simplemente estaba enseñando acerca de este tópico.

También ocurren manifestaciones visibles de presencia demoníaca cuando se les exige a los demonios que se manifiesten. Y se muestran también en otros momentos cuando se usa la autoridad del nombre de Jesús, por ejemplo, al proclamar sanidad de problemas emocionales, espirituales o físicos. Incluso los he visto manifestarse en una persona como reacción mientras se retaban los demonios en otra.

Además de mostrar obvias manifestaciones, las personas habitadas por demonios pueden experimentar perturbaciones en su interior que son capaces de ocultar. Muchas personas demonizadas regularmente tienen problemas tales como dolores de cabeza, u otros problemas físicos, emocionales o mentales en la iglesia, causados por los demonios con el propósito de interrumpir su concentración. Cuando realizo el proceso de sanidad interior llamado "regreso al vientre materno" como un ejercicio público, las personas demonizadas generalmente experimentan tales perturbaciones. Como lo dijo alguien: "Tan pronto empecé a visualizar la esperma y el óvulo, todo se puso negro". A sus demonios no les gustó ni una pizca de esa imagen. Pero trabajamos con él de manera individual y ahora es libre.

Puesto que tales síntomas pueden indicar varias cosas diferentes, necesitamos ser cuidadosos para no llegar muy rápido a la conclusión de que son causadas por un demonio. Entre las indicaciones más comunes de presencia demoníaca podemos mencionar las siguientes: dolores de cabeza u otros dolores en el cuerpo, mareos, sentir náuseas, rigidez o convulsiones del cuerpo, somnolencia inusual, un fuerte deseo de golpear al consejero, o de salir corriendo de la sesión.

Otras manifestaciones menos comunes (que generalmente indican una demonización más severa) son: convulsiones violentas, contorsiones faciales o corporales, gritos, sudoración, vómito, forma de mirar extraña, (estrabismo o mirada hacia adentro), "teatralidad" (como un espíritu homosexual que trata de seducir al consejero), o hablar con voz diferente.

Estas son algunas de las cosas que se pueden discernir naturalmente, ya sea observando o haciendo preguntas. Además, Dios sí muestra cosas a la gente de manera sobrenatural, aunque generalmente lo hace en combinación con la observación de los fenómenos naturales. A medida que usted adquiere más experiencia, verá que su capacidad de discernimiento se agudiza. Notará también que *los demonios cometen muchos errores que los delatan. Aprender a reconocer estos errores y a sacar ventaja de ellos es una parte importante del juego.*

PREPARACIÓN PARA UNA SESIÓN DE LIBERACIÓN

1. *Una sesión de liberación debe ser saturada de oración.* Muchos que realizan liberación encuentran útil ayunar también. Aunque creo en ambos –la oración y el ayuno–, mi práctica en la mayoría de las situaciones es depender de quienes oran regularmente por mí, y de mi propia oración. Sólo ayuno y pido que oren de una manera más intensa por mí cuando tengo la expectativa de una sesión especialmente difícil (por ejemplo después de que una sesión anterior no ha tenido éxito), o cuando me siento impresionado por el Señor para hacerlo. Procuro estar espiritualmente listo en todo momento para realizar liberaciones o para ministrar a cualquier necesidad emocional o física.

2. *Siempre que sea posible es mejor ministrar en equipo.* Aunque ahora, después de haber adquirido mucha experiencia, ministro solo con mucha frecuencia, me gusta más cuando tengo la ayuda de otros. Ellos aportan a la sesión dones o habilidades que yo no tengo. Pero incluso aunque no tengan esos dones, pueden estar orando y escuchando la voz del Señor de una manera que yo no puedo hacerlo durante la sesión. Un miembro del equipo puede tomar notas. Yo debo estar concentrado en la persona y en los problemas y los demonios, mientras que ellos pueden estar escuchando a Dios con mayor atención.

Un buen equipo puede estar integrado por tres a cinco personas. Tener más de cinco o seis puede causar confusión. Cuando se ministra en equipo, una persona debe dirigir las cosas. Cuando yo lo hago, les digo a los demás que no deben interrumpirme mientras estoy dirigiendo. Sin embargo les pido que escriban en pedacitos de papel cualquier cosa que sientan que el Señor les hace saber, y que los pongan sobre mis piernas mientras ministro. Con frecuencia Dios revela cosas vitales a través de estos comentarios.

El criterio para escoger las personas que integren un equipo varía de tiempo en tiempo. Si la ministración promete ser difícil, procuro reclutar tantos miembros experimentados como pueda, con tantos dones diferentes como me sea posible. No obstante, uno de mis objetivos es entrenar personas para el ministerio, de modo que deliberadamente reúno una mezcla de ministros de liberación experimentados, y otros sin experiencia.

Siempre es importante incluir a quienes tienen dones de discernimiento. Sin embargo, como el Espíritu Santo suele dar el discernimiento en cada situación, probablemente se manifieste en la ministración a través de cualquiera que posea una sensibilidad espiritual general. Cuando Dios nos guía, las capacidades naturales, la perspicacia que da la experiencia, las palabras de conocimiento y sabiduría, todo se combina para producir un discernimiento sobrenatural.

3. *Al comenzar cada sesión, asuma autoridad sobre el lugar, el tiempo y las personas involucradas.* Para tomar esta autoridad use una declaración más o menos de este tipo: "En el nombre de Jesús hablo contra cualquier emisario del Maligno que pueda estar aquí, y le ordeno salir. Reclamo este lugar, este tiempo y estas personas para el Señor Jesús, y prohíbo cualquier actividad de seres satánicos, excepto la que yo ordene específicamente".

Entonces oramos y pedimos al Señor la dirección, la autoridad y el poder del Espíritu Santo. A través de la oración también proclamamos protección sobre todos los presentes, diciendo algo así: "En el nombre de Jesucristo reclamo protección de cualquier venganza u otros trucos sucios del Enemigo, para cada uno de nosotros, para nuestras familias, nuestros amigos, nuestros asociados en el trabajo, nuestra propiedad, nuestras finanzas, nuestra salud, y todas las demás pertenencias nuestras".

Después es importante cortar la ayuda que pueda venir a los espíritus que habitan la persona, de otros espíritus que estén fuera, diciendo más o menos lo siguiente: "En el nombre de Jesús corto toda ayuda para los espíritus que habitan en esta persona que pueda venir de espíritus que están afuera, o de otros que estén en ella".

Luego prohibimos cualquier tipo de violencia, vómito u otro comportamiento espectacular, de la siguiente manera: "Prohíbo a los espíritus que están dentro de esta persona, que causen violencia, hacerla arrojar o cualquier otro comportamiento llamativo o cosa que pueda avergonzarla".

Entonces estamos listos para retar a los demonios presentes.

CÓMO RETAR A LOS DEMONIOS

Cuando efectúo la sanidad interior tengo la costumbre de hacer una lista de sospechosos. Cuando alguien me dice que esta enojado con varias personas, o que fue avergonzado o rechazado, o se siente temeroso, escribo al lado izquierdo de mis notas el nombre de un posible demonio. Si la persona fue avergonzada o concebida fuera del matrimonio, escribo "vergüenza" y sé que si hay un demonio de vergüenza, probablemente habrá también espíritus de culpa y engaño, y además espíritus mentirosos. Si la persona está enojada, escribo "enojo" y espero encontrar junto con el espíritu de enojo, espíritus de amargura, resentimiento, depresión y posiblemente ira. Con el temor habrá preocupación, ansiedad y pánico. Con el rechazo probablemente habrá abandono y descuido. De ahí que para el momento en que decido retar a los demonios, ya tengo los nombres de la mayoría de ellos en mi lista de "sospechosos".

Una vez que usted esté razonablemente seguro que hay un demonio presente, y la sanidad interior se ha llevado a un punto satisfactorio, es tiempo de retar a los demonios. Cuando hablo de un "punto satisfactorio" quiero decir que en cierto punto de la ministración, llega a ser una prioridad mayor tratar con las ratas que son atraídas por la basura, que tratar con la basura que ha quedado. Generalmente no se necesita efectuar toda la sanidad interior antes de que sea aconsejable deshacerse de los demonios. Rara vez es necesario prolongarla más allá del trato con los asuntos básicos que han causado traumas. Si hay asuntos adicionales, se pueden a tratar a medida que tratamos con los demonios; cuando todavía hay cosas a las cuales estos se puedan aferrar, no seremos capaces de deshacernos de ellos hasta que tratemos con esos asuntos.

1. *Si sospecho que hay un demonio, pido permiso para verificar esa posibilidad.* Nunca es bueno ir más allá de lo que una persona está dispuesta a hacer. Si pedimos este permiso y ella lo niega, no pasamos de ahí. Sin embargo, le hago saber que estoy listo a tratar con el problema cuando ella esté lista también. Un individuo a quien estaba ministrando me permitió avanzar en el proceso, pero luego saltó y dijo: "¡Yo no creo en esto!" y salió enojado del recinto. Cuando salía le dejé en claro que yo estaba disponible si posteriormente decidía continuar. Días después cuando los demonios le habían hecho la vida difícil y en el proceso fue para él más obvia su presencia, nos llamó para hacer otra cita. Ahora es un hombre libre.

2. *A veces reto a los demonios mirando los ojos de la persona.* Suelo sugerir que la persona a quien ministramos cierre (o mantenga cerrados) sus ojos para lograr una mayor concentración. Con algunas personas y algunos demonios, mantener los ojos abiertos funciona mejor; mientras que con otras lo mejor es que los mantengan cerrados mientras trabajamos con ellos.

Generalmente le hago saber a la persona que no estoy seguro si hay demonios presentes en ella, pero que voy a actuar como si los hubiera para ver si los hago reaccionar. Como a los demonios no les gusta que los descubran, se les debe retar. Me he dado cuenta que un reto directo es lo mejor, incluso cuando no estoy seguro de que haya uno presente.

Trato de retar los demonios utilizando los nombres de los problemas espirituales que he enumerado en mi lista de sospechosos. Típicamente lo primero que digo es algo así: "En el nombre de Jesucristo reclamo la atención de cualquier espíritu enemigo. Están en la presencia de Jesús y les ordeno alinearse frente a él de tal forma que tal y tal los pueda ver. Les prohíbo ocultarse o entrar en cualquiera otra persona. Están en la presencia de Jesucristo y tienen que obedecerle". Entonces escojo algún nombre de mi lista y reto a ese demonio.

Casi siempre reto primero al espíritu de vergüenza, diciendo: "Espíritu de Vergüenza, ¿tienes algún derecho legal de estar en esta persona?" A veces el espíritu de Vergüenza habla inmediatamente, pero en otras ocasiones permanece en silencio. Así que reto de la misma manera al espíritu de Culpa y le pregunto si tiene algún derecho legal de estar allí. Si no hay respuesta de Culpa, entonces le ordeno al espíritu de Engaño que nos cuente cuáles mentiras le ha dicho a la persona que estamos ministrando. Generalmente este espíritu responde diciendo: "Ella no es buena, o "ella nunca lo va a lograr" o "ella es fea" o "es gorda", o cualquiera otra mentira que la persona haya estado creyendo. Una vez que el demonio ha expresado su mentira, le pregunto a Jesús si esto es verdad, y si no lo es, cuál entonces es la verdad. Usualmente responde diciendo: "Es mi princesa" o "estoy con ella siempre", o "ella es hermosa".

Cuando el espíritu de engaño admite las mentiras, regularmente los espíritus de vergüenza y de culpa empiezan a responder mis preguntas. Ya sea que lo hagan o no, pido a los ángeles (o a Jesús) que ate juntos los espíritus y los encierre en un recipiente. Si no es así, realizamos más sanidad interior hasta romper su poder para poderlos encerrar.

En ocasiones tengo que retar a uno o más espíritus antes de obtener una respuesta. Y suelo agregar: "Les prohíbo permanecer en silencio". No es raro que sea necesario retar a varios demonios antes de lograr una respuesta de cualquiera de ellos. Con frecuencia tengo que mencionar varios nombres sucesivamente, lo cual demanda paciencia y persistencia. Suelo presionar fuerte a quienes considero más débiles, suponiendo que responderán más fácilmente que los fuertes.

Los demonios quizá traten de distraer a la persona. Si lo hacen, ordéneles que lo miren a usted. Mantenga el control. No permita esta o cualquiera otra táctica de distracción como causar dolor, sacudir a la persona, traer a su mente pensamientos que la distraigan o decirle mentiras (como por ejemplo: "Los demonios no existen"). *Prohíbales ejercer cualquier control sobre ella.* Usted no necesita gritar o recurrir a acciones extrañas como poner la Biblia sobre la cabeza de la persona a quien ministra. Esta es una lucha de poderes. *Los demonios responden solamente al poder ejercido sobre ellos. Y ese poder se esgrime mediante palabras con la fuerza del Espíritu Santo.*

3. *Pídale a Jesús la ayuda de ángeles poderosos.* A veces le pregunto al demonio si puede ver ángeles. También si puede ver a Jesús aquí con nosotros y generalmente admite que puede ver tanto a los ángeles como a Jesús. O menciona que se siente muy incómodo en su presencia. Esta es una buena señal. Los intimida y establece quien tiene el control.

4. *Ordene que los demonios en cada grupo sean encerrados bajo llave en un compartimiento.* Hace años aprendí que cuando quebrantamos su poder, podemos meter a cada grupo en un recipiente cerrado y con seguro, hasta que se los enviemos a Jesús. Una vez que tenemos a cada grupo en este compartimiento, sé que el poder de ese grupo ha sido roto y puedo seguir con el grupo siguiente. Luego los encierro, grupo por grupo, hasta que hayamos terminado, y los enviamos todos a Jesús.

Como lo mencioné en el capítulo 6, los demonios se reúnen y actúan en grupos, teniendo a uno como líder en cada grupo. Generalmente habita más de un grupo en una persona, cuyos líderes tienen aproximadamente igual autoridad. Cuando encuentro esta situación, ato a cada grupo a su líder. Luego me aseguro que así haya ocurrido preguntándole al demonio líder si todos sus demonios están o no atados a él. En ocasiones responden que uno o más no lo están. Entonces les pregunto por qué no. "¿Todavía tienen algún derecho sobre esta persona en tal y tal aspecto?" Y el demonio líder o incluso la persona que está recibiendo ministración me dicen qué aspecto de sanidad interior se debe realizar. Cuando tratamos con la basura que todavía queda, esto debilita a los demonios desperdigados hasta llevarlos al punto en donde se reúnen con los que ya están atados.

BUSQUE PRIMERO LOS ESPÍRITUS DE MALDICIONES INTERGENERACIONALES

Obligue a los demonios a decirle si tienen algún dominio transmitido por herencia. Quizás ya se ha hablado contra los espíritus y las maldiciones generacionales durante el procedimiento de "regreso al vientre materno". No obstante, para estar seguros suelo decir: "En el nombre de Jesús te mando que me digas si tienes algún dominio recibido por herencia".

Si lo admiten, les pregunto: "¿Por parte del padre o de la madre?, y luego: "¿Hace cuántas generaciones?"

Si existe una raíz intergeneracional, digo algo así: "En el nombre de Jesús tomo autoridad sobre este antepasado seis generaciones atrás, y rompo su poder en las sexta, quinta, cuarta, tercera y segunda generaciones. Ahora quebranto su poder sobre el padre o la madre de (aquí el nombre de la persona), y corto todo poder que ustedes tienen sobre él (o ella) mediante su intromisión en esta familia en el momento de la concepción de _____".

En muchas ocasiones vemos un cambio notable en la fuerza de los demonios después de hacer lo descrito anteriormente. Como lo he dicho antes, no sé si lo que se hereda es el demonio mismo, o algún poder al cual el demonio se puede conectar. Pero esta forma de abordar el problema casi siempre trae alivio a la persona y debilita al demonio.

Si usted sospecha que hay una raíz intergeneracional, pero por alguna razón no puede confirmarlo ya sea por una palabra de conocimiento o por el demonio mismo, suponga que la hay y diga algo así: "En el nombre de Jesús asumo autoridad sobre el espíritu intergeneracional que viene a través de la descendencia del padre, y rompo su poder en el nombre de Jesús. Le prohíbo seguir ejerciendo poder sobre (mencione el nombre de la persona)". O también puede decir: "En el nombre de Jesucristo quebranto el poder de cualquier maldición que haya venido a través de la descendencia de la madre".

Aunque es bueno estar siempre seguro de todo, los avatares de este ministerio son tales que no siempre estamos seguros de lo que está ocurriendo. Cuando exista la duda, pienso que es mejor tratar de romper el poder de una maldición o un espíritu intergeneracional que no existe, –es decir, correr el riesgo de equivocarnos en este detalle–, que dejar activo uno que sí está presente. En cualquier caso, la capacidad de las debilidades, dedicaciones y maldiciones heredadas, para fortalecer a los demonios, parece ser grande. El quebrantamiento de cualquier poder que provenga de los antepasados puede tener un efecto importante en la fuerza de los demonios que habitan en una persona.

CÓMO DESHACERNOS COMPLETAMENTE DE LOS DEMONIOS

En este punto o etapa del proceso, la mayor parte del poder de los demonios debe haber desaparecido como resultado de la sanidad interior y de haber roto las ataduras intergeneracionales. Sin embargo, algunas cosas pueden permanecer ocultas, de modo que no se sienta molesto si los demonios no están listos para salir. Sígalos para descubrir qué es lo que todavía tienen en la persona a quien se ministra, para tratar con tal asunto.

Al tratar con los demonios, las órdenes deben ser firmes y con poder pero no es necesario alzar la voz. Los demonios no son duros para oír (aunque me he dado cuenta que cuando unjo con aceite bendecido los oídos de la persona a quien ayudamos, eso les ayuda a oír y a obedecer mejor). Jesús no persuadió a los demonios para que salieran como hacían los fariseos de su tiempo. Los trató rudamente. Él los *echó* (*ekballo*) fuera (ver Marcos 1: 25). Actúe con fuerza, con autoridad y determinación, aunque con paciencia.

Cuando voy tras los demonios con frecuencia le pregunto al líder si están listos y dispuestos a salir, o sí él y sus subordinados todavía tienen en la persona algo de lo cual asirse. Casi siempre responden que no, aunque no sea cierto y todavía haya algo. A menudo ya sea porque admitan que queda algo, o porque se nieguen a salir, será necesario que continúe con la sanidad interior y se deshaga de la basura que queda. Luego ate juntos a los miembros de cada grupo.

Para sellar el asunto, los reto grupo por grupo para encerrarlos en los recipientes bajo llave. Remitiéndome a mi lista de "sospechosos", voy primero tras el espíritu de Vergüenza y le ordeno que me preste atención junto con sus socios Culpa y Engaño (y sus demás compañeros los espíritus mentirosos). Le pregunto a Vergüenza si tiene algún derecho legal de estar en esta persona. En muchas ocasiones no responde, entonces le hago a Culpa la misma pregunta y luego a Engaño, si culpa tampoco responde. Engaño suele estar más dispuesto a hablar que los otros. Le pregunto qué mentiras le ha dicho a la persona. A menudo me da respuestas como: "Ella es fea", o "es gorda", o "no es una buena esposa", o "nunca tendrá éxito", o cualquier otra cosa negativa. Luego, generalmente le pido a Jesús que comente lo que los demonios han dicho, y la persona oirá cosas como: "Ella es preciosa para mí", o "es hermosa" u otras palabras que necesita oír de labios de Jesús.

Cuando los demonios en el grupo de vergüenza han perdido todo derecho legal, los ato juntos y le pido a Jesús que envíe ángeles y los encierren. Entonces voy tras otro grupo, digamos el de Enojo, sabiendo que sus compañeros Amargura, Resentimiento, Depresión, y muchas veces Ira, están allí con él. Los ato juntos y además de preguntarles si tienen algún derecho legal, suelo preguntarles si queda alguien a quien la persona todavía no haya perdonado. Si hay renuencia a perdonar o cualquier otra cosa, tratamos con eso, luego los encierro y voy tras otros grupos tales como Temor (con sus socios Preocupación, Ansiedad y Pánico), Rechazo (con Abandono, Auto rechazo y Desamparo), Odio (con Odio a sí mismo), Muerte (con Suicidio, Debilidad y Deseos de Muerte), Lujuria (con Fantasía, Pornografía y Adulterio), etc. Generalmente la persona puede ver cuando los demonios son encerrados.

Cuando los demonios que tengo en mi lista están todos confinados en recipientes o compartimientos, usualmente pido a los ángeles que busquen los otros demonios que quedan fuera y, a la cuenta de tres, los obliguen a entrar en otro recipiente. Entonces cuento hasta tres rápidamente y la persona a quien estoy ministrando suele ver un puñado de demonios corriendo apresurados hacia el compartimiento. Luego pido que lleven los recipientes a Jesús, y al Señor le pido que disponga de ellos y los distancie de la persona a quien ministro tan lejos como está el Este del Oeste, y que le muestre a ésta última lo que él hace con los demonios. El resultado suele ser que la persona puede ver a Jesús arrojando los recipientes con demonios al océano, o sobre un precipicio, o quemándolos, o realizando con ellos cualquier otro acto que le haga saber que se los ha llevado lejos. Luego digo: "Ubico la cruz de Jesús y su tumba vacía entre los espíritus y esta persona. Les prohíbo regresar alguna vez o enviar a otros emisarios". Entonces lleno el espacio vacío que han dejado los demonios con Paz, Amor, Gozo, y cualquier otra bendición que me venga a la mente.

La sesión ha terminado. Suelo preguntarle a la persona cómo se siente y generalmente me dice que se siente más liviana, como si Dios le hubiera quitado un peso o una carga de sus hombros.

IDEAS COMPLEMENTARIAS

Durante una sesión de ministración usted debe *sentirse libre de interrumpir el proceso en cualquier momento* para ocuparse de alguna cosa que pueda surgir. No hay nada mágico en la continuidad de alguna parte de la ministración. Es aconsejable hacer recesos para discutir con su equipo la estrategia a seguir. Si lo hace, le sugiero que diga al espíritu del mundo: "En el nombre de Jesús te prohíbo espíritu del mundo escuchar lo que vamos a decir". ¡Da resultado! Pero no olvide permitirle que escuche otra vez cuando vuelva a hablarle. En una ocasión olvidé revertir el mandato de no oír y pasó tiempo antes de que el demonio pudiera oírme otra vez. Y no fue hasta que le dije: "Ahora te permito escuchar otra vez". Otros motivos que justifican la interrupción de la sesión son: porque se ha alargado mucho, para ir al baño, para orar pidiendo más dirección y poder, y para agregar otros miembros al equipo.

En el ministerio de liberación es importante mantener la duración de las sesiones dentro de períodos razonables de tiempo. Aunque yo me he extendido hasta ¡11 horas! en una sola sesión, no aconsejo hacer tal cosa. El período más conveniente (por lo menos para mí) es de dos a tres horas. (ver mi libro *Two Hours to Freedom* [A Dos Horas de la Libertad]). Si la sesión dura más tiempo, la fatiga llega a ser un factor importante tanto para quienes ministran como para la persona que recibe la ministración. Cuando la gente está cansada el Enemigo puede ganar ventajas que no tendría de otra manera.

Si ha trabajado por suficiente tiempo, pero queda más trabajo por realizar, sencillamente silencie a los demonios ordenándoles no causar ningún daño a la persona "hasta la próxima vez que sean retados en el nombre de Jesús". Esto deja abierta la posibilidad de que alguien más tenga acceso a ellos en el nombre de Jesús. Cierta persona me dijo que los había silenciado hasta que *ella* les permitiera hablar otra vez, y se encontró con que alguien que tuvo oportunidad de ministrar a la persona necesitada, no pudo hacer que los demonios le respondieran.

LAS TÁCTICAS DE LOS DEMONIOS Y LAS NUESTRAS

Regularmente los demonios utilizan ciertas tácticas para evitar el tener que salir. Necesitamos saber qué debemos hacer al respecto. Las que menciono a continuación son algunas de las artimañas con las cuales me he enfrentado:

1. ***A los demonios les gusta engañar ocultando su presencia.*** Cuando usted perciba o suponga que se están ocultando, sencillamente prohíbales seguir haciéndolo. Ordénele al demonio que escoja, que le responda. Si eso no da resultado, obligue a otro a que le diga que está haciendo el que usted escogió, y si todavía está allí. Esto generalmente lo hace aparecer. Si no, haga otras cosas y regrese después. A medida que los más poderosos se debilitan, menos capacidad tienen de resistir tales órdenes.

Si todo lo demás falla, ordeno que los demonios vayan a un compartimiento cerrado y los envío a Jesús, como si estuviera seguro de su presencia, aunque no haya ninguno allí. Prefiero dar esa orden aunque no esté seguro de la presencia de demonios, y no dejar alguno que sí esté presente, por no darla.

2. ***Es frecuente que los demonios presuman y alardeen procurando causar temor.*** Rara vez son tan grandes o poderosos como pretenden, aún cuando causen expresiones faciales extrañas, dolor y distorsiones corporales. A veces le dirán "Soy un principado" o incluso "Soy Satanás", esperando que usted los tema. No se les rinda. Usted tiene más poder que ellos. Cuando descubra su impostura y les recuerde lo que son y lo que usted es, los hará ocupar su lugar.

3. ***Los demonios mienten y engañan.*** Tal como lo advertíamos en el capítulo 8, tome todo lo que ellos digan con cautela. Ordéneles decir la verdad, pero aún así, no confíe en ellos. Esté siempre en guardia contra sus intentos de engañarlo y de hacer que los deje en paz. En ocasiones algunos demonios me han dicho: "Ya estoy saliendo", o "Ya me fui". No crea tales afirmaciones. Mantenga la presión hasta que el asunto concluya y ellos admitan que están confinados y bajo seguro.

4. ***Los demonios suelen ofrecer excusas e incluso suplicar para que se les permita permanecer donde están.*** "Esta es mi casa, ¿a dónde más podría ir?", o "Yo solamente le ayudé", o "Si prometo no lastimarlo, ¿me permitiría quedarme?", o simplemente "No quiero salir". Incluso algunos me han dicho que las cosas son duras para ellos. "Eso no es justo", dicen. Cuando dicen tal cosa les pregunto si han sido justos con la persona que habitan. En una ocasión uno me replicó: "Pero es diferente. Somos demonios y usted es cristiano. ¡Se espera que usted sea justo!" Ese obtuvo de mí una nota alta por su creatividad, pero ninguna concesión.

Uno de los "tratos" en que han incurrido algunos inexpertos durante los regateos es permitirles que entren en alguien más. No les permita hacerlo. Si amenazan con entrar en alguien –ya sea en un miembro del equipo o en otra apersona que no esté presente–, simplemente prohíba tal cosa y no ocurrirá. En el nombre de Jesús invoque protección para la persona y estará segura. O recuérdele al demonio que el grupo ya está protegido (desde la oración de apertura) y por lo tanto él no tiene poder de atacar a nadie.

No caiga en la trampa de los regateos. Los demonios son seres perversos que no juegan limpio ni cumplen ninguna promesa. No importa cuan sinceras parezcan sus súplicas, ni cuánto se esfuercen por ganar su simpatía, no se ablande.

5. *Los demonios procurarán agotarlo o extenuarlo a usted y a la persona a quien está ministrando.* Ellos utilizan la fatiga en cualquier forma posible, así que no permita que las sesiones se prolonguen demasiado. Descanse de tiempo en tiempo. Tratarán también de hacer que la persona se sienta cansada, aunque realmente no lo esté. Procurarán causarle sueño. Todas estas tácticas tienen el propósito de desalentar y debilitar la voluntad de la persona demonizada y el consejero. Observe con cuidado y protéjase contra estas tácticas.

Si a pesar de lo que usted haga los demonios no salen, no se desanime. Programe otras sesiones e invite a otras personas con más experiencia para que se unan al equipo de ministración (tal como lo hizo John en la historia que relaté al comienzo de este capítulo). Pida a otros que oren por las sesiones; ore y ayune antes de la siguiente sesión, y con paciencia pero también con persistencia siga trabajando para liberar a la persona necesitada.

Además es bueno asignarle a esta última algunas "tareas" para realizar entre una y otra sesión. Eso incluye oración y adoración (pública y privada); estudiar la Biblia; tratar de manera independiente con aspectos de la sanidad interior aún no concluidos, y animar a las personas a enfrentar por sí mismas a los demonios. Estimular actividades que fortalecen la voluntad, como grupos pequeños de apoyo, memorizar y reclamar promesas bíblicas, y además cantar y escuchar constantemente cantos de alabanza.

Si la liberación está en el tiempo de Dios y la persona compromete su voluntad de manera apropiada, la mayoría de los intentos por liberarla finalmente tendrán éxito. Si por el contrario, conciente o inconcientemente la persona no desea su liberación, es poco probable que esta ocurra. Dios raras veces anula o pasa por alto la libre voluntad de una persona, a menos, por supuesto, que otros se unan en oración para pedir que él lo haga, como ocurrió en el caso de Elizabeth mencionado en el capítulo 6. Al respecto tengo una importante advertencia: Aún si usted sospecha que la persona no quiere usar su voluntad para ser liberada, nunca le haga tal acusación. Dado que no podemos saberlo con seguridad, el amor nos impone que en vez de acusarla intentemos con paciencia llevarla a desear su liberación.

Si tal persona está dispuesta a perdonar pero no es capaz de hacerlo, pregúntele si "desearía estar dispuesta" a perdonar. He visto que este acuerdo quebranta el poder de un demonio.

6. *La persona a quien ministramos generalmente se da cuenta cuándo sale el demonio.* Regularmente puede ver cuando los demonios entran en los compartimientos y son encerrados bajo seguro, o tiene una considerable sensación de alivio, como si le hubieran quitado un gran peso de encima. En ocasiones tal libertad es tan desconocida que la persona comenta que se siente muy extraña.

Muchas veces los demonios tratarán de engañarlo haciéndole creer que han salido, y harán que la persona bostece, eructe o grite. En ocasiones después de un sacudimiento corporal habrá alivio. O si el demonio tiene un dominio sobre alguna parte del cuerpo (por ejemplo la cabeza o la garganta), la persona afectada sentirá alivio en esa parte. Tal sensación de alivio puede ser resultado de la salida de los demonios, o un intento de engaño. Verifique tal cosa con cuidado ordenándoles a los demonios que hablen otra vez. Hágalo varias veces hasta que usted y la persona a quien ministra estén convencidos de que aquellos están realmente confinados. Cuando ya están encerrados en el compartimiento, su poder se ha quebrantado.

7. Llene con bendiciones el espacio que los demonios dejaron vacío. Tal como lo hacemos en los ejercicios de sanidad interior, nos gusta bendecir a la gente con libertad en las áreas en que los demonios la esclavizaron. Por ejemplo, si el demonio era un espíritu de temor, bendiga a la persona con paz y esperanza; si era un espíritu de enojo, bendígala con paciencia y perdón; si era un espíritu de auto rechazo, bendígala con amor y auto aceptación.

CONSEJERÍA DESPUÉS DE LA LIBERACIÓN

Es importante aconsejar a las personas liberadas respecto a lo que puede ocurrir después de la liberación y cómo manejar las cosas. Antes de concluir la sesión de ministración, asegúrese de prohibir a los demonios que regresen. Si usted lo olvida, quizás puedan volver. En tales casos me gusta usar palabras como las siguientes: "En el nombre de Jesús prohíbo a cualquiera de estos espíritus, o a cualquiera otro, que regresen. Declaro que esta persona pertenece totalmente a Jesucristo y no permito la entrada sin autorización a agentes enemigos".

Luego me gusta sellar todo lo que el Espíritu Santo ha hecho, diciendo: "Sello, en el nombre de Jesús, todo lo que se ha hecho aquí. Cerramos todas las puertas a través de las cuales los demonios logran entrada, y removemos todas las vulnerabilidades en el nombre de Jesús".

Muchas veces los demonios intentan regresar a reclamar su antiguo territorio. Tratarán, pero si se les ha prohibido no podrán hacerlo. La persona que fue afectada por ellos debe saberlo. Pero estos procurarán engañarla presionando desde fuera, si se les permite. Por lo tanto se debe instruir a la persona que recibió ministración a utilizar el poder que tiene en Cristo, para prohibirles que hagan cualquier otra cosa (ver mi libro *I Give You Authority* [Les Doy Autoridad]).

Hágale saber a la persona que todo creyente tiene el mismo Espíritu Santo que tiene quien le ministró, y por lo tanto posee la misma autoridad. Santiago 4:7, dice: "Resistid al diablo y huirá de vosotros". Por lo tanto, toda persona debe ejercer autoridad sobre cualquier demonio que intente regresar, y puede rechazarlo otra vez. Finalmente se cansarán de intentarlo e irán a cualquier otro lugar. Si los demonios no se dan por vencidos enseguida, tampoco debemos hacerlo nosotros.

Debemos recordarles enfáticamente a las personas liberadas quiénes son en Cristo. El Enemigo ha estado mintiéndoles al respecto porque no quiere que ellas, o cualquiera de nosotros, sepamos quiénes somos. Las personas liberadas necesitan afirmar su voluntad en una nueva manera para apropiarse de la verdad. Los creyentes son hijos de Dios (ver Romanos 8: 14-17; 1 Juan 3: 1-3; Gálatas 4: 5-7); separados para llegar a ser como Jesús (ver Romanos 8: 29); considerados por Jesús como sus "amigos" (ver Juan 15:15). Jesús mismo nos eligió (ver Juan 15:16) y nos llenó de su poder (ver Lucas 9:1). Cualquier temor que sintamos tiene que desaparecer porque el temor no proviene de Dios (ver 2 Timoteo 1: 7).

La persona necesita entrar en un grupo de apoyo y empezar a trabajar con un consejero profesional cristiano para cambiar sus hábitos. La sanidad requiere tanto de terapia como de apoyo. Muchas veces el mejor arreglo es que parte o todo el equipo de ministración siga siendo su grupo de apoyo. La relación estrecha con otros cristianos puede ayudar a rechazar lo que el Enemigo lanza contra nosotros. Rodearse de la gente de una iglesia e integrarse a una clase de Escuela Dominical puede ser ideal para lograrlo. Más allá del valor de la comunión y el compañerismo, dicho grupo puede también aconsejar y apoyar si la persona necesita más terapia.

Para quienes han sido liberados es muy importante mantenerse limpios de las cosas a las cuales se adhirieron los demonios originalmente. Deben estar dispuestos a cambiar hábitos, actitudes, amigos, y cualquier cosa que sea necesaria, a fin de seguir creciendo en la sanidad y la libertad que Dios les dio. Regresar a los antiguos patrones puede abrir la puerta a una futura infestación.

Por ejemplo, una mujer con la cual yo estaba trabajando y de la cual expulsé un espíritu de muerte, pensó otra vez en la posibilidad del suicidio, y otro espíritu de muerte entró en ella. La persona a quien se ministra probablemente necesita tratar con otros asuntos y recibir sanidad en otras áreas relacionadas que no han sido tratadas, para impedir a los demonios la posibilidad de entrar en ella otra vez. Es necesario que crezca espiritualmente. La oración, la alabanza, la adoración y la práctica de establecer tiempo devocional, todas ellas son elementos de ese crecimiento.

AHORA VAYA Y HAGA EL TRABAJO

Ahora que usted ya sabe cómo liberar a las personas, de los demonios, pruebe hacerlo. Es algo riesgoso, pero cualquier cosa que hagamos con Dios implica un riesgo. De eso se trata la fe. Tan solo tenga en mente lo siguiente:

1. *Respete todo el tiempo la dignidad de la persona.* Haga lo mejor que pueda para evitar que sea herida o avergonzada. Prohíbales a los demonios causar violencia, vómito, dolor, o cualquiera otra incomodidad. Tampoco fuerce a la persona a confesar o a expresar abiertamente algo que preferiría mantener oculto. Permítale tratar única y directamente con Dios. Además sea cuidadoso y precavido con lo que usted piense que es una palabra de conocimiento. No todas esas palabras se deben compartir. Algunas son sólo para su beneficio (por ejemplo cuando usted recibe una palabra que le dice: "Ella no quiere ser sanada"). Si algo no es amable, no se debe decir o hacer porque no proviene de Jesús.

2. *Debilitar a los demonios mediante la sanidad interior antes y durante la liberación es actuar con amor.* No descuide la basura. Cuando los demonios son debilitados de esta manera no pueden hacer mucho. Así que, por amor a la persona a quien ministramos, debilite a los demonios antes de intentar echarlos fuera.

3. *Haga que otras personas (especialmente intercesores) oren por usted antes de cada sesión.* Y ore usted también. Y si sospecha que la sesión de liberación será difícil, tanto usted como los intercesores deben ayunar. Haga que ellos se unan a usted en oración pidiendo protección para sí mismos, y para la familia y los amigos del consejero y de la persona que va a ser liberada.

4. *Limpie el recinto de todos los espíritus malignos antes de comenzar una sesión de liberación.* Ordene a todos los espíritus que no tengan derechos que salgan y no regresen jamás, y a los que sí los tienen que se hagan a un lado. En mi caso yo les prohíbo interferir con cualquier cosa que Jesús quiera realizar.

5. *Fortalezca la voluntad de la persona cada vez que tenga la oportunidad.* Existen tres factores claves para la liberación: 1) el poder de Dios, 2) la voluntad de la persona que queremos liberar, y 3) deshacernos de la basura que haya en la persona, a la cual se han adherido los demonios. Los demonios harán lo que puedan para debilitar la voluntad del individuo porque saben que no pueden resistir una voluntad humana que se pone en contra de ellos. Para debilitar esa voluntad suelen utilizar la simulación, el temor y la fatiga. Cuando están adentro y aún cuando ya han sido expulsados, tratan de hacerle creer a la persona que nada ha cambiado. Muchas veces causan síntomas similares a los anteriores, aún desde el exterior. También utilizan el temor durante la sesión y después de ella. A menudo amenazan con violencia, con causar accidentes y con vengarse atacando a la persona o a sus parientes. Además utilizan la fatiga durante y después de la sesión para desalentar a la persona. Pacientemente anímela y fortalézcala contra tales tácticas debilitadoras de la voluntad.

Todo éxito es algo que fortalece la voluntad del individuo a quien ministramos, especialmente al comienzo de la sesión de ministración. Me gusta hacer que la persona sienta un inmenso abrazo de Jesús al principio y otra vez en varios momentos durante la sesión, pero solamente si puede verlos y sentirlos. Si ésta no lo está viendo y sintiendo, pedir un abrazo puede ser desalentador. Cuando la persona ve y siente las órdenes que les damos a los demonios, recibe ánimo y aliento.

Demuestre el poder de Dios sobre los demonios durante la sesión haciendo cosas tales como prohibirles hacer algo, y bendiciendo a quien usted esté ministrando. Asegure a la persona que ella posee el mismo poder; incluso permítale que lo pruebe durante la sesión. ¡Anime, estimule, aliente!

6. *Aceite para ungir, que haya sido bendecido, puede ser útil.* Me he dado cuenta que algunos demonios no muestran reacción ante el uso de aceite, mientras que a otros les causa pánico. Vale la pena experimentar con él. Pero no lo use hasta que lo haya bendecido en el nombre de Jesús. Supe del caso de un pastor que estaba tratando de echar fuera un demonio y envió a su asistente a conseguir algo de aceite. El pastor estaba a punto de utilizarlo cuando el demonio dijo: "Ese aceite no producirá efecto. ¡No ha sido bendecido!" De modo que el pastor lo bendijo, otorgándole poder para hacer la voluntad de Dios, lo aplicó y el demonio tuvo que salir.

7. *Limpie los lugares y objetos infestados del poder del Enemigo.* Cuando ministre en el hogar de la persona afectada, tenga en cuenta que la casa puede estar habitada por espíritus malignos. Si sospecha que esto puede estar ocurriendo, asuma autoridad sobre la casa y cancele cualquier poder que el Enemigo tenga en ella. Si está muy infestada, recorra cuarto por cuarto y quebrante cualquier poder demoníaco echando fuera los espíritus e invitando al Espíritu Santo que tome el control. Se debe usar el aceite de ungir para sellar cada cuarto. Generalmente yo lo uso para hacer el signo de la cruz en el dintel de cada puerta.

Además los objetos que hay en la casa (por ejemplo los que han sido traídos del exterior), o que la persona ha usado (joyas, por ejemplo), pueden contener espíritus demoníacos. Ore para que Dios lo dirija hacia ellos. Límpielos rompiendo el poder maligno que hay en ellos y luego bendígalos con el poder de Dios, o si son elementos religiosos, destrúyalos.

Yo me asombré cuando uno de los miembros de nuestro equipo informó que no pudo echar un demonio fuera de una dama ¡hasta que puso a su esposo en el garaje! "¿Qué hizo qué?" –le pregunté. "Sí, –me contestó–. ¡Lo puse en el garaje porque estaba impidiendo que el demonio saliera!" Resultó ser que lo que puso en el garaje fueron las cenizas de su difunto esposo. Había poder demoníaco adherido a las cenizas que permitía al demonio permanecer en la casa.

CAPÍTULO

10

VARIOS ASPECTOS DEL MINISTERIO DE LIBERACIÓN

Pero cuando venga el Espíritu de la verdad, él los guiará a toda la verdad, porque no hablará por su propia cuenta sino que dirá sólo lo que oiga y les anunciará las cosas por venir.

Juan 16: 13, NVI.

"No por fuerza ni por poder, sino por mi Espíritu", dice el Señor.

Zacarías 4: 6

Fijemos la mirada en Jesús.

Hebreos 12: 2, NVI.

HACIENDO LO QUE SABEMOS QUE NO PODEMOS HACER POR NUESTRA CUENTA

No puedo olvidar el hecho de que Dios nos ha dado el inapreciable privilegio de trabajar con él para hacer lo que de otro modo sería imposible. *Yo* no puedo echar fuera un demonio. *Yo* no puedo saber cosas que no me vienen de mi propia inteligencia o experiencia. Las obras de las cuales he venido hablando en este libro superan con mucho lo que los seres humanos ordinarios pueden hacer. Y no obstante ocurren semana tras semana en mi experiencia a medida que la gente acude a mí para que les ayude a lograr la libertad que Jesús les prometió (ver Lucas 4: 18-19).

¿Cómo pueden ocurrir? Dios quiere que participemos de su alegría de liberar a la gente, y se digna usar su poder en asocio con personas sin poder como usted y yo. Es algo difícil de creer especialmente para alguien como yo que ha luchado con el auto rechazo. Pero no lo puedo negar. ¡Ocurre con demasiada frecuencia!

Permítame contarle algo que era imposible pero que ocurrió en la vida de una mujer a quien llamaré Gretchen.

Todos nosotros pudimos sentir las tinieblas y la opresión cuando el avión aterrizó en Nigeria. Ante la urgente petición de algunos misioneros, llegaba yo para un seminario de 10 días sobre guerra espiritual. Había informes de que muchos misioneros estaban saliendo del país afectados por temor y depresión severa.

Conocimos a Gretchen el primer día. Inmediatamente fue obvio que era una joven llena de enojo. Desde su llegada a Nigeria, seis meses antes, se había paralizado por el temor y una profunda desconfianza hacia todas las personas. Nos dijo de manera categórica que no necesitaba ministración y no deseaba trato con nosotros. Sin embargo, después de algunos días empezó a ablandarse. Finalmente accedió a que dos mujeres de mi equipo de ministración oraran por ella. Christy Varney relata la siguiente historia sobre este caso.

Cuando se sentaron para orar juntas, Gretchen admitió que estaba aterrorizada por los demonios. Con obvio dolor confesó que desesperadamente deseaba confiar en Dios, pero no podía creer que él realmente la amara. Su experiencia como cristiana le había proporcionado un sólido entendimiento de la verdad bíblica de que Jesús la amaba. No obstante, en lo profundo de su ser se sentía abandonada. De hecho Gretchen describe su relación con Jesús como la de una niña herida que procura alcanzar a un Dios ausente y lejano. En consecuencia un temor y una desconfianza bien arraigados gobernaban su vida. Estos problemas llegaron a ser tan graves que si su esposo se apartaba de su lado aunque fuera un momento, la ira y el pánico la agobiaban.

Christy comenzó la ministración pidiéndole a Jesús que viniera y tranquilizara a Gretchen con su amor. Oraron para que Jesús la llenara con su luz y la envolviera en una segura frazada de su amor y su paz. Pronto las líneas indicadoras de tensión en su rostro se suavizaron cuando el Espíritu Santo reposó gentilmente sobre ella.

Entonces ocurrió algo maravilloso. Christy interrumpió la oración y dijo: "Gretchen, estoy recibiendo una impresión muy fuerte que creo viene de Dios. Mientras escucho para oír la voz de Jesús, le oigo decir repetidamente: `Dile a Gretchen que Jesús es celoso. Dile que estoy celoso por ella y anhelo tenerla, consolarla, traerla de regreso a mí. Estoy aquí y quiero restaurar una relación íntima con ella´".

Al oír esto las lágrimas inundaron a Gretchen y durante varios minutos lloró quedamente. Finalmente levantó la vista y mientras las lágrimas rodaban por sus mejillas, oró a Jesús: "Lo siento tanto, Señor. Gracias que te importo tanto como para sentir celos por mí. Gracias por estar realmente aquí y porque me amas". Christy entonces le pidió a Jesús que inundara a Gretchen con su amor, que disipara su temor y le restaurara la confianza en su protección y su amor. Y Jesús hizo más de lo pedido. Cuando levantó la vista, una radiante sonrisa iluminó su rostro y comenzó a reír mientras su esposo miraba asombrado. Los miembros del equipo de ministración se miraban unos a otros entre confusos y gozosos. Finalmente pudo dejar de reír y contar lo que le estaba ocurriendo.

"Cuando usted oró porque Jesús viniera y me ayudara a confiar en él, sentí que unos brazos fuertes y amorosos me rodearon. Por primera vez en mi vida me sentí tan segura. ¡Fue maravilloso! ¿Y saben que hizo luego? Empezó a darme regalos… flores… juguetes, y hermosos paquetes. Era como los cumpleaños que siempre anhelé pero que mi familia no podía celebrarme. Jamás soñé que él pudiera amarme tanto. Y nunca en realidad comprendí que estuviera tan cerca, anhelando amarme y protegerme".

Tarde en esa noche de primavera en Nigeria la vida de Gretchen fue transformada. De hecho su esposo nos contó que ella despertó a la mañana siguiente riendo y cantando alabanzas a Dios, y sus hijos, llenos de alegría le preguntaban: "Papá, nunca antes habíamos visto a mamá siquiera sonriendo. ¿Qué le pasó anoche?" Y aunque él no podía explicar completamente este cambio dramático ocurrido en su mamá, una cosa parecía cierta: Jesús la había afectado profundamente y no solamente la había liberado de la demonización sino que también cambió la visión que ella tenía de su Padre Dios y le dio nueva libertad y esperanza.

Una y otra vez vemos que Jesús afecta a las personas en maneras que nunca soñaron que fuera posible. Nuestro Dios misericordioso siempre parece dispuesto a hablar esa palabra sanadora cuando entramos en su presencia y escuchamos. En el caso de Gretchen, este toque íntimo de Jesús se abrió paso a través de su entendimiento intelectual y le permitió *experimentar* cuánto la amaba. Ese toque transformador del Espíritu Santo es un ejemplo de lo que llamamos *intimidad con Jesús*. Cuando el Señor restauró la confianza y estableció una profunda intimidad, ella obtuvo el arma más poderosa para luchar contra los poderes de las tinieblas.

Cuando Gretchen supo realmente cuan preciosa era ella para Jesús, la batalla terminó. Descubrimos varios demonios en ella durante la sesión de ministración, pero el problema más grave que tenía no eran los demonios sino la mala relación con Jesús. Una vez que su intimidad con él fue restaurada mediante ese toque sobrenatural, los demonios de temor y desconfianza fueron rápidamente derrotados por el perfecto amor de Jesús.

Lo primero que enfrentamos, entonces, es el interrogante, el misterio de cómo hace Dios tales cosas en la vida de una persona, y cómo nos permite a nosotros participar. Pero también hay que considerar otros asuntos más mundanos.

LOS AVATARES EN EL MINISTERIO DE LIBERACIÓN

Cuando hablo de avatares lo que quiero decir es que mientras ministramos a las personas demonizadas ocurren muchas cosas que no esperamos. Entre ellas están las siguientes.

1. *Aunque haya un demonio, la persona que lo alberga quizás no le permite que responda.* A menos que el demonio tenga mucho poder necesita recibir permiso del individuo donde habita para usar su aparato vocal. Sospecho que esa negativa del permiso puede ser conciente e inconciente. Este problema surge generalmente cuando una persona se siente atemorizada por el proceso y ante la posibilidad de ser avergonzada. Cuando sospechamos que esa es la razón, hacemos dos cosas:

Primero, explicamos que aunque la sesión de ministración es dirigida por Jesús, está también bajo el control de la persona que ministra, y de quien recibe la ministración. Tanto quien es objeto de la ministración como quien ministra pueden en cualquier momento otorgar o negar permiso a los demonios para que hagan cosas. Habiendo explicado lo anterior, otra vez le pedimos a la persona a quien ministramos que les permita a los demonios interactuar con nosotros.

Esto fue lo que ocurrió con un hombre a quien llamaré Rick. Era evidente que estaba soportando interferencia demoníaca. Había fuertes manifestaciones físicas cuando hablábamos a los demonios, incluyendo el torcer los ojos y sacudidas. Prohibí tales cosas y ellos dejaron de hacerlas. Pero estos síntomas asustaron tanto a Rick que plenamente conciente revocó el permiso para que los demonios hablaran, aunque había acudido a nosotros voluntariamente y deseaba desesperadamente ser liberado. Los demonios lo habían convencido que si les permitía obedecerme y hablar, lo dominarían y avergonzarían en frente de las personas que estaban observando. Así que discutimos brevemente el poder que como creyentes tenemos sobre los demonios, y él creyó la verdad de que estos no son tan fuertes como pretenden ser. Entonces dio el permiso y la liberación siguió un curso suave y exitoso.

2. Hay otras varias razones por las cuales los demonios no nos dan la información que deseamos. Entre ellas está que un espíritu más débil puede temer las represalias de quienes son superiores a él. Al parecer los demonios más poderosos pueden emprenderla contra sus subordinados que los disgustan. En algunas ocasiones, a fin de obtener la ayuda que deseo, prohíbo a los demonios más fuertes que tomen represalias. Incluso establezco una "barrera de protección" alrededor del demonio más débil para protegerlo de retaliaciones. Aunque los demonios trabajan juntos, existe poca armonía en el reino satánico; no son necesariamente leales entre ellos mismos. El hecho de que se preocupan más por sus propios intereses que por su causa, lo podemos utilizar para enfrentarlos entre sí.

Uno de mis colegas había identificado un espíritu de dolor en una mujer a quien llamaré Nancy. Cuando mi colega trató de obtener información de ese espíritu, se quejó de que otros demonios lo estaban atacando. Cuando se les prohibió atacarlo, pudo suministrar la información que se necesitaba.

Otra razón por la cual los demonios no responden es que en ocasiones realmente no saben la respuesta a la pregunta que se les formula. Yo solía preguntarles cuántos de ellos estaban en la persona a quien ministraba. Muchas veces parece que no lo saben. Aunque su conocimiento puede ser impresionante, no son omniscientes. Por lo tanto no pueden conocer el futuro. Ordinariamente no saben nada de la vida de la persona en la cual habitan. Sin embargo, generalmente pueden revelar cuándo y cómo entraron en ella, y lo que han estado haciendo para aprovecharse de su anfitrión.

3. *Al tratar de echar fuera un demonio difícil, lo podemos debilitar si les damos permiso para desertar a los demonios que están bajo su autoridad.* Cuando yo reto a un demonio líder sé que tiene varios demonios inferiores bajo su control. Mientras puede comandar a estos espíritus inferiores, ostenta un poco de poder. En una ocasión le pregunté a un demonio si todos sus seguidores estaban ya en la caja. Respondió que no. Así que le pregunté cuántos estaban todavía afuera y me replicó: "No puedo contarlos". Entonces les dí a los otros permiso para desertar y ellos lo hicieron y abandonaron a su líder. Eso acabó con el espíritu líder y pudimos expulsarlo con facilidad. A menudo yo digo algo como: "Les doy a ustedes demonios inferiores la oportunidad de desaparecer con la condición de que vayan directo a Jesús y no regresen nunca más".

Suelen ocurrir cosas muy interesantes. A veces, muchos de ellos huyen inmediatamente porque la basura a la que se aferraban ya no está. Otras veces, se marchan poco a poco a medida que seguimos eliminando más basura. Le ordené a un demonio líder que me dijera cuántos demonios tenía bajo su mando. Dijo 386, pero no le creí. Luego autoricé a sus subalternos a que huyeran, y en respuesta a mis pedidos constantes de números durante la sesión, decía: "385, ¡el muy traidor!", "132", "dos dígitos" y "¡elija un número entre 1 y 50!". Aunque es probable que los números fueran exagerados, era obvio que el demonio principal estaba perdiendo poder, y que, además, tenía sentido del humor. Poco después, él también se había ido.

4. *Los demonios pueden dejar tras sí, partes de ellos.* No sé cómo funciona esto, o si esta observación particular es un engaño. Sin embargo, lo que puedo informar es que en muchas ocasiones sucedió algo así: Habíamos hecho un gran esfuerzo por liberar a Lori de un espíritu de Masonería (y de muchos otros). Cuando pensamos que el espíritu se había retirado, le pregunté a otro espíritu si Masonería se había ido. Su respuesta fue: "Casi todo". Si bien hacía unos 20 años que Lori no participaba en la Masonería (en La orden del arco iris para niñas), su nombre permanecía en los libros. Así que le aconsejé que escribiera una carta de renuncia a la membresía y que se asegurara de que su nombre fuera quitado de los archivos. En la siguiente sesión con Lori, le pregunté a un demonio si esa parte de Masonería permanecía allí. Tan sólo dijo: "No. La carta". Debido a que Lori había escrito esa carta de renuncia, el resto del demonio tuvo que irse.

Ellen Kearney, una colega mía, informó que luego de ministrar a un hombre, a quien llamaremos Yeison, el equipo había logrado liberarlo de un demonio que se presentaba como un tigre. El demonio fue expulsado una vez que el hombre estuvo dispuesto a renunciar a la idea de que le ayudaba a enfrentar sus problemas emocionales. Unas semanas más tarde, sin embargo, descubrieron que casi todo el demonio tigre se había retirado, pero había quedado una parte, "la cola". Yeison aún ponía parte de su confianza en la ayuda del demonio. Cuando trataron con eso y él renunció, la cola del demonio también se marchó.

Así aprendí a ordenar que "cada parte de cada demonio" se una al demonio principal. Y suelo agregar: "No quiero que quede parte alguna de ninguno de ustedes". Esto parece resolver el problema.

5. *Puede ser necesario hacer liberación antes de hacer sanidad interior.* Hemos establecido que el problema principal en la ministración es tratar con la basura emocional y espiritual, y que los demonios son un problema secundario. Por lo tanto, nuestra prioridad es la sanidad interior profunda. Sin embargo, existen situaciones en las que un demonio interfiere de tal forma con el proceso de sanidad interior que se torna virtualmente imposible hacer una sanidad interior significativa, por lo tanto, vamos tras el demonio primero. No es una mala opción, siempre y cuando la persona esté dispuesta, ya que suele implicar sacudones y otras manifestaciones físicas. A veces, ir tras un demonio que interfiere con la sanidad interior acorta los tiempos de forma considerable, ya que podemos hacer que el demonio nos diga qué problemas de sanidad interior necesitan ministración.

En ese caso, le ordeno al demonio que está interfiriendo que me diga a qué cosa está "aferrado". Pregunto si hay problemas intergeneracionales (como maldiciones o dedicaciones) y, por lo general, el demonio me lo dirá. Si los hay, quebrantamos su poder. Luego puedo hablar con el demonio otra vez para obtener más información, quizás sobre hechos prenatales o durante la niñez que hayan servido para que los demonios se aferren. Cuando admiten algo, sencillamente hablamos con la persona y tratamos ese asunto para quitarlo de las garras de los demonios. O, si el demonio ya no interfiere porque ha sido expulsado o debilitado gravemente, retomamos la sanidad interior. De esta forma, logramos nuestro objetivo, por lo general, con gran eficacia. También podemos saber la medida de nuestra efectividad al considerar la disminución de la fuerza del demonio.

6. *Podemos prohibirles a los demonios que oigan lo que se está diciendo.* Una mujer a quien llamaré Bea me llamó un miércoles. Al comenzar a describir sus problemas por teléfono, dije algo como: "En el nombre de Jesús, declaro confusión en el sistema de comunicación del Enemigo y le prohíbo a todo miembro de ese reino que oiga lo que estamos diciendo o que interfiera de forma alguna en nuestros planes".

El sábado siguiente, mientras ministraba a Bea, le pregunté al demonio líder, un espíritu de muerte, si sabía que yo iría. Él dijo: "No. Ella lo sabía, pero no nos dijo". Luego le pregunté si había podido obtener información de alguno de los espíritus dentro del área de Pasadena, California, donde vivo y trabajo. Contestó: "No pude. Tú colocaste una cerca a mi alrededor".

Es muy interesante y reconfortante saber que tenemos esta clase de autoridad. Es útil prohibirles a los espíritus malignos que oigan los planes que hacemos. Así como podemos ordenarles que respondan y prohibirles que actúen, también podemos ordenarles que dejen de oír conversaciones. Considero que es una buena idea hacer una pausa en distintos momentos de una sesión de ministración, en especial si estoy entrenando a otros, para evaluar dónde estamos y explicar al grupo y a la persona qué es lo que está sucediendo. En ese punto, es bueno prohibirles a los espíritus malignos que oigan nuestro análisis y nuestra estrategia. Tan sólo digo: "Le prohíbo a todo representante del reino del Enemigo que oiga lo que vamos a decir". Cuando volvemos a dirigirnos a los demonios, *es importante liberarlos de la incapacidad de oír*. De lo contrario, es posible que no escuchen lo que les decimos. Una vez olvidé hacerlo, y los demonios no podían oírme. Basta con decir: "Espíritus, les permito que vuelvan a oír".

7. *Es posible que los demonios intenten atacar a los miembros del equipo.* Mientras el líder fija su atención en la persona a quien se está ministrando, las fuerzas enemigas pueden encontrar a alguien vulnerable del equipo y atacarlo. Esta es una forma en que los espíritus intentan distraernos del trabajo que, como equipo, tenemos por delante. Con frecuencia, esta distracción se dará en la forma de un dolor o sensación física. O las personas quizás tengan una sensación de opresión en el cuarto. El problema suele resolverse al reprender al demonio detrás del ataque o, en el caso de una sensación de opresión, al orar por el cuarto para que se limpie.

Recientemente, ocurrió un ataque de este estilo cuando un miembro del equipo, a quien llamaré Shari, recibió una palabra de conocimiento con respecto a la necesidad de romper una maldición. Cuando Shari se puso en pie para imponer manos en la persona, experimentó un dolor agudo en la pierna que casi le hace caer. Como comprendía que esto podía suceder, tan sólo reprendió al espíritu que le estaba provocando el dolor y éste se marchó de forma inmediata. En otra ocasión, un demonio señaló a una de las mujeres del equipo y dijo: "¡Quiero entrar en ella!". Aunque la persona se aterrorizó, yo sólo dije: "Lo prohíbo", y el demonio no pudo hacerlo.

8. *Los espíritus pueden compartirse con otras personas.* A veces, durante distintas sesiones de ministración, perdimos contacto con ciertos demonios y no podíamos descifrar qué había sucedido, hasta que nos familiarizamos con el concepto de "espíritus compartidos". Un espíritu compartido es aquel que vive en más de una persona. Puede ir y venir de una persona a otra y, por lo tanto, cuando se le identifica durante una sesión de liberación, tiene otro lugar donde ir para evitar la presión. El difunto Ernest Rockstad, al relatar una de sus experiencias con un espíritu compartido, contó cómo un espíritu viajó más de 500 millas hasta la madre de la mujer a quien estaban ministrando. Pero inmediatamente después de que se le ordenó, regresó a la mujer. El demonio declaró que podía viajar "a la velocidad del pensamiento".

Una vez ministré a un esposo y una esposa que compartían un espíritu de muerte. Le ordené que estuviera en el esposo de forma completa y le prohibí que se pasara de uno a otro. Más tarde, mientras ministraba a la esposa, le pregunté a otro demonio si ese espíritu estaba aún en ella. "No, –respondió–. "¡Está en algún lugar en una caja!".

Por lo general, quienes comparten un espíritu son familiares o personas con una relación muy cercana. Ya que los demonios no pueden estar en dos lugares al mismo tiempo, se encuentran en una de las personas en un momento específico. Esto plantea la posibilidad de que si un demonio se retiró temporalmente de la persona que se está liberando, no será expulsado con el resto de los demonios. Por lo tanto, podrá regresar más tarde y continuar su residencia allí.

Es bueno anticipar la posibilidad de espíritus compartidos, en especial si está ministrando a uno de los cónyuges y sospecha que el otro también está demonizado. Si sospecha que hay espíritus compartidos, sencillamente ordene a todos ellos que queden en la persona a quien usted está ministrando y prohíbales que se vayan hasta que se les ordene salir. El mundo demoníaco tiene un sistema de comunicación altamente desarrollado, y todos los demonios compartidos le oirán y obedecerán en segundos. Cuando los expulse, entonces, asegúrese de enviarlos a Jesús y prohíba su acceso a cualquiera de las otras personas en quienes estaban viviendo. También es sabio romper cualquier lazo del alma entre las personas que compartían demonios.

9. *Puede aparecer un Jesús falso en las imágenes mentales de fe.* Durante la sanidad interior, suele ser muy útil pedirle a la persona que vea a Jesús en el hecho doloroso que está recordando. Ocasionalmente, la persona puede informar que "Jesús" se ve raro o está haciendo o diciendo algo que no es característico de él, como herir a la persona o abusar de ella. Hace poco, un hombre dijo que Jesús se veía muy oscuro, velludo y feo. Otro informó que Jesús tenía un cuchillo en la mano. En ambos casos, el ser en la imagen era un impostor, un demonio.

No sé cómo los demonios pueden hacer esto. Y, afortunadamente, no sucede con frecuencia. Pero no baje la guardia y diga algo así: "Si este no es el verdadero Jesús, te ordeno que desaparezcas" o "... que te vuelvas negro como el carbón". Es sabio decir "si", ya que podemos estar equivocados. Yo me he equivocado muchas veces.

Luego de una declaración así, Dios suele confirmar de alguna manera si la persona vio de veras al verdadero Jesús. Una vez que le ha ordenado al falso que se vaya y luego de que este haya desaparecido, pídale al Jesús verdadero que se revele a la persona. Generalmente esta verá a Jesús vestido de ropas resplandecientes, y rodeado de luz. Si la persona no ve a Jesús de inmediato, sugiérale que mire detrás de ella. Por alguna razón, Jesús suele tomar ese lugar en las imágenes mentales.

10. *Es posible que los demonios no hablen su idioma.* Algunos demonios parecen ser bilingües o multilingües. En ese caso, comenzarán hablando en otro idioma, pero si les ordena hablar en español, lo harán. Una misionera en África Occidental nos contó que una vez reprendió a un demonio en inglés y éste respondió en francés. Cuando le ordenó que respondiera en inglés, lo hizo. Otros, sin embargo, no responden en español, aunque pueden entenderlo.

No sé si algunos demonios son monolingües o si sólo son obstinados. He luchado contra algunos demonios chinos que no hablaban español, pero entendían lo que les decía en español. Tuve que depender de un intérprete para saber lo que el demonio estaba diciendo. Esto puede complicar mucho las cosas.

11. *Los demonios suelen recibir poder por promesas que provocan "lazos o ataduras del alma".* Muchas veces, expresan interiormente votos negativos tales como: "*Jamás* seré como mi madre o mi padre" o "*Jamás* volveré a confiar en un hombre", o incluso "*Seré* como tal persona". Estas promesas suelen hacerse como medidas de protección contra las heridas. Sin embargo, comprometen a la persona a favor o en contra de una persona o cosa. Además establecen a otra persona como modelo de comportamiento. Esto también parece favorecer alguna ley en el ámbito espiritual que puede darle al demonio un lugar al cual adherirse. Quizás es la ley contra la idolatría, ya que tales promesas por lo general parecen ser un obstáculo para que la persona prometa lealtad absoluta a Jesús.

Los lazos antinaturales con una persona o cosa como los que provocan estas promesas generan un lazo o atadura del alma. *Una atadura del alma es un vínculo espiritual entre personas o entre una persona y una cosa que se fortalece a través de los poderes satánicos.* Dios nos ha dado la capacidad de crear vínculos, y cuando esos vínculos se hacen en su nombre, son maravillosos, enriquecedores y liberadores. Sin embargo, cuando el Enemigo incita actividades comprometedoras como las relaciones sexuales fuera del matrimonio, los pactos de sangre, las dedicaciones a cosas materiales como la riqueza o una carrera, otorgar autoridad sobre uno, a otra persona, el resultado es esclavitud. Todos estos vínculos se deben romper para establecer la libertad que Dios desea que la persona experimente.

Muchas veces una persona depende de votos y lazos del alma que le sirven como cojín de protección contra otras heridas, y quizás no es conciente de su presencia y del peligro que representan. Si bien a veces descubrimos estos lazos por ciertas cosas que la persona dice, generalmente salen a la luz a través de una palabra de conocimiento o porque obligamos a los demonios a que los mencionen. La persona afectada debe renunciar a los votos y lazos o ataduras del alma y declarar que confía sólo en Jesús para satisfacer toda necesidad.

Mi colega Ellen Kearney cuenta la siguiente historia que ilustra muy bien el problema de las promesas: Dana, sobreviviente de una niñez traumática y de años viviendo en las calles con sus hijos, se abrió al Señor por completo. Había estado recibiendo ministración durante varios meses y había logrado grandes cambios. Durante una sesión, sugerimos tratar la relación que tenía con su madre. De inmediato negó que hubiera problema alguno. Aunque se veía profundamente enojada con su madre, ella nos dijo muy enfáticamente que, sin importar qué sucediera, ella defendería y protegería a su madre contra todo aquel que la criticara o atacara. Finalmente, Dana aceptó que oráramos al respecto, aunque no esperaba que ocurriera nada. Contactamos a los demonios y la información obtenida nos llevó a pedirle que le entregara a Jesús sus sentimientos de decepción y enojo hacia su madre por no haberla protegido ni haber provisto para sus necesidades. Ella lo hizo y se sorprendió por el gran alivio que sintió. Pero los demonios aún estaban aferrados. Mientras orábamos, recibimos una palabra de conocimiento en el sentido de que ella necesitaba entregarle su madre a Jesús. Así que un miembro del equipo la desafió a que entregara a Jesús "esa pequeña madre que llevas en el corazón".

Al oírlo, el demonio gritó: "Hey, ¿cómo supiste eso?". Quedó en claro que Dana aún mantenía esa promesa que había hecho de ser la protectora de su madre. Este voto les otorgaba a los demonios poder sobre ella. Sin embargo, luego de renunciar a la promesa y de confiar plenamente en que Jesús cuidaría de su madre, los espíritus fueron expulsados sin problemas.

12. *Las maldiciones pueden darle al Enemigo algo a que adherirse.* Ya tratamos con las maldiciones, así que no entraremos en detalles ahora. Sin embargo, debemos agregar que quien ejerce el ministerio de liberación debe tratar constantemente de descubrir maldiciones. Como ocurre con las promesas, la persona no suele reconocer las maldiciones. Por lo tanto, muchas veces para descubrir una maldición necesitamos confiar en nuestra experiencia, la palabra de conocimiento, o la información que obtenemos de los demonios.

Es común, por ejemplo, que las personas con baja autoestima se maldigan o maldigan una parte de ellos de forma inconsciente (por lo general, su cuerpo o alguna parte del mismo). Cuando le pregunto a un demonio si la persona se maldijo, la respuesta suele ser afirmativa. Para romper con las maldiciones hacia uno mismo, todo lo que la persona debe hacer es renunciar a ellas. Quien haya pronunciado una maldición puede anularla, porque quien maldice es dueño de la maldición.

Si alguien más maldijo a la persona, el demonio revelará su presencia casi de inmediato, pero será más reacio a decir quién pronunció la maldición. A veces sólo rechazarla es suficiente para anularla, pero en muchas ocasiones es necesario saber quién la profirió para poder pronunciarse en contra del origen específico de la maldición. Cuando le pedimos a Dios que nos revele quién la pronunció, casi siempre nos lo muestra sin demora. Sin embargo, si esa información no llega, de todas formas invalide la maldición.

Dios nos manda que bendigamos a quienes nos maldicen (vea Lucas 6: 28 y Romanos 12: 14). Por lo tanto, es importante que la persona perdone y bendiga a quien la maldijo (incluido él o ella misma, si ese es el origen de la maldición). Una fórmula que nos gusta a algunos es:

"A cambio de la maldición [mencionamos el nombre de la persona], le devuelvo bendición de parte de Dios con el propósito de…".

13. *La persona puede sentirse peor luego de una sesión de liberación.* Como ya ha quedado claro, liberar a las personas es un proceso y no un hecho que tiene lugar una sola vez. Así como toma tiempo para que los problemas se desarrollen, también se requiere tiempo para resolverlos. Esto quiere decir que la persona se ha acostumbrado a vivir con ellos y ha establecido cierto tipo de equilibrio con los demonios y la basura en su vida. Entonces, todo cambio en el equilibrio puede provocar en la persona una sensación de que algo está mal.

La liberación y la sanidad interior implican una cirugía espiritual. Igual a lo que ocurre con la ayuda psicológica, este proceso suele incluir nuevos dolores ya que requiere de honestidad respecto a cosas que no están funcionando de forma correcta en nuestra vida. Esa clase de honestidad es dolorosa en sí misma. Pero aún más dolor surge cuando se cortan esas disfunciones, y dejan heridas emocionales similares a las heridas que dejan los cirujanos luego de tratar con problemas físicos. Todos hemos hablado con personas que experimentaron el dolor postoperatorio. Sin embargo, ellas saben que es el dolor de la sanidad y no por la permanencia de la enfermedad.

Con la sanidad emocional y espiritual quizás no sea tan obvio para la persona que es normal sufrir un dolor post ministración. Es posible que esta haya estado buscando una solución rápida. Y a veces Dios sana nuestro interior y nos libera sin sufrir dolor. Pero muchas veces las personas deben enfrentar una reorganización completa de su vida para aprender a vivir sin los demonios y los mecanismos emocionales y espirituales de defensa de los que dependieron durante tanto tiempo. La expulsión de demonios suele dejar al descubierto heridas que la persona afectada desconocía. Si bien ahora puede enfrentarlas con el poder de Dios, es posible que se sienta desanimada al principio.

Quien ministra liberación debe ser sensible a esta posibilidad y debe especializarse en animar a quienes se sienten afligidos por la situación. Debemos recordarle a quien ministramos las cosas que Dios ya ha hecho y enseñarle a esperar que esas experiencias maravillosas continúen. Quienes reciben liberación necesitan personas que los apoyen y en quienes poder confiar mientras el proceso de sanidad continúa. Dios ha provisto iglesias para satisfacer estas necesidades. Lo ideal es que el grupo de la iglesia local pueda colaborar con el equipo de liberación mientras continúa el proceso de sanidad post ministración.

Para más información sobre este tema, vea la pregunta 27 del capítulo 11.

MÁS ALLÁ DE LAS VUELTAS Y GIROS

Como ya mencioné varias veces a lo largo de este libro, hay muchas cosas que no entiendo respecto a la sanidad interior y a la liberación. Y para un profesor es difícil aceptarlo. Se supone que debo comprender las cosas, incluso las que son un misterio. Es verdaderamente humillante tener que reconocer que hay mucho que no entiendo.

Pero, regresando al punto con el que comencé este capítulo, me emociona tanto estar involucrado en la realización de cosas que superan mis propias habilidades, que no me importan demasiado las cosas que no comprendo. Mientras Dios esté cerca y libere a las personas como prometió que haría (ver Lucas 4: 18-19), puedo estar gozoso. Y puedo recomendarle los versículos que Dios me ha señalado una y otra vez en este ministerio: "Fíate del Señor con todo tu corazón. *Jamás dependas de lo que piensas que sabes.* Reconócelo [depende de él] en todo lo que haces y él te mostrará la forma correcta. Nunca pienses de ti mismo que eres más sabio de lo que realmente eres; sencillamente obedece al Señor y rehúsa hacer el mal" (Proverbios 3: 5-6 GNT).

11 PREGUNTAS Y RESPUESTAS

Personalmente he encontrado muy útiles las secciones de preguntas y respuestas en los libros sobre liberación y sanidad interior. Así que, como una manera de incluir nuevas preguntas y resumir respuestas ya dadas a otros, dedicaré este capítulo a responder brevemente las preguntas que me hacen con más frecuencia.

PREGUNTAS QUE NO PUEDO RESPONDER

Lisa había sido criada en una familia de satanistas. Su padre, y especialmente su madre, la habían usado para mal, y también la habían "alquilado" a muchos otros. Había participado en rituales sangrientos y otras horribles actividades según sus más remotos recuerdos, y la habían invadido centenares de demonios. Mientras trabajamos con ella, semana tras semana, y nos regocijamos en los momentos de progreso, y luchamos durante los momentos difíciles, nos hizo toda una serie de preguntas inquietantes.

1. *Un conjunto de preguntas que giraban sobre la inquietud, "¿Por qué permitió Dios que me ocurrieran todas estas cosas horribles?".* Esta fue una de las primeras preguntas de Lisa, y es una de las que surge con más frecuencia. Si Dios es lo que creemos que es, ¿por qué permite que un niño sea molestado y violado repetidamente? ¿Por qué permitió que ella naciera en una familia de satanistas? ¿Ama él a otros pero no le importan Lisa y muchos otros que pasan por situaciones iguales?

No sé cómo responder a esa clase de preguntas, y es muy doloroso. Ahora mismo mientras escribo y recuerdo la agonía en las voces de infinidad de personas con la misma pregunta, me duele, las lágrimas brotan y lucho contra el enojo hacia Dios por permitir que sucedan cosas como estas. Porque estoy acostumbrado a poder responder a cualquier pregunta que me hagan. Pero no tengo respuesta alguna para esta pregunta.

Oh, sí. Puedo hablar de cómo Dios le ha dado libre albedrío a sus criaturas, y de que los padres y otras personas pueden utilizar esa libre voluntad para abusar de aquellos sobre quienes tienen poder. Y lo creo. Creo que es cierto. Pero por qué diseñó Dios las cosas con tan poca protección para los inocentes no tiene sentido para mí.

Así que, cuando alguien me hace esta pregunta, sólo digo: "No tengo la respuesta", y continúo afirmando lo que sí sé. Primero, *sé que Dios es bueno*. Sé que ama a las personas y se preocupa por ellas y que tiene el poder y el deseo de ayudar a todo aquel que le pide su ayuda.

Segundo, *sé que Dios nunca o casi nunca responde los "por qué".* No le respondió a Job cuando le preguntó cómo maneja el universo, y no nos responderá a nosotros. Así que nosotros, al igual que Job, debemos contentarnos con las cosas tal cual son, y confiar en él aún si decidiera terminar con nuestra vida ahora mismo (vea Job 13: 15).

Tercero, *sé lo que Satanás quiere hacerle a la persona a quien estamos ministrando* (y a todos nosotros). Su trabajo es matar y destruir (ver Juan 10:10). Así que mi razonamiento es que si el Enemigo no pudo destruir a la persona, ella debe haber tenido un Protector más poderoso que Satanás. Ese Protector es Jesús.

Y por último, *sé y conozco el poder de Jesús para liberar a una persona de los lazos del Enemigo.* Aunque no puedo dar una explicación completa de por qué Dios permite lo que permite, sí sé que puede utilizar su poder para liberar a las personas, y sé que lo hace. Quienes están dispuestos a trabajar con Jesús en pro de la libertad, a pesar de que no pueden entender cómo lo hace, descubren que él verdaderamente es capaz de liberarlos.

2. Otra serie de preguntas que Lisa hizo giraban en torno al clamor: "¿Por qué es tan difícil para mí?". ¿Por qué tengo que trabajar tanto para lograr ser libre, mientras parece que otros se liberan sin demasiados problemas? ¿No puede Dios, con todo su poder borrar todo lo que me ocurrió y liberarme inmediatamente?"

Sí, Lisa. Él podría hacerte completamente libre de inmediato. Y no puedo explicar por qué no lo hace. Es sólo que, por lo general, él no nos da libertad a menos que trabajemos duro con él para alcanzarla. Su principio parece ser que no trabajará en el terreno humano sin un colaborador humano. ¿Lo hace así porque quiere que experimentemos la emoción de participar con él en nuestro camino hacia la sanidad? No lo sé.

Lo que sí sé es que si seguimos trabajando con él, él sigue trabajando con nosotros (vea Romanos 8:28). El resultado es más y más de esa libertad que anhelamos. El resto no puedo explicarlo.

3. Otra serie de preguntas que muchos hacen (entre los cuales me incluyo), se resumen en: "¿Por qué los demonios no huyen de inmediato, como lo hacían con Jesús?" Cómo dije en el capítulo 2 en relación al mito, me encantaría saberlo. Tomaría mucho menos tiempo y energía. Quizás ocurriría así si pudiéramos alcanzar el grado de intimidad que Jesús tuvo con el Padre. Con todo, estoy muy complacido de que Dios considere adecuado involucrarme en su obra de expulsar demonios y dar libertad a las personas. Así que, hasta que pueda hacerlo tan rápido como lo hizo Jesús, mi plan es continuar haciendo las cosas de la forma lenta. Para más información sobre esta pregunta, vea el mito 3 en el capítulo 2.

Preguntas que puedo por lo menos intentar responder

1. ¿Pueden regresar los demonios expulsados? No pueden hacerlo si (1) se les ha prohibido regresar y (2) si nos hemos encargado de eliminar la basura emocional y espiritual con el fin de que ya no tengan a qué adherirse. Si la basura emocional y espiritual de la cual los demonios se alimentaban permanece todavía en la persona, tienen el derecho de regresar, y es posible que esta no sea lo suficientemente fuerte como para mantenerlos alejados. Sin embargo, no pueden regresar si se les prohíbe hacerlo, salvo que, consciente o inconscientemente, se los vuelva a invitar.

Los demonios buscan cuerpos y a veces intentan reingresar a alguno de dónde ya fueron expulsados. Pero no pueden hacerlo si no se les da el derecho legal de estar allí o si en el poder de Jesús se les prohibió volver a entrar. Sin embargo, los demonios suelen engañar a las personas recién liberadas haciéndoles creer que aún están en su interior, mientras les están hablando desde el exterior. Entonces estas pueden caer en algunos de sus viejos patrones de conducta y de actitudes, lo que crea más basura para esos y otros demonios.

Cuando libere a alguien, recuerde prohibirles a los demonios que regresen o que envíen otros demonios. Hasta donde sé, de los que les prohibí volver, ninguno regresó. Pero en unas pocas ocasiones me encontré con que la persona había caído en ciertos patrones de comportamiento del pasado y había permitido que entraran otros demonios con las mismas funciones. Por ejemplo, luego de expulsar un espíritu de muerte de una mujer, ella intentó suicidarse una vez más. Esto permitió que entrara otro espíritu de muerte.

Además, para la persona recién liberada puede ser importante tener un consejero o alguien a quién rendirle cuentas. Si bien los demonios se han ido, la persona debe colaborar con Jesús para superar los viejos hábitos y reemplazarlos por hábitos nuevos. De lo contrario se generará más basura. Tener un consejero profesional o alguien a quién rendirle cuentas puede ser de gran ayuda para desarrollar nuevos hábitos. Se requiere determinación para romper el poder de los hábitos viejos y para desarrollar nuevos. La persona también debe usar la autoridad y el poder que Dios le dio para mandar lejos a los demonios que deseen entrar.

2. ¿Dónde debemos enviar a los demonios? Algunos dicen que debemos enviarlos al abismo o a Satanás o a los "lugares secos". He descubierto que los demonios suelen reaccionar de formas muy negativas con respecto a las primeras dos sugerencias. No les agrada que los saquen del juego, por así decirlo. Y en especial, no desean tener que enfrentarse a Satanás después de haber fracasado. No creo que esas reacciones negativas sean de gran importancia, pero sí demuestran que ellos creen que tenemos el poder para enviarlos a cualquiera de esos dos lugares. Y quizás sea cierto, aunque las Escrituras no parecen confirmarlo.

A mí me gusta ir a lo seguro y enviarlos a Jesús. Él sabe qué hacer con ellos. Así que generalmente les ordeno que entren en una caja cerrada, un grupo a la vez. Y cuando todos los grupos que nombré están en las cajas, les pido a los ángeles que acorralen a cualquier otro demonio y les ordeno que entren en otra caja a la cuenta de tres.

Luego les pido a los ángeles que lleven las cajas a los pies de Jesús. Le pido a Jesús que se deshaga de los espíritus y que los separe de la persona tan lejos como está el oriente del occidente. Después le pido a Jesús que le muestre a la persona lo que él hace con los espíritus y que coloque su cruz y su tumba vacía entre la persona y los demonios y que les prohíba regresar o enviar a otros.

Parte de lo que queremos que suceda cuando trabajamos en la liberación de las personas es que sepan lo que Jesús hace con los demonios. Por lo tanto, nuestras palabras y las imágenes mentales que tienen las personas mientras tratamos con los demonios son partes muy importantes del ministerio. Deseamos que las personas sean libres, pero además queremos que retengan en sus recuerdos imágenes que sirvan como prueba concreta de la ministración que han experimentado. Por eso es muy útil poder ver que los demonios entran en cajas cerradas y ver cómo Jesús los destierra. Las personas suelen ver que Jesús arroja las cajas al océano o a los aires para que exploten, o las lanza a una fosa sin fondo o las prende fuego. Una de mis imágenes mentales preferidas es ver que Jesús deja caer la caja y cuando rebota la patea al océano o a una fosa.

3. ¿Cómo sabemos que los demonios realmente se han ido? Quienes logran imaginar lo que Jesús está haciendo pueden ver que los demonios entran en las cajas y lo que Jesús hace luego con las cajas. Alrededor del 80 por ciento de las personas que ministro logran visualizar estas cosas y saber que los demonios realmente se han ido. Con quienes no logran ver esas imágenes, es más difícil estar seguro. Con esas personas sigo el mismo procedimiento utilizado con quienes ven las imágenes. Es decir, les ordeno a los demonios que entren en las cajas y las envío a Jesús de la misma manera que con las personas que ven el proceso. Sin embargo, la certeza es mucho menor, por lo que debemos esperar para ver los cambios que hay en la vida de la persona. Muchas veces, el primer cambio es que al terminar la sesión, esta se siente más liviana. Otros cambios, o la ausencia de cambios, se verán en su diario vivir. Por lo general, los cambios son importantes, y confirman que la sanidad ciertamente tuvo lugar. Sin embargo, en ocasiones hay algo que pasamos por alto y quien recibió ayuda necesita otra sesión.

Cuando los demonios no hablan, tenemos otro motivo de incertidumbre. Los demonios suelen guardar silencio durante las últimas etapas de la liberación porque están debilitados y también para dar la sensación de que ya se han marchado. Pero por lo general, la persona objeto de la ministración puede ver si los demonios entran en las cajas o luchan por quedarse afuera. Si los demonios logran evitar entrar en las cajas, vuelvo a trabajar la sanidad interior. Si l no puede ver lo que está sucediendo, continúo de acuerdo a lo estipulado para esas personas.

Para asegurarnos de que los demonios se marcharán, la primera regla es estar seguro de que ha tratado con toda la basura. Cuando cree que deberían irse con cierta facilidad pero no lo hacen, es probable que aún haya algo que necesita ser limpiado. Al ser consciente de esto, ordeno a los demonios o a la persona que me digan de qué se trata. Luego de lidiar con todo aquello, suelo preguntar: "¿Estás listo para irte ahora?" Es sorprendente, pero en ese momento suelen indicar que saben que ya no pueden ofrecer resistencia.

He descubierto que si le pido a Dios que le permita a quien ministramos ver cuando los demonios se marchan, por lo general, él lo hace. Así que suelo pedirle que vea cómo los ángeles hacen descender cajas sobre los demonios y los encierran allí; y cuando todos están dentro de las cajas, que pueda ver cómo llevan las cajas cerradas a Jesús. Incluso después de que los demonios están dentro de las cajas, puedo hablarles si es necesario. Les pregunto si hay más demonios con ellos y me dicen cuáles demonios están dentro de las cajas y cuáles no, y cualquier otra información que necesite saber.

Cuando las cajas de demonios están a los pies de Jesús, le pido que los deseche y que le permita a la persona ver lo que él hace con las cajas. Por lo general esta ve que Jesús las aplasta, o las arroja, o las echa en una fosa o sencillamente las hace desaparecer. Si los demonios verdaderamente se han ido, no logro recibir respuesta alguna de ellos, quien recibe la ministración suele tener una inconfundible sensación de libertad. Luego coloco la cruz y la tumba entre esa persona y los demonios y declaro algo como: "Todo lo que Jesús hizo aquí lo sello en su nombre".

4. Si alguien renuncia a un demonio, ¿éste se marcha automáticamente? A veces la sola renuncia es suficiente para que un demonio se marche. Esto ha hecho posible que algunas personas expulsen demonios por sí mismas. Sin embargo, la mayoría de las veces, incluso luego de terminar la sanidad interior, a la renuncia al demonio se debe acompañar la orden de alguien con autoridad para que el demonio se marche. A veces basta con que la orden venga de la persona endemoniada, pero lo más frecuente es que se requiera la orden de otra persona.

Hay ministerios que enseñan que una vez retirados los derechos legales, los demonios se marchan por cuenta propia. Yo no confío en esa enseñanza. Lo que veo durante mis sesiones de ministración es que hasta los demonios más débiles, aquellos que ya no tienen a qué aferrarse, suelen seguir allí aún después de que sus derechos legales han desaparecido. Les pregunté a varios demonios por qué se quedaban cuando ya no tenían ningún derecho legal. Respondieron: "No se me ha permitido irme". Recibieron una misión de parte de los demonios que están sobre ellos, y no tienen autorización para cambiarla.

5. ¿*Deberían las personas intentar una auto liberación?* Sí. Parte de nuestro camino en el conocimiento del poder del cristianismo es aprender quiénes somos en Cristo. Como hijos del Rey, heredamos el derecho a gobernar y a ejercer el poder de nuestro Padre, tanto a favor de los demás, como a favor de nosotros mismos. Aprender a reprender al Enemigo y a frustrar sus planes en nuestra vida nos encamina a ser y permanecer libres de toda invasión demoníaca.

Para intentar la auto liberación, primero haga toda la sanidad interior posible. Luego enfrente a los espíritus en su interior uno a la vez, de la misma manera que lo haría con un espíritu en otra persona. Oblíguelo a que le diga a qué está aferrado (si es que aún queda algo) y trate con cada problema a medida que surjan en su mente. Cuando el demonio ya no puede mencionar otros problemas, expúlselo, ya sea a una caja con otros demonios o solo, y envíelo a los pies de Jesús, así como lo sugerí más arriba.

No todos parecen capaces de hacer auto liberación. Y hay quienes pueden hacerlo con ciertos demonios, y no con todos. Si éste es su caso, obtenga ayuda, aunque no tiene por qué ser de alguien experto. Una vez recibí una llamada de una mujer de Baltimore que leyó este libro y quedó convencida de que necesitaba liberación. Pero me dijo: "Usted no puede venir a Baltimore, y yo no puedo ir a California. Así que compré otra copia de su libro, se la di a una amiga mía, le pedí que lo leyera y ¡que me ministrara!". Luego agregó: "Mi amiga hizo lo que le pedí y me ministró. Luego yo la ministré a ella. ¡Ahora ambas somos libres!".

6. ¿Cómo sé si creerle a un demonio o no? No tenga temor; usted tiene un poder infinitamente superior, y él se encuentra bajo una gran presión por el Espíritu Santo. Sin embargo, jamás le crea a un demonio sin comprobar la mayor cantidad de información posible. Con frecuencia la persona sabrá si lo que el demonio dice es cierto o no. La confirmación también se da cuando utilizamos la información para tratar con los problemas interiores y descubrimos que el demonio dijo la verdad porque al resolver lo que él mencionó, resultó debilitado.

Como señalamos en el capítulo 8, que abarca este tema en mayor profundidad, los demonios intentarán mentir y engañar incluso cuando se les ordene en el nombre de Jesús que digan la verdad. Obtenga de ellos toda la información que pueda, pero utilícela con cautela y dependa del Espíritu Santo y de la persona a quien ministra para confirmarla. Muchas veces Dios dará palabras de conocimiento para confirmar o refutar lo que dicen.

7. ¿Qué sucede si no expulsamos a todos los demonios en una sesión? Existen al menos dos cosas que pueden impedirnos terminar el trabajo en una sola sesión. Quizás sea necesario hacer demasiada sanidad interior, por lo que también debemos asegurar el tiempo suficiente para tratar con los demonios. O quizás descubra que, si bien pudo deshacerse de algunos de los demonios, aún queda más por hacer pero la persona a quien ministramos está cansada. Si es así, ordene a los demonios que entren en una caja hasta que se les vuelva a confrontar en el nombre de Jesús. Prohíbales que se aprovechen de la persona o que reciban ayuda del exterior, o que intenten vengarse o incrementar su fuerza de cualquier manera antes de la próxima sesión.

La otra situación es cuando usted cree que los demonios se han ido, pero no es así. En este caso, se acuerda otra cita y usted trata con el demonio, o demonios restantes. No entre en pánico. Debe reconocer que ellos han estado con esa persona durante un largo tiempo y que unos días más no tienen demasiada importancia.

Las claves para ministrar son la paciencia y la perseverancia. Las condiciones bajo las que se producen las demonizaciones suelen ser complejas. Por lo tanto, no debería sorprenderle que tome un tiempo hasta lograr limpiar todo (aunque la mayoría de mis sesiones de ministración duran sólo dos horas. Puede ver mi libro *Two Hours to Freedom* o [A Dos Horas de la Libertad]). Así que tómese el tiempo que usted y el Espíritu Santo sientan que es el correcto para cada sesión; prohíbales a los demonios restantes que hagan sus trabajos entre una sesión y la otra, y concierte otra cita. Hasta entonces, que la persona haga como tarea aquellas cosas que debilitan a los demonios, como alabar a Dios, adorar, leer la Biblia, orar y tratar con los problemas emocionales y espirituales.

8. *Una persona con demonios en su interior, ¿puede ministrar liberación a otros?* La respuesta es un rotundo "sí". Lo he visto muchas veces, aunque siempre se trató de personas que estaban en proceso de ser liberadas o que desconocían que ellas también estaban demonizadas. Eran personas que no tenían idea de que habían sido invadidas, o que lo sabían pero que estaban avanzando de forma sostenida hacia su propia liberación. No recomendaría el ministerio de liberación a personas demonizadas que no están dispuestas a colaborar para que ellas mismas sean liberadas. Existiría una gran probabilidad de que sus propios demonios interfirieran en las sesiones.

Cuando un miembro del equipo está demonizado pero no lo sabe, suceden cosas muy interesantes. Con frecuencia, los demonios que habitan en él responden a las órdenes que se les da a los que habitan en la persona a quien se está ayudando. O pueden intentar ayudar a los demonios que son atacados, creando una distracción, llamando la atención e interrumpiendo la sesión. O sencillamente, pueden interferir con su anfitrión de alguna manera, descubriendo así su presencia. Esto fue lo que sucedió una vez, mientras mi equipo estaba tratando con un espíritu íncubo (un espíritu que ataca sexualmente a las mujeres). Una mujer del equipo sintió una clara interferencia mientras tomábamos el control y expulsábamos a Íncubo de la mujer que recibía la ministración. Luego, nos tomamos el tiempo para liberar a nuestra compañera de un demonio con ese mismo nombre y función que vivía dentro de ella.

Cuando sé que un miembro del equipo aún tiene demonios en su interior, declaro protección contra los demonios para todos nosotros y les prohíbo que asistan a los otros demonios de alguna manera. Sin embargo, lo declaro en forma general, para no avergonzarlo a él o a los miembros afectados. Digo algo así: "Declaro protección para todos nosotros contra los representantes del Enemigo residentes en cualquiera de nosotros y les prohíbo a todos ellos que interfieran de forma alguna en la ministración que tenemos por delante".

Si usted es consciente de que aún tiene demonios en su interior, no se avergüence ni deje de ministrar a otros. Sin embargo, tampoco deje de declarar protección para usted mismo, y de prohibirles a los demonios que interfieran. Puede hacerlo de forma silenciosa para que el resto de grupo no se entere de su problema.

9. ¿Puedo resultar demonizado por tocar a una persona demonizada? He conocido personas llenas de temor a contraer demonios por tocar a una persona demonizada. Algunos creen que incluso quienes están ministrando liberación deberían evitar tocar a la persona para no terminar demonizados.

Como suele suceder, la verdad es un poco más complicada. Existen algunas reglas. Una es que si alguien es vulnerable, puede recibir demonios de otra persona. Otra es que los demonios no están limitados a "pasarse" hacia quienes tocan a la persona demonizada. Pueden deambular por el aire de la misma manera en que pueden pasar a través del brazo de alguien que pone sus manos sobre su anfitrión. La tercera regla es que si alguien está libre de basura interna y protegido por el Espíritu Santo, los espíritus demoníacos no lo pueden tocar.

Estamos rodeados de personas demonizadas. Por lo tanto, invoque la protección de Dios constantemente, no sólo cuando esté ministrando. Y durante la ministración, no tenga temor de tocar a la persona a quien está ministrando. Muchas veces necesitan sentir afecto. Sin embargo, es importante pedir permiso para cualquier tipo de contacto. Si la persona ha sufrido abuso, quizás deba ganarse su confianza antes de que sea apropiado el contacto. Es mejor no tocar que hacer algo que puede ser malinterpretado.

10. ¿Deberían los miembros de una pareja recibir ministración juntos? Suele ser bueno ministrarles juntos, ya que es probable que existan demonios en común, por no mencionar la información y los puntos de vista que se comparten. Las parejas casadas están unidas en sus espíritus. Más allá del hecho de que pueden tener los mismos problemas de demonización, es importante que sean libres al mismo tiempo. Además es importante que ambos desarrollen una actitud de apoyo respecto a los cambios que vendrán. Si alguien casado recibe ministración de forma individual, sería bueno ministrar a la otra persona lo antes posible.

Sin embargo, puede suceder que uno de los miembros de la pareja desee tratar algún problema de manera individual. Si es algo que se ha mantenido en secreto, deben orar y plantear si se compartirá con el cónyuge y cómo hacerlo. Aunque puede haber situaciones en que se debe mantener el secreto, lo ideal es que se comparta todo entre los esposos. Sin embargo, si la relación es débil o si hay dudas con respecto a la aceptación que pueda tener el otro, quizás no sea el momento apropiado. En todo caso, puede ser más sabio compartir el problema con el compañero o la compañera una vez que se haya resuelto, y no mientras la persona a quien se ministra aún está luchando con el mismo.

En ocasiones, quizá uno de los dos no desea ministración para ninguno. Aun así, es mejor trabajar con una persona dispuesta que con ninguna de las dos. He tenido varios casos en que la otra persona quedó tan sorprendida por los cambios en su cónyuge, que luego ella misma también buscó ayuda. Una de esas personas vino y me dijo: "Mi esposo está tan cambiado. Me gustaría recibir la misma clase de ministración. ¡Quizás yo también puedo cambiar!"

11. ¿Puedo ministrar a alguien en quien no hay disposición? Es muy difícil ministrar a alguien que no está dispuesto a recibir ministración. Hay personas cercanas a mí que necesitan desesperadamente sanidad interior y quizás liberación, pero no lo permiten. Esto duele, quizás tanto como le dolió a Jesús cuando vio que el joven rico se negó seguirle (ver Marcos 10: 17-22). Marcos dice que Jesús amaba a ese hombre (v. 21), pero debía respetar su decisión. Jesús no redujo sus requisitos ni corrió tras él.

Creo que la declaración que Jesús solía repetir: "Tu fe te ha salvado" (Mateo 9:22; Marcos 5: 34, 10: 52; Lucas 8: 48, 17:19) es básicamente una declaración con respecto a la decisión de la persona de buscar sanidad, y de buscarla en el lugar correcto. Sin ese deseo, y determinación, ni siquiera Dios actuaría para sanarla. Mi política, por lo tanto, es no ministrar a alguien que sabemos no tiene esa disposición, salvo que sea para ayudarle a que la tenga.

Muchas veces, sin embargo, nos encontramos con que la persona que busca ministración, *inconscientemente, no está dispuesta*. Creo que mi tarea es ayudarla para que no solamente desee la ministración sino para que tome la determinación de colaborar con Dios y con nosotros para resolver su problema, en especial si la ministración ya está en proceso. Por lo tanto, suelo provocar algunas pequeñas muestras del poder y de la buena voluntad de Dios para estimular su fe y su confianza en Dios. Algunas de esas "pequeñas" cosas que busco son que sea sanada de un dolor de cabeza o que reciba un abrazo de Jesús o que sienta el fluir de la paz que viene al ser bendecida con paz.

12. ¿Qué debemos hacer si la voluntad de la persona se ve fuertemente afectada por un demonio? Hemos dicho que los demonios pueden vivir en el cuerpo, la mente, las emociones y la voluntad de los cristianos. También señalamos que es necesario un total compromiso de la voluntad de la persona en este proceso para poder expulsar a los demonios. Por esta razón, si percibo que hay fuerte actividad demoníaca en la voluntad de la persona, se la arrebato al comenzar la sesión.

Para esto, les digo a los demonios algo así: "En el nombre de Jesús, reclamamos la voluntad de [mencione el nombre]. Cancelamos su autoridad y quebrantamos el poder que tienen sobre ella. Si [otra vez el nombre] les ha entregado su voluntad, renunciamos a esa autorización, la anulamos y tomamos la voluntad de [el nombre de la persona] para Jesús".

Muchas veces, tomar la voluntad de la persona de esta manera fortalece el proceso de liberación inmediatamente. Sin embargo, el demonio también intentará luchar por la voluntad de su anfitrión ya que sabe que si la pierde, estará en problemas. Por lo general, reclamar la voluntad como lo acabo de sugerir provocará, como mínimo, que el demonio la suelte de forma parcial. Si no lo hace, se debe continuar con la sanidad interior en la medida en que la persona (y el demonio) permitan, y regresar una y otra vez hasta recuperar su voluntad por completo para Cristo.

13. ¿*Puedo ministrar a mis familiares o amigos?* Ministrar a sus familiares o amigos puede ser algo difícil pero también muy significativo. La persona que recibe ministración necesita sentirse cómoda con quien le está ministrando si deseamos que el resultado valga la pena. Quienes tienen una relación íntima con alguien del equipo suelen sentirse amenazados por su presencia.

Cada caso debe ser evaluado de forma individual. Todo depende del tipo de relación que tienen y de la apertura quien recibe la ministración. Jamás intente forzar a alguien cercano a usted, no importa cuánto crea que se beneficiaría con su ministración. Incluso si alguien de su círculo cercano está dispuesto, generalmente es mejor encontrar a alguien más que sea de confianza para ambos. Permita que su ser amado decida si usted participará o no en la ministración. Ayúdele a que se sienta completamente libre de rechazar su participación, y no se sienta ofendido por ello. Lo importante es que sea libre, no si usted estará o no involucrado.

**14. ¿*Mi familia estará en peligro si entro en el ministerio de liberación?* Lamentablemente, la respuesta es "sí". Al Enemigo no le agrada cuando alguien lucha en su contra, así que atacará a quien sea que encuentre vulnerable, con la intención de que dejemos de atacarle. Si tenemos familiares que son vulnerables porque en su vida hay basura con la cual no han tratado, ellos serán el blanco principal del ataque.

Existen al menos dos líneas de defensa. La primera, por supuesto, es hacer que los miembros de su familia solucionen sus problemas y lleguen a ser invulnerables. La segunda, pueden recibir protección, hasta cierto punto, a través de nuestras oraciones (en especial las de quien es cabeza de familia). Podemos y debemos tomar autoridad con frecuencia sobre los miembros de nuestra familia y prohibirle al Enemigo que los ataque (vea mi libro *I Give You Authority* [Les Doy Autoridad]). Esto parece inhibir los ataques externos pero no hace desistir a los demonios cuando las propias personas los invitan.

Es una decisión difícil de tomar. Muchos que entran al ministerio de liberación descubren que tienen familiares que no están dispuestos a esforzarse para ser libres de su propia cautividad. Por lo tanto, el Enemigo se desquita con esos parientes cada vez que desea ponerle presión a quien le está molestando. Entonces, uno debe escoger entre trabajar en el ministerio de liberación y arriesgarse a los ataques del Enemigo contra su familia o desistir a esa idea y entrar así en el juego del Enemigo. Bajo ninguna circunstancia recomiendo la segunda opción, no importa cuánto cueste.

15. ¿Qué debemos hacer cuando un demonio nos amenaza? Durante un combate reciente con un demonio, escuché por enésima vez la amenaza: "*¡Te mataré!*" Pero como ya había orado por protección para nuestro equipo y todas las personas y cosas asociadas con nosotros, simplemente le contesté: "No puedes hacerlo. Estoy protegido". Y él sabía que no podía hacerme daño. Y en caso de duda, sólo digo: "Lo prohíbo", y entonces no pueden cumplir con sus amenazas.

Como ya mencioné varias veces, los demonios son bastante fanfarrones. Si pueden librarse de usted con amenazas, lo harán. Nuestra mayor arma es el conocimiento de esta verdad junto con el poder de Dios para protegernos. Si tras ser amenazado me doy cuenta que olvidé declarar la protección de Dios sobre nosotros, simplemente la declaro luego de la amenaza, y es igual de eficaz. Digo algo como: "Yo declaro el poder del Espíritu Santo para protegerme de esa amenaza a mí, a los que están aquí, y a todos los que de alguna forma están relacionados con nosotros". De esta forma, usted puede invalidar cualquier amenaza que hagan los demonios.

La falta de protección sobre el grupo puede dar como resultado ataques contra personas o pertenencias. Una vez olvidé declarar protección y ¡tuve que enfrentar el ataque del Enemigo a un gato! El gato había pasado por una cirugía importante, pero la herida ya había sanado. De todas maneras, mientras ministrábamos, ¡la herida se abrió y las entrañas del gato cayeron al piso! Esto distrajo la atención de los miembros de mi equipo hasta que declaré protección y asigné a una persona para que atendiera al animal. Algunos de mis compañeros informaron de plantas que se secaron mientras ministraban a personas demonizadas.

16. ¿Pueden los demonios recibir ayuda de otros demonios mientras estoy ministrando? La respuesta es "sí", salvo que usted les prohíba esa ayuda. Esto lo vi por primera vez mientras ministraba a un joven con un espíritu de homosexualidad. Al enfrentar al demonio, noté que los ojos del joven miraban hacia arriba, como si buscara algo en el cielo. Pude percibir que el demonio estaba pidiendo ayuda, y se lo prohibí. Eso pareció provocar un cambio importante en la fuerza que el demonio tenía.

Lo que acostumbro hacer ahora es incluir en la oración de apertura una declaración prohibiendo esa clase de ayuda. Digo algo así: "Les prohíbo a los demonios dentro de esta persona recibir cualquier tipo de ayuda, ya sea del interior o del exterior". Además de prohibir la ayuda del exterior, también prohíbo que los demonios se unan en el interior para fortalecer al demonio que estamos enfrentando.

17. ¿Qué sucede si un demonio parece demasiado fuerte como para expulsarlo? Con frecuencia, en especial durante sus primeras sesiones de liberación, verá que los demonios parecen ser demasiado fuertes. Esto puede suceder por varias razones. Primero, el demonio puede estar fanfarroneando. Quizás no sea poderoso, pero intentará hacerle creer que tiene sobre la persona un dominio que en realidad no tiene. O quizás esté recibiendo ayuda de otros demonios, del exterior o del interior. Puede evitarlo si prohíbe la ayuda de todo demonio que esté dentro o fuera.

O quizás la sanidad interior no haya sido tan profunda como para debilitar a los demonios hasta facilitar su expulsión. Es posible que aún haya cosas a las que estén aferrados. Si es así, vuelva y continué con la sanidad interior. Si no consigue que los demonios principales le den más información sobre las cosas que aún deben ser sanadas, llame a un demonio menor. Muchas veces éstos le darán la información que necesita con mayor facilidad. También asegúrese de que la persona siga cooperando con el proceso; todo eso mientras ora en silencio para que Dios le revele lo que se debe hacer. Una vez, mientras me encontraba en un impasse así con un joven, de repente este confesó un gran pecado que había estado ocultando. Su acción rompió el control del demonio y pronto tuvo que marcharse.

Si nada parece funcionar, termine la sesión. A veces es bueno tomar un descanso para permitir que el Espíritu Santo traiga a memoria las cosas que no surgieron durante la primera sesión. En momentos así, suelo confinar a los demonios a una caja hasta que se les hable en el nombre de Jesús una vez más. También les prohíbo que oigan los planes que hacemos para evitar que preparen una estrategia. Es bueno encargarle a la persona que realice tareas espirituales como orar, adorar, leer la Biblia, y que se tome un tiempo para reflexionar, bajo la guía del Espíritu Santo, respecto a lo que aún necesita ministración. Es común que antes de la siguiente sesión la persona ya ha tratado al menos con algunos de los problemas restantes, y los demonios estarán significativamente más débiles.

18. ¿Es más trabajoso ministrar a quienes participaron en el satanismo y en el ocultismo? La respuesta suele ser "sí". Algunos creen que los demonios del ocultismo tienen más poder que otros demonios. En todo caso, la diferencia entre los demonios de ocultismo y los que vienen a causa de heridas emocionales o espirituales o de pecados es que la persona decidió involucrarse con los demonios de ocultismo de forma voluntaria, o que un adulto con autoridad sobre un niño lo dedicó a ellos. Es por eso que pueden aferrarse con más fuerza.

Además, quienes han participado en lo oculto, ya sea de forma voluntaria o como víctimas de abuso en rituales satánicos, suelen ser víctimas de los grandes esfuerzos que hacen las personas involucradas para evitar que deserten. Ana era esa clase de persona. Era una bruja activa que había venido a un seminario con la intención de provocar disturbios. Mientras estaba allí, fue guiada al Señor y confesó que había estado buscando una salida para la atadura a su aquelarre y a su estilo de vida malvado.

Luego, Ana recibió ayuda para limpiar su casa de objetos ocultistas y de demonios intrusos. De inmediato comenzó a sufrir fuertes ataques demoníacos a través de enfermedades y accidentes. Ana también recibió muchas amenazas de sus antiguos colegas. Se ha mantenido en la fe aunque ha sufrido muchos altibajos.

Al ministrar a esta clase de personas, es fundamental mantenerse lo más invulnerable posible. Debemos tratar con nuestra propia basura. Necesitamos orar y que otros oren por nosotros y por nuestras familias, en especial por aquellos que pueden ser más vulnerables a los ataques demoníacos, por ejemplo los niños y los familiares no cristianos. También debemos orar en contra de las maldiciones que se interponen en nuestro camino. Pueden estar dirigidas a nuestra persona, a otros involucrados en el ministerio, a mascotas, posesiones, relaciones, trabajos, finanzas o cualquier otra cosa que nos pertenezca. Si bien existen riesgos, no permita que el Enemigo use el temor para detenerlo en su ministración a estas personas necesitadas. El temor no viene de Dios (vea 2 Timoteo 1:7).

19. ¿Qué papel desempeñan los demonios en los problemas físicos? Los demonios harán todo lo posible para afligir y atormentar a las personas, en especial a quienes pueden causarles problemas, como los cristianos. Sin embargo, sólo pueden trabajar en debilidades que ya existen. Si, por ejemplo, quieren ayudar a los gérmenes a provocar un resfriado, no podrán lograrlo si la persona tiene una gran resistencia, tanto física como espiritual. Una vez ministré a un hombre de 35 años, a quien llamaré Loren, que tenía un espíritu de fracaso. A principios de su adolescencia, se había tomado muy en serio su compromiso con Cristo. También era muy bueno para el básquetbol y para otros deportes. Cuando Loren tenía 14 años, Fracaso encontró una debilidad en una de las caderas y lo incapacitó. Cuando le preguntamos si él había causado ese problema, Fracaso respondió: "Por supuesto. Él estaba convirtiéndose en muy buen jugador [de básquetbol]. ¡Tenía que hacerlo fracasar!"

Recibí una interesante confirmación de que los demonios necesitan descubrir una debilidad para hacer su trabajo. Sucedió mientras trabajaba con una mujer que había sufrido frecuentes ataques de epilepsia hasta que se sometió a una cirugía para prevenirlos. Le pregunté al demonio si él estaba detrás de esos ataques. Dijo: "Sí". ¿Entonces por qué la mujer ya no tenía los ataques? "Por la operación", respondió. Aparentemente, el demonio sólo podía provocarlos mientras la mujer tuviera una debilidad física. Una vez solucionada la debilidad, el demonio ya no podía causar los ataques.

En casos de accidentes, los demonios pueden aprovechar las debilidades naturales para provocarlos. Luego pueden utilizar los daños del accidente para empeorar las cosas. Si la persona tiene una debilidad sistémica relacionada con problemas físicos o emocionales y luego sufre un accidente, a los demonios les encanta entrometerse para retardar el proceso de recuperación.

Descubrí que esta táctica tuvo un rol importante en el problema de una mujer que vino a uno de nuestros seminarios. La llamaré Elizabeth. Ella había sufrido una herida grave en su rodilla derecha al caerse jugando voleibol. Aunque el médico había tratado a Elizabeth con excelencia, estaba sorprendido de que dos semanas después, en lugar de mejorar, pues nuestros cuerpos están diseñados para eso, su condición había empeorado gravemente.

Al ministrar a Elizabeth descubrimos mucha basura en su interior acumulada durante su crianza. También descubrimos demonios adheridos a la basura. Elizabeth tenía algunas debilidades debido a que alimentaba enojos, rencores y baja autoestima. Por esa razón, los demonios eran capaces de inhibir el sistema de defensa de su cuerpo. Por lo tanto, la sanidad de los problemas físicos provocados por el accidente debía comenzar por enfrentar los problemas internos que obstaculizaban su recuperación. Luego de trabajar con mucha de la basura, y expulsar a varios demonios, ya no necesitaba las muletas con las que había venido al seminario.

Los demonios también pueden adherirse a discapacidades o a la propensión a ciertas enfermedades recibidas como parte de la herencia espiritual o emocional de una persona. En muchos casos, junto con la discapacidad o tendencia se hereda un demonio. En otros casos, parece ser que se hereda una tendencia física, emocional o espiritual y un demonio logra adherirse allí luego del nacimiento. De todas maneras, ambos deben tratarse, tanto el problema físico como el de los demonios. Por lo general, es mejor deshacerse de los demonios antes de orar por el problema físico. Cualquiera sea el curso de acción que tome, no se enfoque en un aspecto solamente del problema global (el físico, el emocional o el espiritual); recuerde ver a la persona como un todo.

Tuve el privilegio de ministrar a una mujer que creció con una pierna cuatro centímetros más corta que la otra. Con la pierna más corta, debía andar en puntillas y evitar apoyar el talón en el suelo para no caerse. Muchas veces habían orado por su problema físico sin obtener resultados. Al realizar sanidad interior descubrimos mucho enojo y renuencia a perdonar. Allí se había adherido un demonio poderoso. Luego de unas dos horas de sanidad profunda y de expulsar a ese y otros demonios, le pregunté si podía orar por su pierna. Ella accedió, y pudimos ver que Jesús estiraba esa pierna como a empujones hasta que quedó igual que la otra y ella pudo tocar el suelo con el talón sin caerse. Ya que fue fácil solucionar su problema físico luego de tratar con el enojo, creo que el Enemigo estaba adherido a esa tendencia al enojo que ella había heredado. Lamentablemente, escuché que varios meses después de tener ambas piernas del mismo largo, ella permitió que el enojo regresara y recuperara el control. La discapacidad reapareció.

20. ¿La compulsión al suicidio es demoníaca en todos los casos? Sí, en lo que a mi experiencia se refiere. Incitar a sus anfitriones al suicidio es algo muy típico de los demonios. Si encuentro una persona con fuertes tendencias suicidas, siempre busco espíritus de muerte o de suicidio, y siempre están presentes.

21. ¿Es útil el uso de gestos, aceite para ungir y otras técnicas similares? Una regla general puede ser: *use siempre todo lo que perturbe al demonio*, si no perturba demasiado a la persona a quien se ministra. He descubierto que las siguientes técnicas son eficaces con algunos demonios, pero no con otros: aceite de la unción (lleno del poder de Dios a través de la oración), contacto visual, contacto físico con la persona, invitar a que los ángeles atormenten a los demonios, hacer la señal de la cruz, mostrarles una cruz bendecida, hablar en lenguas, hacer que la persona beba agua que haya sido bendecida, obligar a los demonios a que vean a Jesús y luego que se enfrenten a él y miren su rostro, declarar luz en los lugares oscuros donde viven los demonios, y amenazarlos con enviarlos a Satanás o al abismo.

Además, a algunos ministerios de liberación les resulta útil bautizar a quien están ministrando, servirle la Cena del Señor y utilizar sal bendecida y darle unos granos cada hora. Si bien cualquiera de estos métodos puede funcionar, no he encontrado uno que sea eficaz en todos los casos. Quizás el más eficaz sea obligar a los demonios a que miren el rostro de Jesús. Eso les desagrada.

Si bien el Espíritu Santo suele utilizar esta clase de cosas con gran eficacia, debemos tener mucho cuidado de no reducir la liberación a un conjunto de técnicas.

22. *¿Qué debo hacer con los objetos dedicados o maldecidos?*
La mayoría de los grupos religiosos, incluidos los cristianos, dedican ciertos objetos materiales a su Dios o a sus dioses. La mayoría de los grupos cristianos dedican a Dios al menos sus templos y ciertos objetos utilizados para la adoración, así como sus niños. Debemos practicar esto aún más, ya que los objetos que se dedican son tocados por el poder de Dios. Dentro del ocultismo y de las religiones no cristianas, son muy comunes las dedicaciones a Satanás y a sus representantes. Además, estos grupos buscan hacer daño a través de la maldición de objetos que luego serán entregados a otras personas. Es muy peligroso que los cristianos tengan objetos dedicados al reino satánico. Muchos cristianos compran estos objetos sin saberlo, por lo general en otros países, y los tienen en sus casas y no se dan cuenta del peligro. Otros reciben regalos con poderes satánicos de parte de familiares o amigos dentro de grupos ocultos.

Un colega mío, C. Peter Wagner, estaba desconcertado por las cosas extrañas que estaban sucediendo en su casa. Unos amigos con el don de discernimiento descubrieron que la causa eran unos artefactos traídos de Bolivia, donde había servido como misionero. Un hombre a quien ministré en Chipre tenía tres aros que le habían dado unos familiares cercanos, y uno de ellos lo utilizaba como collar. Él descubrió que se los habían entregado para interferir con la libertad que había recibido a través de nuestra ministración. Luego de declarar el poder de Jesús para cancelar todo poder del enemigo, el hombre ya no sentía lo mismo al usarlos, y no había ninguna sensación de interferencia en su libertad.

Como regla general, todos los objetos de uso religioso deben ser destruidos, ya que el único propósito que tienen es ser portadores de poderes satánicos. A otras cosas como las joyas ornamentales se les puede despojar del poder satánico y revestirlas del poder de Dios. Podemos romper las dedicaciones o maldiciones sobre los objetos de la misma manera que lo hacemos con las personas. En el nombre de Jesús, tome autoridad sobre todo lo que le parezca sospechoso y cancele todo poder satánico que pueda tener. Luego prohíba que los demonios que estaban ligados al objeto regresen. Yo acostumbro bendecir los objetos con el poder de Jesús en su nombre para que lleve bendición a todo aquel que lo use. Eso fue lo que hicimos con los aros que mencionamos. Wagner, sin embargo, prefirió destruir los objetos bolivianos que había en su casa.

Un amigo que había sido masón durante toda su vida, luego de aceptar a Cristo y de conocer los males de la masonería, decidió destruir todos los artefactos que había acumulado de ese culto. Si bien su conversión fue, sin lugar a dudas, el factor más importante del tremendo cambio en su vida, creo que parte de la libertad que ahora conocía era el resultado de su repudio a 34 años de atadura a ese grupo y la destrucción de todos los símbolos que mostraban esa lealtad.

Cuando los artefactos se bendicen, debemos mantener un alto grado de consciencia de lo que solían ser, para que los demonios no permanezcan allí ni regresen. Es probable que los demonios intenten retomar los objetos así como lo hacen con las personas luego de haber sido expulsados. Sin embargo, si se les prohíbe regresar, dudo que puedan hacerlo.

23. ¿Es necesario prepararse de una forma especial para una sesión de liberación? Yo intento estar listo para ministrar a los demonizados en todo tiempo, debido a que las oportunidades para ministrar suelen surgir sin advertencia ni tiempo para prepararme. Así que casi nunca me preparo con más ayuno o tiempos de oración más prolongados o con estudios bíblicos. Sin embargo, algunos colegas siempre se preparan en forma especial. Quizás esa sea la razón por la que algunos de ellos tienen dones de ministración que yo no tengo. Creo que un factor muy importante que me permite utilizar ciertos dones es la gran cantidad de personas que interceden por mí con regularidad.

No obstante, sí ayuno y oro antes de una sesión que creo que será más difícil que la mayoría. Si la persona ha participado en ocultismo, por ejemplo, o si la sesión anterior no llegó a ser totalmente exitosa, me preparo de una manera especial.

24. ¿Es posible expulsar demonios por teléfono? Sí, yo lo he hecho varias veces. Si bien es preferible trabajar personalmente, cara a cara, hubo personas que necesitaban liberación y que me llamaron por teléfono estando a cierta distancia. Lo intenté y obtuve buenos resultados.

La clave es hacer contacto con los demonios y lograr control sobre ellos. A veces resulta más difícil, o toma más tiempo por teléfono que en persona. En unas pocas ocasiones, tuve que cancelar el intento. He descubierto que es más fácil establecer contacto telefónico y lograr control cuando he trabajado previamente con la persona. En uno de mis primeros intentos por teléfono, el demonio se molestó bastante porque no podía escapar. Cuando establecimos un primer contacto, se mostró arrogante y fanfarrón. "Jamás me atraparás". Más tarde, su tono había cambiado. Su comentario fue: "¡Esto es repugnante!".

El Espíritu Santo tiene la capacidad para tratar con los demonios, ya sea por teléfono o en persona. Sin embargo, cuando ministramos por teléfono se hace imposible seguir con la vista lo que está sucediendo. También es difícil restablecer el contacto con la persona o con el demonio si el demonio logra impedir que la persona hable o si hace que la llamada (o la persona) se caiga. Una de las cosas que suelo hacer es prohibirle a los demonios que alejen a la persona del teléfono o que terminen la conversación de alguna otra manera. Aunque la ministración telefónica no es lo ideal, vale la pena el intento.

25. ¿Pueden ser demonizados los animales? Sí. Jesús envió a los demonios llamados Legión a un hato de cerdos (vea Lucas 8: 26-38). Una vez ministré a un niño de cuatro años que tenía demonios que le hacían chocarse contra las paredes. Él tenía un gato que hacía lo mismo. Tuvimos que expulsar demonios de ambos. Oí de una mujer que sospechaba que su periquito tenía un demonio y para comprobar su teoría le ordenó que hiciera un truco que jamás le había enseñado. El perico obedeció de inmediato. Más tarde se expulsó un demonio del ave.

Los demonios pueden habitar en los animales e influenciar a través de ellos a los seres humanos. Quienes desean utilizar animales para la brujería y cosas semejantes pueden demonizarlos a propósito, y también, creo yo, los animales pueden adquirir demonios por el contacto con personas demonizadas, por lo general, sus dueños. Existe el peligro de que los satanistas demonicen y luego vendan o regalen mascotas a las personas que desean infestar con demonios.

Si cree que un animal está demonizado, trátelo como lo haría con un objeto material que fue dedicado o maldecido (vea la pregunta 22). Tome autoridad sobre los demonios, deshaga su poder y ordéneles que se vayan en el nombre de Jesús. Luego de estar seguro de que se han ido, bendiga al animal con el poder de Jesús. Si esto no parece funcionar, deshágase del animal.

26. ¿Qué se siente cuando un demonio habla a través de una persona? Algunos dicen que se siente una sensación extraña cuando otra entidad habla a través de la voz de uno. Muchos me dijeron que sienten que son espectadores que oyen su voz pero que no la controlan. Pero para muchos, los mensajes vienen a su mente y tan sólo los repiten, y eso no les asusta. Muchos reciben imágenes de lo que el demonio está haciendo mientras habla o provoca ciertas sensaciones. A pesar de esto, muchos no lo sentían como algo extraño, ya que habían escuchado a los demonios durante mucho tiempo y pensaban que era su propia voz.

Como señalamos en el capítulo 2, los demonios no tienen un control absoluto sobre las personas en quienes habitan. Pero muchos temen que si permiten que los demonios hablen a través de ellos, les darán más poder del que ya tienen sobre su vida. En realidad, es exactamente al revés. La naturaleza de los demonios es la mentira. Así que, cuando se les obliga a decir la verdad, son forzados a actuar contra su naturaleza y son así debilitados. Así que este temor no es válido cuando trabajamos bajo el poder del Espíritu Santo, ya que él controla el proceso. Por esa razón, la persona es capaz de controlar si el demonio puede hablar y cuándo.

Una vez me pidieron que ministrara a una mujer que quedó devastada cuando los demonios en su interior comenzaron a responder a mis provocaciones. Su reacción fue impedirles que se comunicaran conmigo. No pude ayudarla, ya que se había puesto del lado de los demonios, en lugar de ponerse del lado de Jesús. En muchas otras ocasiones, la persona aconsejada dijo: "Usted no querrá oír lo que están diciendo". Es decir que los demonios estaban utilizando un lenguaje grosero hacia mí, así que la persona se abstuvo de contarme lo que estaban diciendo.

Cuando los demonios que habitan en su interior responden, la persona oirá una respuesta vocalizada o como si fuera una sensación en su cabeza. Lo que suceda depende de dos factores: (1) la fuerza del demonio, y (2) la disposición de la persona para permitirle que hable. Algunas personas, como la mujer que acabo de mencionar, quedan tan turbadas por la presencia de otro ser en su interior que logran prohibir el habla a demonios bastante fuertes. Una vez que reconocen que verdaderamente hay otro ser presente, pero que tenemos poder y autoridad sobre él, suelen cooperar bien con el proceso.

Es posible que los demonios débiles no tengan suficiente fuerza como para hacer uso de las cuerdas vocales de la persona. Por lo tanto, se comunicarán dándole a la persona en que habitan impresiones que luego esta informará al equipo. O quizás le den imágenes. Uno de mis colegas resolvió el problema de una persona que se negaba a permitir que el demonio hablara. Le pidió al demonio que escribiera las respuestas a sus preguntas en una pizarra. Ella obtuvo la información que quería y la persona tuvo la satisfacción de que el demonio no utilizara sus cuerdas vocales.

Cuando los demonios comienzan a responder, es normal que las personas no sepan distinguir sus propias palabras de las de los demonios. Yo le pido a la persona que ministro que me informe todas las sensaciones y los pensamientos que tenga y que permita que yo los diferencie. Juntos, se nos hace sencillo distinguirlos. De esta forma, podemos llevar adelante conversaciones bastante provechosas con los demonios, ya sea que hablen directamente a través del aparato vocal o comunicándole impresiones que luego la persona expresa verbalmente.

Ya sea una conversación o simplemente impresiones, quien recibe la ministración se siente como el observador de una interacción que tiene lugar a través de su boca, a veces incluso sin pasar por su mente. Dicen que sienten una sensación extraña, en especial si la conversación no pasa por la mente. Pero el Espíritu Santo está en control y no hay nada que temer.

27. *¿La mejoría es inmediata cuando se expulsan demonios?*
La expulsión de los demonios es sólo una parte del proceso de sanidad. Como ya he enfatizado, lo más importante en la búsqueda de sanidad es tratar con la totalidad del individuo, en especial con la basura emocional y espiritual. Si se trató con esas áreas antes de enfrentar a los demonios, puede haber una mejoría inmediata una vez que los demonios se hayan ido. Si primero se trata con los demonios, puede haber poca o ninguna mejoría hasta que se trate con la basura emocional y espiritual.

Generalmente las personas deben amoldarse a sentimientos nuevos, y eso no siempre ocurre con naturalidad. Es probable que nunca antes hayan experimentado libertad emocional y espiritual. A una mujer le pareció tan extraña la libertad que pensó que había entrado en depresión una vez más. Pero no era así, y pronto aprendió a disfrutar de su nueva libertad.

A veces, una parte importante de la actividad demoníaca es suprimir las emociones. En esos casos, la liberación de los demonios conlleva que la persona liberada sienta dolor, como así también paz y gozo. Esos sentimientos son desconocidos para ella, y pueden ser dolorosos, lo que dará la impresión de que ahora las cosas están peor que antes, y no mejor. Es necesario explicarle a la persona liberada esta clase de reacciones.

Jennifer (a quién mencioné en el capítulo 3) oía voces en su cabeza desde que puede recordarlo, y estaba muy feliz de que esas voces se hubieran ido luego de una de nuestras sesiones. La auto crítica y la ridiculización que experimentaba a través de esas voces demoníacas desaparecieron. Sin embargo, pronto descubrió que había dependido de ellas para tomar ciertas decisiones, y esa ayuda también había desaparecido. Esto implicaba que debía aprender nuevas maneras de tomar cierto tipo de decisiones. Estaba tan incómoda que por momentos llegó a desear que esas voces demoníacas "serviciales" regresaran.

Una verdad que también es incómoda y a veces frustrante es que la liberación de los demonios puede descubrir más basura con la cual se debe tratar. El camino de Dios es el camino de la verdad. El camino de Satanás es el del engaño. Los demonios suelen engañar a las personas para que se escondan y rehúsen enfrentar la cruda realidad con respecto a sí mismos y a quienes les han herido. Cuando colaboramos con Dios en guiar a una persona hacia la sanidad, y eso revela una verdad desagradable, suelen surgir problemas. Por ejemplo, la persona puede ser capaz de enfrentar la verdad como para deshacerse de los demonios durante la sesión de ministración. Sin embargo, más tarde, estas nuevas verdades reveladas pueden golpearla y causarle gran dolor. Lo que se necesita es más sanidad interior para ministrar este nuevo nivel de sentimientos y actitudes.

Quienes trabajamos en liberación y sanidad interior debemos estar junto a la persona a quien ministramos mientras lucha con estos cambios. Superar este período suele ser más difícil que pasar por las sesiones de ministración. Una mujer comentó: "Estoy atravesando una crisis de identidad. Ya no estoy segura de quién soy". Había vivido con mentiras durante tanto tiempo que era confuso y doloroso reconocer y aceptar las terribles verdades de su pasado. Por supuesto que las mentiras le habían tenido engañada, pero también le habían protegido de tener que enfrentar esas verdades. Ahora era difícil vivir sin esa protección.

Los demonios suelen obrar con el fin de destruir partes de la vida y de las relaciones de una persona. Por ejemplo, un individuo puede ser inmaduro debido a los esfuerzos de los demonios por reprimir su desarrollo. Cuando la basura se ha eliminado y los demonios se han ido, se enfrenta al problema de desarrollar la madurez que se le había negado hasta entonces.

Quizás sea necesario redefinir las relaciones con los demás, por lo general con los familiares cercanos. Una mujer a quien llamaré Sally fue liberada de varios demonios. Unas semanas después, en el trabajo, su supervisor se le acercó y le hizo dos preguntas: "¿Qué te sucedió?" y "¿Será permanente?". Sally ahora tiene el problema de redefinir sus relaciones con sus compañeros de trabajo, con su esposo y con casi todas las demás personas en su vida. No es nada fácil.

Si desea más información sobre este tema, vea Más allá de las Vueltas y Giros #14 en el capítulo 10.

28. En casos de personalidad múltiple, ¿liberar a la personalidad principal, libera también a las otras personalidades? La respuesta es: "Tal vez". Al tratar con el demonio principal de una personalidad, suelo ver que tiene control sobre algunos demonios de las otras personalidades, así que ordeno que todos los demonios bajo su control queden unidos a él y se vayan junto con él. En el caso de Teresa (vea su historia en el capítulo 3), expulsamos de su personalidad principal a un espíritu llamado Guardián, y le ordenamos que se llevara con él todos los espíritus bajo su control. Aparentemente, se llevó demonios de varias de las personalidades, pero quedaron otros. Algunas de las personalidades aún cargaban con demonios, y tuvimos que tratarlos individualmente.

Las mismas condiciones que producen como resultado múltiples personalidades también provocan la demonización. Así que cuando descubrimos una de las dos situaciones, podemos pensar que encontraremos la otra. Por lo general, esperamos encontrar demonios en cada una de las personalidades, aunque algunas pueden quedar "vacías" luego del procedimiento antes mencionado. Cada personalidad debe ser evaluada por separado, tanto en relación con los demonios como con la sanidad interior que necesite. Los demonios estarán ansiosos por provocar cuanto disturbio sea posible. Trabajarán activamente por mantener las personalidades separadas. También entorpecerán el proceso de liberación al activar las diferentes personalidades una tras a otra, salvo que se les prohíba hacerlo.

Aunque es difícil comprenderlo, quienes ministran a personas con personalidades múltiples saben que cada personalidad tiene su propia voluntad, sus propios pensamientos, emociones y vivencias espirituales. Una personalidad puede ser la de un cristiano comprometido, por ejemplo, mientras que otra, puede negar rotundamente toda relación con Cristo. La naturaleza misma del trastorno consiste en que cada personalidad tiene basura que es necesario limpiar, por lo que cada una debe pasar por el proceso de sanidad interior de forma individual y ser liberada de los demonios. Y cada personalidad necesita también que la lleven a Jesús. Lo primero que busco con mi trabajo es llevar a Jesús a la persona a quien ministro.

¿SON ÉSTAS TODAS LAS PREGUNTAS QUE NECESITAN RESPUESTAS?

No, por supuesto que no. Pero mi oración y esperanza es que estas respuestas, y el libro en su conjunto, sean suficientes para que usted se involucre en el ministerio de liberación, donde podrá descubrir nuevas respuestas a estas y otras preguntas. Por supuesto, surgirán también nuevos interrogantes, y espero que encuentre también las respuestas. Que Dios le bendiga en su búsqueda.

EPÍLOGO

Al finalizar cada seminario que dicto sobre sanidad interior y liberación, una y otra vez surge la pregunta: "¿Y ahora qué?". Las personas se preguntan qué pasos deben dar ahora que han oído, observado, y que se han abierto a nuevos conocimientos y prácticas sobre cómo tratar con los demonios.

Fue en respuesta a esta clase de preguntas, al finalizar su ministerio, que nuestro Maestro Jesús regresó a sus discípulos, les bendijo con paz, sopló sobre ellos para que recibieran al Espíritu Santo y les dijo: "Como me envió el Padre, así también yo os envío" (Juan 20:21).

Estas palabras al final del ministerio de nuestro Señor nos llevan a preguntarnos la razón por la cual vino. ¿Cuál fue la misión que Dios Padre le encomendó a Jesús y que el Maestro dice que nosotros debemos continuar? Él respondió este interrogante a comienzos de su ministerio, mientras leía las Escrituras en la sinagoga de Nazaret, su ciudad natal:

El Espíritu del Señor está sobre mí, por cuanto me ha ungido para dar buenas nuevas a los pobres; me ha enviado a sanar a los quebrantados de corazón; a pregonar libertad a los cautivos, y vista a los ciegos; a poner en libertad a los oprimidos; a predicar el año agradable del Señor (Lucas 4:18-19).

Él vino a las víctimas (los pobres), a los cautivos, a los ciegos y a los oprimidos para traerles buenas nuevas de libertad, redención y restauración.

Al final de sus días en la tierra Jesús nos encargó que siguiéramos su ejemplo. Le pido que *preste atención a la comisión de Jesús y que haga lo que él hizo.* Su encargo para nosotros no podría haber sido más claro. No podríamos tener un mejor líder y ejemplo. Ni más autoridad y poder a nuestra disposición. Y tenemos al menos los primeros pasos hacia la comprensión de lo que debemos hacer y cómo debemos hacerlo. *La pregunta es si obedeceremos a Jesús o no.*

En este libro he procurado presentarle aspectos espirituales y también consejos prácticos que le permitirán obedecer a nuestro Señor haciendo lo que él hizo. Mi objetivo ha sido reducir la ignorancia y el temor en torno al ministerio de liberación y "desmitificar" todo lo relacionado con la demonización. Mi oración es que este libro le haya provisto suficientes temas y consejos sobre cómo tratar con la demonización, para que usted pueda comenzar a ministrar a otros.

Aunque ciertamente no puedo presumir de infalible respecto a las perspectivas y enfoques que he presentado, puedo garantizarle que si sigue estas directrices será una amenaza importante para Satanás y su reino. A él no le agrada en absoluto que las personas comiencen a probar esta clase de conocimientos. Le molesta sobremanera cuando los ponemos en práctica y descubrimos que funcionan. Por lo tanto, él intentará evitar que usted avance en esta área y buscará que descuide o incluso rechace esta clase de ministerio.

A Satanás le encantaría que usted le diera la espalda al creciente número de testimonios que indican que los ángeles de las tinieblas están cada día más activos y más visibles, incluso aquí en los Estados Unidos. Le complacería, especialmente, que usted ignorase las abrumadoras evidencias de que los cristianos pueden ser demonizados. La estrategia del Enemigo es clara: si usted cree que él ya no se encuentra activo y que no puede tocar a los cristianos, entonces no representará amenaza alguna para él.

A Satanás también le gustaría que usted aceptara el mito de que la liberación de los demonios es una actividad mística a la que sólo las personas súper espirituales y con muchos dones se atreven a entrar. Él hará todo lo posible para impedir que usted reconozca y utilice el poder y la autoridad que Jesús le ha dado.

Así que, ¿cuál será su perspectiva?

Aún si su perspectiva le coloca exactamente donde Jesús quiere que esté, *el Enemigo hará todo lo posible para evitar que usted practique lo que ahora sabe*. Como le escuchado decir a muchos demonios, lo único que quieren es que no los molestemos. "¿Por qué has venido? —me increpó uno mientras le ministraba a una mujer—. Le dije al marido que no te invitara. ¡Estaba a punto de acabar con ella!"

Para muchos de ustedes, esta área de la demonización y de la liberación provoca problemas de fe. No pueden creer que sea cierto mucho de lo que estoy diciendo. Pero a muchos no es la incredulidad lo que los detiene; es la renuencia a actuar conforme a lo que creen. Las personas necesitan pasar por lo que los científicos llaman un "cambio de paradigma". Ese cambio nos da otra perspectiva de un área de la realidad. Pero más allá del cambio de paradigma, hay un "cambio de práctica" (ver mi libro *Christianity with Power* [Cristianismo con poder]). Este es precisamente el cambio que el Enemigo no desea que haga. Este es el punto en el que usted comienza a actuar con una nueva perspectiva y empieza a liberar a los cautivos.

El propósito de este libro es que sea un llamado a la acción. Muchos de nuestros hermanos y hermanas están demonizados y anhelan ser liberados, aun cuando no comprenden exactamente la naturaleza de su problema. Pero el enemigo se encarga de que continúen ignorando la posibilidad de ser libres, o los engaña haciéndoles pensar que su problema es de otro tipo, o procura que le tengan miedo a la liberación y a lo que ella implica. Este tormento continuará, a menos que se presente alguien que comprenda su problema y que sea lo suficientemente audaz como para llevarles la sanidad y la liberación de Dios. Si es creyente, Dios desea que usted sea esa persona. Dios quiere que ejerza la autoridad de Jesús para liberar a los cautivos. Éstas son sus órdenes de batalla:

1. ***Reconozca que estamos en guerra.*** Hay un reino lleno de ángeles de tinieblas que andan como leones rugientes buscando oportunidades para devorar a quién puedan (vea 1 Pedro 5:8). Vivimos en territorio enemigo y si no nos defendemos seremos derrotados. También perderemos hermanos y hermanas si no atacamos al Enemigo con el fin de liberarlos.

2. *Ore.* Pídale a Dios osadía. Pídale que más personas se unan a usted para trabajar. Pídale oportunidades. Cuando haya encontrado a otros, ore con ellos para que Dios les otorgue los niveles de autoridad, de poder, de comprensión y de perseverancia necesarios para hacer el trabajo. Luego ataquen juntos al Enemigo y vénzanlo a través de la sanidad interior y la liberación.

3. *Reconozca que la diferencia entre usted y quienes regularmente ministramos liberación es la experiencia, no dones o capacidad.* Como creyentes, todos tenemos la autoridad de Jesús. Todos tenemos diferentes dones. Y la mayoría, si no todos, tenemos dones que podemos utilizar en el ministerio de liberación. Si usted es un cristiano comprometido, tiene el mismo Espíritu Santo que tengo yo. Eso significa que es portador en todo tiempo de un poder infinitamente superior que todo el reino de Satanás junto. Invoque la protección de ese poder. Utilice ese poder para atacar a los ángeles de las tinieblas y para romper toda opresión demoníaca.

4. *Tenga en cuenta que cometerá errores.* Quisiera que no fuera así, pero lo es. Sin embargo, la única manera de aprender es empezar por fe, sintiéndose incapaz, arriesgándose a equivocarse, pero sabiendo que si es fiel, Dios estará con usted.

5. *No permita que sus dudas y asuntos sin resolver le impidan empezar.* Todos los tenemos. Perdí la cuenta de la cantidad de veces que salí de las sesiones de liberación preguntándome: "¿En realidad sucedió eso?". Aunque ahora hago esa clase de preguntas con menos frecuencia que al principio, aún tengo muchos interrogantes.

6. *Tenga por seguro que de su lado está un Dios poderoso y prodigador de poder, deseoso de usar a cualquier persona.* Del otro lado, entonces, hay un reino de ángeles de tinieblas que trabajan mayormente a través del engaño, el temor y la fanfarronería. Jesús ya obtuvo la victoria. Nuestra tarea es rescatar y liberar a los prisioneros de guerra y saquear el reino del Enemigo.

7. *No espere que la liberación sea siempre fácil.* A veces es fácil; otras ocasiones no lo es. Aunque posiblemente no puede ganar la guerra, el Enemigo todavía puede ganar unas cuantas batallas. Usted no siempre tendrá éxito. A menudo va a estar dolorosamente conciente de que no entiende plenamente lo que está pasando.

8. *Lo que podemos entender es que la combinación del poder de Dios y la voluntad de la persona, con nuestras oraciones y nuestra perseverancia, produce libertad espiritual.* Cuando la persona afligida está dispuesta a luchar contra los ángeles de las tinieblas, tratando con cualquier cosa mediante la cual ejerza su poder, y quienes están ministrando son persistentes al trabajar con Dios durante el tiempo que sea necesario, la victoria es segura.

9. *A medida que ministra, espere que Dios se haga muy real y progresivamente más cercano, tanto a quienes está ministrando, como a usted mismo.* Produce un increíble crecimiento estar permanentemente haciendo cosas que sabemos que no podemos hacer por nuestra propia cuenta. Verá que su vida espiritual crece y madura en gran medida mientras hace las obras del Maestro.

Así que, haga el trabajo. Suelte a los prisioneros. Libere a los cautivos. Haga que las personas sepan y vivan el hecho de que Jesús es Rey de reyes y Señor de señores, tanto ahora como en el futuro.

Yo los bendigo a cada uno de ustedes con audacia, efectividad, sabiduría, y una creciente intimidad con Jesús a medida que llevan a cabo su comisión de hacer las obras que él hace (ver Juan 14: 12) derrotando a los ángeles de las tinieblas.

NOTAS FINALES

Capítulo 1: ¿Son reales Satanás y los ángeles de las tinieblas?

1. Ed Murphy, *Equipping the Saints* [Equipando a los Santos], (vol. 4, Nº 1, Winter 1990), pp. 27, 29.

2. Ken Blue, *Authority to Heal* [Autoridad para Sanar], (Downers Grove, IL.: InterVarsity, 1987), p. 89.

3. Ibid., pp. 16-17, énfasis agregado.

4. Bárbara E. Bogard, *"Sexual Abuse: Surviving the Pain"* [Abuso Sexual: Sobreviviendo al Dolor], *The American Experts on Traumatic Stress, Inc.* [Academia Americana de Expertos en el Estrés Traumático], 1998.

5. Frank Peretti, *Piercing the Darkness* [Penetrando las Tinieblas], (Wheaton, IL.: Crossway Books, 1988).

Capítulo 2: Doce mitos respecto a la demonización

1. Merrill Unger, *Demons in the World Today* [Demonios en el Mundo de Hoy] (Wheaton, IL: Tyndale, 1971), p. 101.

2. Charles H. Kraft, *Christianity with Power* [Cristianismo con Poder], (Eugene, Oregon: Wipf and Stock, 1989), p. 134.

3. James Friesen, *Uncovering the Mystery of MPD* [Develando el Misterio del DPM], (Eugene, Oregon: Wipf and Stock, 1991), p. 91.

4. Ibid., p. 101.

5. Ken Blue, *Authority to Heal* [Autoridad para Sanar], (Downers Grove, IL.: InterVarsity, 1987), p. 17.

6. James Friesen, *Uncovering the Mystery of MPD* [Descubriendo el Misterio del DPM].

7. Ibid.

Capítulo 3: La demonización en los cristianos

1. C. Fred Dickason, *Demon Possession and the Christian* [La Posesión Demoníaca y el Cristiano], (Chicago, IL: Moody Press, 1987), p. 175.

2. Merrill Unger, *Demons in the World Today* [Demonios en el Mundo de Hoy] (Wheaton, IL: Tyndale, 1971), p. 117, énfasis agregado.

3. Dickason, Demon Possession and the Christian, pp. 73-148.

4. Ibid., pp. 175-176.

5. Merril Unger, *What Demons Can Do to Saints* [Lo Que Los Demonios Pueden Hacer a los Santos], (Chicago, IL: Moody Press, 1977), pp. 51-52.

Capítulo 4: Nuestro Poder y Autoridad

1. Bernard Kelly, *The Seven Gifts* [Los Siete Dones], (London: Sheed and Ward, 1941), pp. 12-14.

2. Hay aquí un asunto serio que se deriva de la creencia de que la omnipotencia de Dios significa que puede hacer cualquier cosa que decida hacer, en cualquier momento que lo desee, aún hasta el punto de que puede quebrantar sus propias reglas por las cuales gobierna el universo. De hecho Dios ha dado una medida de libertad tanto a los seres humanos como a Satanás y sus secuaces. Entonces, cuando esa libertad se usa para causar daño, Dios establece límites (como lo hizo en el caso de Job), pero no evita que las cosas ocurran. Sin embargo, a menudo nosotros ignoramos el hecho importante de que Dios sí interviene para protegernos. Enfocamos la atención más bien en el hecho de que él no evitó la herida, considerando tal cosa como una indicación de que no está de nuestro lado. Y basándonos en este malentendido nos enojamos y albergamos amargura contra él en nuestro corazón. Estas actitudes constituyen un reto a la autoridad de Dios por cuanto se basan en el sentir de que sabemos mejor que él cómo debe gobernar el universo. Por lo tanto, necesitamos arrepentirnos de tal actitud (tal como tuvo que hacerlo Job) y liberarnos nosotros mismos y a Dios de nuestro enojo. En cierto sentido a esto lo llamamos "perdonar a Dios".

Capítulo 5: Lo que hacen los demonios

1. Rita Cabezas, *Desenmascarado* (publicado de manera privada en Costa Rica). Tomado de una traducción al Inglés no publicada, 1986.

Capítulo 6: A qué se adhieren los demonios y el por qué de su fuerza

1. De un capítulo titulado *From New Age to New Life* [De la Nueva Era a la Nueva Vida], por Lora Elizabeth en *Behind Ememy Lines* [Detrás de las Líneas Enemigas], Charles H. Kraft, ed. (Eugene, OR: Wipf and Stock, 1994), pp. 249-250.

2. Charles H. Kraft, *Christianity with Power* [Cristianismo con Poder] (Ann Arbor, MI: Servant, 1989), pp. 129-130)

Capítulo 7: Cómo tratar con la basura mediante la sanidad interior

1. Betty Tapscot, *Inner Healing Through Healing of Memories* (Kingwood, TX: Hunter Publishing, 1975), p.13

2. David Seamands, *Healing of Memories* (Wheaton, IL: Victor Books, 1985), p. 24

3. Ibid., p. 24.

BIBLIOGRAFÍA

American Psychiatric Association. The DSM-IV: The Diagnostic and Statistical Manual of Mental Disorders (fourth edition), 1994; The DSM-IV-TR: The Diagnostic and Statistical Manual of Mental Disorders (fourth edition, Text Revision), 2000.

Anderson, Neil. *Victory Over the Darkness* [Victoria Sobre las Tinieblas], (Ventura, CA: Regal, 1990).

___. *The Bondage Breaker* [El Quebrantador de la Esclavitud], (Eugene, OR: Harvest House, 1990).

Anacondia, Carlos. *Listen to Me, Satán!* [¡Oíme Bien, Satanás!], (Orlando, FL: Creation House, 1998).

Arnold, Clinton E. *Efesians: Power and Magic* [Efesios: Poder y Magia], (Cambridge: Cambridge University, 1989).

___. *Powers of Darkness* [Poderes de las Tinieblas], (Downers Grove, IL: InterVarsity, 1992).

___. *Three Crucial Questions About Spiritual Warfare* [Tres Interrogantes Cruciales Acerca de la Guerra Espiritual], (Grand Rapids, MI: Baker Academia, 1997).

Basham, Don. *Can a Christian Have a Demon?* [¿Puede un Cristiano Tener un Demonio?], (Monroeville, PA: Whitaker Hous, 1971).

___. *Deliver Us from Evil* [Líbranos del Mal], (Old Tappan, NJ: Revell, 1972, 1980).

Bernal, Dick. *Curses* [Maldiciones], (Shippensburg, PA: Companion Press, 1989).

Birch, George A. *The Deliverance Ministry* [El Ministerio de Liberación], (Cathedral City, CA: Horizon, 1988).

Blue, Ken. *Authority to Heal* [Autoridad para Sanar], (Downers Grove, IL: InterVarsity, 1987).

Bogard, Bárbara E. *"Sexual Abuse: Surviving the Pain"* [Abuso Sexual: Sobreviviendo al Dolor], *The American Experts on Traumatic Stress, Inc.* [Academia Americana de Expertos en el Estrés Traumático], 1998.

Boyd, Gregory A. *God at War* [Dios en Guerra], (Downers Grove, IL: InterVarsity, 1997). Brown, Rebeca. *He Came to Set the Captives Free* [Él Vino Para Liberar a los Cautivos], (Chino, CA: Chick Publications, 1986).

Bubeck, Mark. *The Adversary* [El Adversario], (Chicago, IL: Moody Press, 1975).

___. *Overcoming the Adversary* [Venciendo al Adversario], (Chicago, IL: Moody Press, 1984).

___. *The Satanic Revival* [El Avivamiento Satánico], (San Bernardino, CA: Here´s Life, 1991). Cabezas, Rita. *Desenmascarado* (publicado de manera privada en Costa Rica). Tomado de una traducción al Inglés no publicada, 1986.

Chandler, Russell. *Understanding the New Age* [Comprendamos la Nueva Era], (Irving, CA: Word, 1988).

Dawson, John. *Taking Our Cities for God* [Tomemos Nuestras Ciudades para Dios], (Lake Mary, FL: Creation House, 1989).

Dickason, C. Fred. *Demon Possession and the Christian* [La Posesión Demoníaca y el Cristiano], (Chicago IL: Moody Press, 1987).

Foster, Richard. *Celebration of Discipline* [Celebración de la Disciplina], (New York: Harper & Row, 1978). Friesen, James. *Uncovering the Mystery of MPD* [Develando el Misterio del DPM], (Eugene, Oregon: Wipf and Stock, 1997).

Garret, Susan R. *The Demise of the Devil* [La Desaparición del Mal], (Minneapolis, MN: Fortress, 1989).

Gibson. Noel and Phyllis. *Evicting Demonic Squatters and Breaking Bondages* [Desalojando Ocupantes Ilegales Demoniacos y Quebrantando la Esclavitud], (Drummoyne, NSW, Australia: Freedom in Christ Ministries, 1987).

Good News Bible. The Bible in Today's English Version [La Biblia las Buenas Nuevas. Versión de la Biblia en el Inglés de Hoy], (Nashville, TN: Nelson, 1976).

Goodman, Felicitas D. *How About Demons?* [¿Cómo es el Asunto de los Demonios?], Bloomington, IN: Indiana University, 1988).

Green, Michael. *I Believe in Satan's Downfall* [Yo Creo en la Caída de Satanás], (Grand Rapids, MI: Eerdmans, 1981).

Greenwald, Gary l: *Seductions Exposed* [Las Seducciones Reveladas], Santa Ana, CA: Eagle's Nest Publicaciones, 1988).

Groothuis, Douglas R. *Unmasking the New Age* [Desenmascarando la Nueva Era], (Downers Grove, IL: InterVarsity, 1986).

___. *Confronting the New Age* [Confrontando la Nueva Era], (Downers Grove, IL: InterVarsity, 1988).

Hammond, Frank and Ida Mae. *Pigs in the Parlor,* Kirkwood, MO: Impact Books, 1973). [Cerdos en la Sala, Editorial Desafío ©1991, Bogotá, Colombia].

___. *Demons and Deliverance in the Ministry of Jesus* [Demonios y Liberación en el Ministerio de Jesús], (Planview, TX: The Children's Bread Ministries, 1991 [Ministerios el Pan de los Hijos]).

Harper, Michael. *Spiritual Warfare* [Guerra Espiritual], (Ann Arbor, MI: Servant, 1984).

Horrobin, Peter. *Healing Through Deliverance* [Sanidad Mediante la Liberación], (Grand Rapids, MI: Chosen, revised edition 2008).

Kallas, James. *The Satanward View* (Philadelphia, PA: Westminster, 1966).

___. *Jesus and the Power of Satan* [Jesús y el Poder de Satanás], (Philadelphia, PA: Westminster, 1968).

Kinnaman, Gary D. *Overcoming the Dominion of Darkness* [Venciendo el Dominio de las Tinieblas], (Old Tappa, NJ: Revell, 1990).

Koch, Kurt. *Between Christ an Satan* [Entre Cristo y Satanás], (Grand Rapids, MI: Kregel, 1962, 1971).

___. *Occult Bondage and Deliverance* [Esclavitud del Ocultismo y Liberación], (Grand Rapids, MI: Kregel, 1979).

___. *Demonology Past and Present* [Demonología Pasada y Presente], (Grand Rapids, MI: Kregel, 1973).

___. *Occult ABC* [El ABC del Ocultismo], (Grand Rapids, MI: Kregel, 1986).

Kraft, Charles H. *Christianity with Power* [Cristianismo con Poder], (Eugene, OR: Wipf and Stock Publishers, 1989).

___. *Deep Wounds, Deep Healing,* Ventura, CA: Regal, revised ed., 2010) [Heridas Profundas, Sanidad Profunda, Editorial Desafío, ©2013, Bogotá Colombia].

___. *Behind Enemy Lines* [Tras Líneas Enemigas], (Wipf and Stock, 1994).

___. *I Give You Authority* [Les Doy Autoridad], (Grand Rapids, MI: Chosen/Baker, 1997, revised edition 2011).

___. *The Rules of Engagement* [Las Reglas del Compromiso], (Eugene, OR Wipf and Stock Publishers, 2000).

___. *Confronting Powerless Christianity* [Confrontando el Cristianismo Impotente], (Grand Rapids, MI: Chosen/Baker, 1997, revised edition 2002).

___. *Two Hours to Freedom* [A Dos Horas de la Libertad]), (Grand Rapids, MI: Chosen/Baker, 2010).

Larson, Bob. *Satanism* [Satanismo], (Nashville, TN: Nelson, 1989).

Linn, Dennis and Mathew. *Healing Life's Hurts* [Sanando las Heridas de la Vida], New York: Paulist Press, 1979).

___. *Deliverance Prayer* [Oración de Liberación], (New York: Paulist Press, 1981).

MacNutt, Francis and Judith. *Praying for Your Unborn Child* [[Orar por su Hijo Antes de Nacer] (New York: Doubleday, 1988).

___. *Deliverance from Evil Spirits* [Liberación de Espíritus Malignos], (Grand Rapids, MI: Cosen, 1995).

Mallone, George. *Arming for Spiritual Warfare* [Cómo Armarse para la Guerra Espiritual], (Downers Grove, IL: InterVarsity, 1991).

Mathews R. Arthur. *Born for Battle* [Nacido para Luchar], (Littleton, CO: OFM Books, 1978).

McAll, Kenneth. *Healing the Family* [Sanando la Familia], (London: Sheldon Press, 1982).

Montgomery, John W., ed. *Demon Possession* [Posesión Demoníaca], (Minneapolis, MN: Bethany, 1976).

Murphy, Ed. *Handbook for Spiritual Warfare* [Manual para la Guerra Espiritual], Nashville, TN: Nelson, 1992).

___. "From My Experience: My Daughter Demonized?" [Mi Experiencia: ¿Mi Hija Endemoniada?], en *Equipping the Saints* [Equipando a los Santos], (Vol. 4, Nº 1, Winter 1990, pp. 27-29).

Nevious, John R. *Demon Possession* [Posesión Demoníaca], (Grand Rapids, MI: Kregel, 1894, 1968).

Otis, George Jr. *Informed Intercession* [Intercesión Bien Informada], (Ventura, CA: Renew, 1999).

Payne, Leanne. *The Healing Presence* [La Presencia Sanadora], (Wheaton, IL: Crossway, 1989).

Peck, M. Scott. *People of the Lie*, (New York, Simon & Schuster, 1983).

Penn-Lewis, Jessie. *War on the Saints* [Guerra a los Santos], 9th ed. (New York: Thomas E. Lowe, 1973).

Peretti, Frank. *This Present Darkness* [Estas Tinieblas Presentes], (Wheaton, IL: Crosway, 1986)).

___. *Piercing the Darkness* [Penetrando las Tinieblas], (Wheaton, IL: Crossway Books, 1989).

Powell, Graham and Shirley. *Christian, Set Yourself Free* [Cristiano, Líberate Tú Mismo], (Westbridge, BC: Center Mountain Ministries, 1983).

Prince, Derek. *They Shall Expel Demons* [Echarán Fuera Demonios], (Charlotte, NC: Derek Prince Ministries, 1998).

___. *War in Heaven* (Grand Rapids, MI: Chosen, 2003). (Guerra en los Cielos, Editorial Desafío 2004©, Bogotá, Colombia).

Pullinger, Jackie. *Chasing the Dragon* [Cazando al Dragón], (Ann Arbor, MI: Servant, 1980).

___. *Crack in the Wall* [La Grieta en la Pared], (London: Hodder and Stoughton, 1989).

Reddin, Opal, ed. *Power Encounter* [Encuentro de Poderes], (Springfield, MO: Central Bible College, 1989).

Robb, John and James A. Hill. *The Peacemaking Power of Prayer* [El Poder Pacificador de la Oración], (Nashville, TN: Broadman & Holdman, 2000).

Rockstad, Ernest. *Demon Activity and the Christian* [La Actividad Demoníaca y el Cristiano], (Andover, KS: Faith & Life Publications, 1976).

___. *Triumph in the Demons Crisis* [Triunfe en las Crisis con los Demonios], (Serie de Cassettes, Andover, KS: Faith & Life Publications, 1976).

Russell, Jeffrey. *The Prince of the Darkness* [El Príncipe de las Tinieblas], (Ithaca, NY: Cornell University Press, 1988).

Sandford, John and Paula. *Transforming the Inner Man* [Transformando al Hombre Interior], (Lake Mary, FL: Charisma House, 2007).

___. *God´s Power to Change* [Poder de Dios para Cambiar], (Lake Mary, FL: Charisma House, 2007).

___. *Letting Go the Past* [Dejando Atrás el Pasado],], (Lake Mary, FL: Charisma House, 2008).

___. *Growing Pains* [Dolores Crecientes], (Lake Mary, FL: Charisma House, 2008).

___. With Mark Sandford. *A Comprehensive Guide to Deliverance and Inner Healing* [Una Guía Amplia y Completa para la Liberación y la Sanidad Interior], (Grand Rapids, MI: Chosen Books, 1992).

Scanlan, Michael and Randall J. Cirner. *Deliverance from Evil Spirits*, [Liberación de Espíritus Malignos], (Ann Arbor, MI: Servant, 1989).

Schnoebeln, William and Sharon. *Lucifer Dethroned* [Lucifer Destronado], (Chino, CA: Chick Publications, 1993).

Seamands, David. *Healing for Damaged Emotions* [Sanidad para las Emociones Lastimadas], (Wheaton, IL: Victor Books, 1982).

___. *Putting Away Childish Things* [Dejemos las Cosas de Niños], (Wheaton, IL: Victor Books, 1982).

___. *Healing of Memories* [La Sanidad de los Recuerdos], (Wheaton, IL: Victor Books, 1985).

___. *Healing Grace* [Gracia Sanadora], Wheaton, IL: Victor Books, 1988.

Shaw James D. and Tom C. McKenney. *The Deadly Deception* [El Engaño Mortal], (Lafayette, LA: Huntington House, 1988).

Sherman, Dean. *Spiritual Warfare for Every Christian* [Guerra Espiritual para Cada Cristiano], (Seattle, WA: Frontline, 1990).

Sherrer, Quin and Ruthanne B. Garlock. *A Woman´s Guide to Spiritual Warfare* [Guía de la Mujer para la Guerra Espiritual], (Ventura, CA: Regal, 2010).

Subritzky, Bill. *Demons Defeated* [Los Demonios Derrotados], (Chichester, England: Sovereign World, 1985).

___. *How to Cast Out Demons and Break Curses* [Cómo Echar Fuera Demonios y Romper Maldiciones], (Auckland, NZ: Dove Ministries, 1991).

Suduth, William. *So Free!* [¡Tan Libre!], (Grand Rapids, MI: Chosen Books, 2007).

Tapscot, Betty. *Inner Healing Through Healing of Memories* [Sanidad Interior Mediante la Sanidad de los Recuerdos], Kingwood, TX: Hunter Publishing, 1975, 1987).

Unger, Merrill. *Biblical Demonology* [Demonología Bíblica], (Chicago: Scripture Press, 1952).

___. *Demons in the World Today* [Demonios en el Mundo de Hoy] (Wheaton, IL: Tyndale, 1971).

___. *What Demons Can Do to Saints* [Lo Que Los Demonios Pueden Hacer a los Santos], (Chicago, IL: Moody Press, 1977).

Wagner C. Peter. *Engaging the Enemy* [Enfrentando al Enemigo], (Ventura, CA: Regal, 1991).

___. *Warfare Prayer* [Oración de Guerra Espiritual], (Ventura, CA: Regal, 1992).

___. *What the Bible Says About Spiritual Warfare* [Lo Que la Biblia Dice Acerca de la Guerra Espiritual], (Ventura, CA: Regal, 2001).

Wagner C. Peter and F. Douglas Pennoyer, eds. *Wrestling with Dark Angels* [La Lucha con los Ángeles de las Tinieblas], (Ventura, CA: Regal, 1990).

Wagner, Doris, ed. *Ministering Freedom from Demonic Oppression.* [Cómo Ministrar Liberación de la Opresión Demoníaca], (Ventura, CA: Regal, 2002).

___. *Ministering Freedom from Occult Bondages* [Cómo Ministrar Liberación de las Esclavitudes del Ocultismo], (Ventura, CA: Regal, 2004).

___. *How to Minister Freedom* [Cómo Ministrar Liberación], (Ventura, CA: Regal, 2005).

Wardle, Terry. *Healing Care, Healing Prayer* [El Papel de la Oración Sanadora Cuando Procuramos Sanidad], (Siloam Springs, AR: Leafwood, 2001).

___. *Strong Winds, Crashing Waves* [Vientos Fuertes, Olas Contundentes], (Siloam Springs, AR: Leafwood, 2007).

Warner, Timothy M. *Spiritual Warfare* [Guerra Espiritual], (Wheaton, IL: Crossway, 1991).

White, Thomas B. *The Believer's Guide to Spiritual Warfare* [La Guía del Creyente para la Guerra Espiritual], Ann Arbor, MI: Servant Publications, 1990.

Wimber, John. *Power Healing* [Poder Sanador], (San Francisco: Harper & Row, 1987).

Worley, Win. *Diary of an Exorcist.* [Diario de un Exorcista], (Lansing, IL: Box 626, 1976).

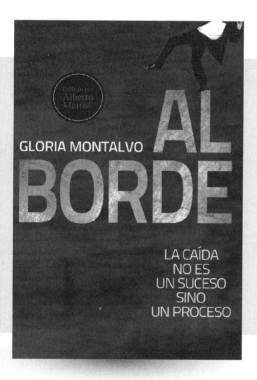